Bendita entre las mujeres

Encuentros con la Virgen María y su mensaje

Doctor G. Scott Sparrow

Publicado por Random House Español, una división de Random House Information Group, 280 Park Avenue, New York, NY 10017. Miembro de Random House Company. Fue publicado por primera vez, en inglés, en 1998 y 1999 por Three Rivers Press, bajo el título *Blessed Among Women: Encounters with the Virgin Mary and Her Message*. Copyright © 1999 por G. Scott Sparrow. Random House, Inc. Nueva York, Toronto, Londres, Sydney, Auckland.
www.randomhouse.com
RANDOM HOUSE ESPAÑOL y colofón son marcas registradas de Random House Information Group.

Traducido del inglés al español por Amalia Laverde de Forero
Edición a cargo de José Lucas Badué
Producción del libro a cargo de Marina Padakis
Diseño por Barbara Balch
Impreso en los Estados Unidos de América.
Library of Congress Cataloging-in-Publication Data están disponibles
ISBN 0-609-81060-X
10 9 8 7 6 5 4 3 2 1
Primera Edición

RECONOCIMIENTOS

Quisiera darle las gracias a cada persona que contribuyó con sus experiencias personales para este libro. Claro está que este libro no se hubiera escrito sin la aprobación y el deseo de compartir con el mundo los encuentros sagrados de cada uno. Muchos de los que contribuyeron tomaron un interés especial en el proyecto, y me ayudaron a lo largo de todo el proceso con cálidas cartas y llamadas telefónicas.

Merecen un agradecimiento muy especial los partipantes de nuestro grupo del rosario mensual, por su ayuda en la oración y por compartir sus experiencias personales con la Santa Madre a través del desarrollo de este proyecto.

También quisiera expresarle mi reconocimiento a Mary Berke, Flo D'Ambrosio, Adelphia Ganolopoulos y—claro—a Mickey Lin, por sus contribuciones a la obra; a Rob Grant por su gran asistencia ya que solicitó relatos y le dio publicidad al proyecto; a Ron Roth por su hermoso prólogo, y por la amistad que nos brindaron Paul y él a Mickey Lin y a mí; a mi editor, Leslie Merdith, por darme el valor de recorrer personalmente un territorio inexplorado así y descubrir la esencia de la Virgen María.

CONTENIDO

Prólogo

Cuando se observa la violencia y el racismo que prevalece en muchas partes del mundo moderno es fácil desanimarse. Sin embargo, un rayo de luz continúa brillando y expandiéndose alrededor del mundo para darnos esperanza. En la India, la madre Teresa de Calcuta auxiliaba con energía ilimitada a los más pobres entre los pobres. A la edad de 85 años y después de varios ataques cardíacos, trabajaba incansablemente, mientras el mundo la observaba maravillado. No muy lejos de allí, las obras del gurú hindú Sai Baba nos recuerdan los gestos del amor milagroso de Jesucristo. Y en mi propio trabajo como sanador espiritual y profesor, he visto al Espíritu trabajar a través de la oración para sanar personas lisiadas, enfermos terminales y enfermos mentales. Todo esto nos lleva a una conclusión obvia: Dios nos manifiesta su inmenso amor y misericordia hasta en los momentos de mayores tribulaciones.

Si todos estos prodigiosos eventos no son suficientes para convencernos de la presencia de Dios entre nosotros, las extensas apariciones de la Santísima Virgen María deberán disipar las dudas que nos queden. Aun así, hubo un tiempo en el que yo veía las manifestaciones de la Virgen María con escepticismo. Después de hacer una serie de peregrinajes a los lugares donde ocurrieron la mayoría de las apariciones, dejé de dudar, y así mi vida comenzó de nuevo.

Todo empezó en el año l985. En ese entonces, yo ya había estado involucrado en la sanación espiritual por diez años, sin embargo, tenía la sabía que algo me faltaba en la vida. Mientras había visto muchas personas sanarse o curarse instantáneamente de varias enfermedades, parecía que mi vida se hundía cada vez más en la nada—pudiera decirse, en el abismo oscuro del alma.

Durante esa época, mi socio en el trabajo de la sanación, Paul Funfsinn, viajó a la pequeña villa croata de Medjugorje, localizada en Bosnia-Hercegovina, en la antigua Yugoslavia. A su regreso, compartió conmigo sus experiencias increíbles del fenómeno sobrenatural alrededor de las apariciones de la Santísima Virgen María que tuvieron lugar allí.

En ese entonces, aunque yo era párroco de un pueblo, me costaba trabajo creer en cosas tales como apariciones, aunque la sanación espiritual en la cual yo estaba involucrado podía considerarse también como un fenómeno espiritual parecido. Paul decidió volver a Medjugorje y quería que yo lo acompañara. Después de mucha insistencia, decidí ir, pero con un solo propósito: Quería conocer y llevar a cabo el propósito que Dios tenía para mí. En otras palabras, yo no quería ir para acabar atrapado en lo que yo solía llamar "altura espiritual". Sin saberlo, iba a tener un despertar profundo e incierto. Mi viaje a Medjugorje tuvo efectos verdaderamente traumáticos y dramáticos en mi vida. Traumático porque descubrí a través de la intervención de la Virgen María cómo servir a Jesucristo adecuadamente, ya que yo no llevaba suficiente amor en el corazón. Además, el efecto del viaje fue dramático porque me introdujo en un estado de transición en mi desarrollo espiritual, que luego me ayudaría a servir a los demás como nunca antes. Ahora— quince años después—me doy cuenta que mis visitas a Medjugorje me prepararon para llegar a un compromiso más profundo con el Dios al que yo pretendía servir.

Llegamos a Medjugorje entre semana e inmediatamente tuve la sensación que realmente era un lugar extraordinario, en el sentido espiritual de la palabra. Sin embargo a primera vista, Medjugorje era un típico pueblo pobre de la Europa oriental.

Mientras vagaba cerca de la Iglesia de Santiago Apóstol, una monja que trabajaba con los visionarios—aquéllos que se decía habían visto a la Virgen María—se acercó a mí y me invitó a tomar parte de un grupo pequeño que estaría con los visionarios en una de las apariciones de la Virgen. "¡Claro que sí"!, respondí.

Mi despertar estaba por comenzar. En la habitación, cada uno de nosotros encontró un lugar donde se sentía cómodo. La habitación era una pequeña celda de los padres franciscanos que servían a la parroquia. Los visionarios entraron en la habitación con uno de los curas y la monja. En ese entonces, yo todavía no sabía que una luz muy brillante solía preceder cada aparición. Tampoco sabía que—de hecho—los visionarios se caían al piso de rodillas cuando la Virgen se les aparecía. La verdad es que no tenía ni idea de lo que podía pasar. No obstante, cuando la luz apareció como una centella, me tumbó de rodillas y me arrojó contra la pared.

Tenía miedo de abrir los ojos. Pensé que todos me estarían mirando fijamente. Cuando por fin encontré el valor para abrirlos, nadie me estaba prestando atención. Todos se centraban en Dios, a quien le rezaban. Al final de la sesión, salí de la habitación perplejo, sin darme cuenta de lo que acababa de suceder en esa habitación me transformaría la vida y mi labor para siempre.

Durante los días siguientes tuve algunas experiencias extraordinarias y profundas. La cadena de mi nuevo rosario de cristal comprado antes de viajar, se convirtió en oro. Después me di cuenta que este fenómeno se veía como algo "normal" entre los muchos visitantes de Medjugorje. En la habitación donde los curas tenían permiso para celebrar la misa, la imagen de Jesucristo se apareció de pronto sobre la estatua de la Virgen María. Mi colega intentó capturar el fenómeno con una cámara fotográfica, pero la imagen se desapareció cuando él la quizo tomar.

Después de presenciar todo esto, pudimos mirar el sol sin dañarnos los ojos. El sol bailaba y pulsaba y estaba cubierto con algo que parecía una hostia. A la izquierda de la imagen se encontraba la figura arrodillada de la Santísima Virgen.

Era tan solo mi primera visita a Medjugorje, y ya tenía tanto en que pensar. Mi segundo viaje ocurrió tan solo seis meses después, y entre los años 1985 y 1988, hice cuatro viajes más a este sagrado y extraordinario lugar. ¡A lo largo de los otros tres viajes, cosas increíbles siguieron sucediendo! La cadena de otro rosario que me había pertenecido por largo tiempo se volvió dorada, volví a ver nuevos fenómenos de luz, y cuando regresé a casa, vi el sol girando sobre mi parroquia una tarde en el estado Illinois (EE.UU.) antes de un servicio de sanación; unas cincuenta personas presenciaron el evento sobrenatural conmigo.

Podría seguir hablando de estos eventos, pero las experiencias en sí mismas no cambian ni transforman las vidas, a menos que sean parte de la reflexión en la oración. Al hacer esto, permitimos que el Espíritu Santo nos revele la verdad que yace detrás de estos eventos. Mi propósito principal para ir a Medjugorje era encontrar cuál era la voluntad de Dios para mi vida. Luego de mucho medita sobre los acontecimientos que presencié durante mis viajes a ese desolado pueblo, algunas revelaciones profundamente perturbadoras me fueron develadas; cambiarían el curso de mi vida de allí en adelante.

Por ejemplo, una voz interior me dijo que yo había sido muy duro en mi trato con las personas enfermas que tenían verdadera necesidad de auxilio. Aunque el poder de sanación es una manifestación del Espíritu de Dios, mi falta de compasión cerraba el canal que permitiría que yo experimentara el mismo júbilo que sentían los demás a través de la comunión con Dios.

La voz también se me dijo que me faltaba la cualidad de la energía femenina de Dios—es decir la ternura y la misericordia—simbolizadas por la Virgen María, Madre de Jesucristo. En otras palabras, la Virgen podría visualizarse como el aspecto femenino de Dios o el arquetipo femenino de Dios.

La ternura y misericordia evidentemente le hacían falta a mi trabajo de sanación. No dudaba que estas revelaciones mostraban claramente en qué me había convertido. Yo había estado tan ocupado con los trabajos del Señor que me había olvidado del intrínseco Señor.

Llegó el momento en que me di cuenta que entre más meditaba acerca de Jesucristo, la Virgen María, el Espíritu Santo y la conciencia de Cristo, Dios me iría moldeando como un ser amoroso, misericordioso, tierno, fuerte y poderoso. Al concocer a Dios como un dios de amor, se me permitió elevarme por lo que parecían ser las tragedias de la vida, y así conocer el verdadero corazón de madre—y padre—del Dios que el propio Jesucristo conoció.

Pude entender que la Virgen María y Jesucristo, tomados juntos, expresan el complemento de las energías masculinas y femeninas que se encuentran en la "personalidad" de Dios. Estos eventos y revelaciones le han dado poder a mi vida personal y a mi trabajo de sanación de una forma profunda y conmovedora. Ahora soy capaz, a través del Espíritu Santo, de ser un canal más claro de la presencia y el poder de Dios y de conducir a otros hacia Dios—un ser no sólo poderoso, sino tierno, solícito y misericordioso.

En el Evangelio según san Lucas, un prestamista se acerca a Jesucristo buscando respuestas a la vida en sí misma. Cristo le pide que interprete el mandamiento más importante. El prestamista repite las siguientes palabras: "Amarás a Dios más que a todas las cosas y a tu prójimo como a ti mismo". Entonces Jesucrsito le dijo, "Hazlo y *vivirás*". Igualmente, el mensaje de Dios a través de la Virgen María no ha cambiado: Amad a Dios en cada uno de vosotros, y el corazón del Hombre irradiará la paz.

Esta es la razón de ser. Cualquier otro fenómeno, incluso los encuentros con la Virgen María y Jesuscristo, sirven tan solo a un propósito: llamarnos a que retornemos a nuestra verdadera naturaleza, a amar y a vivir la vida a plenitud. En todas sus manifestaciones, la Virgen nos dice cómo podemos lograrlo—*a través de la auténtica oración del corazón.*

La Virgen María, la tierna Madre de Jesucristo, es también *nuestra* madre. Es la madre misericordiosa y compañera de todos nosotros, sin importar credo religioso. Ninguna religión puede reclamar el monopolio del amor materno de la Virgen; ella es para todos nosotros. Abrazarla a ella es volverse el humilde servidor del Maestro. Estar en comunión con ella es experimentar tu sin paralelo tu el poder obtenido de aceptar a Dios.

Este libro es una maravilla, y ademá es claramente un regalo de la Virgen María para el mundo. Espero que a la vez que encuentres a la Virgen en las experiencias internas que cambian la vida, también sientas su espíritu—su humildad, su fortaleza, su valor y su llamado a cada uno de nosotros para que pongamos el amor por encima de todo.

Ron Roth

Institutos para la Curación Espiritual "Festejar la Vida"
Peru, Illinois, EE.UU.

INTRODUCCIÓN

Entre todas las experiencias religiosas posibles, los encuentros con María, la Madre de Jesús, parecen estar ocurriendo hoy en día con más frecuencia que hace 150 años, cuando ella empezó a aparecérseles a diferentes visionarios en las colinas y otras áreas rurales de Europa.

Este cambio en las experiencias marianas—fuera de los templos y sin el auxilio de la iglesia y sus santos, pero dentro de las vidas de niños rústicos—marcó el comienzo de una época en la cual la figura femenina divina ha sido vista por individuos de todos los credos. Algunos creen que la Virgen María le agudiza la conciencia al mundo; algo que tanto necesitamos en este momento de la historia. Es decir, ella nos da un espíritu que nutra el amor y el sacrificio personal que podría—si lo sintiéramos más ampliamente—ayudar a disolver la marea de odio y derramamiento de sangre que prevalece en muchas regiones del mundo actual. En base a esta idea, podemos revisar el tiempo de la mayor cantidad de apariciones. Casi siempre preceden o coinciden con insurrecciones regionales o globales y oportunidades sin precedentes. Como dice Janice Connell: "Cuando la Santísima Madre aparece, grandes cosas suceden tanto en la tierra y en el cielo".

El divino espíritu femenino que la Virgen María encarna toma un número infinito de manifestaciones que reflejan las cultura y la tradiciones espirituales en las que aparecen. Se puede palpar la presencia de la Virgen en todas partes, operando tanto en contextos seculares como religiosos, y donde el amor y el perdón reinen sobre los prejuicios y las penas. En cualquier forma que ella aparezca, ella nos llama a sentir la diferencia por medio del *sacrificio* por un bien mayor; no por causa del miedo, sino por el *amor.* Además, la Virgen nos recuerda *fomentar el amor y el crecimiento* para heredar algo que sustente la vida. Su espíritu nos impulsa a dejar la felicidad transitoria a un lado para dedicarnos al paso más difícil de *ser padres de toda la creación,* así despertando a una apreciación eterna, momento a momento, de uno mismo y de todas las criaturas. O sea, como en estas palabras atribuidas al Buda, hemos sido citados para tomar esto como un compromiso sagrado: "Como una madre que protege a su hijo, su único hijo, con su vida, así mismo debemos cultivar el corazón con amor y compasión ilimitados, hacia todos los seres vivientes".

Una vieja amiga mía, C.N., que era miltante de un grupo devoto de la Santísima Madre, tuvo una visión del espíritu compasivo mientras meditaba. Ella vio a la Santa Madre como una presencia protectora y nutritiva abrazando la tierra.

En el mes de octubre del año 1998, comencé mi meditación con una plegaria a María la Madre para que bendijera a los niños de la tierra. A poco tiempo tuve una visión de la Divina Madre. La vi como una masa azul profunda, moviéndose sobre la superficie de la tierra. La vi acercándose, con cordones de energía color plateado y azul, y así supe con qué ella tocaba a los niños, los inocentes y vulnerables de la tierra, cuyas vidas se sacrificaban a coste de las actividades destructivas y egoístas del hombre. Luego la oí decir: "Niños de hace siete años y de aquí a siete años". Entendí que los brazos de la Madre estaban protegiendo a todos los niños del mundo que estaban a merced de situaciones abusivas políticas, ambientales o familiares. También vi que su protección se extendía a los aspectos ecológicos amenazados. Sentí su presencia durante todo el día, junto con una enorme tristeza y compasión. (C.N.)

Efectivamente, la visión de C.N. capta el espíritu del amor—así como una sensación de peligro y prevención—que ha venido a representar la influencia de la Santa Madre en la persona contemporanea. La visión de C.N. también nos relata a la Santa Madre como una energía que acompasa al mundo, o como una conciencia que alcanza a entrar en las vidas de innumerables personas al mismo tiempo, mientras se mezcla y se expresa a través de las diversas formas religiosas y místicas por las cuales el mundo ha llegado a conocerla.

Algunos de los mensajes más recientes de la Virgen María, tal como han sido divulgados por varios visionarios, contienen vaticinios que nos pueden parecer incongruentes, ya que el concepto que tenemos de ella es de una mensajera del amor divino. La Virgen no suele aparecerse a aquéllos que viven en la comodidad, o apartados de las guerras regionales o de la represión política. Aunque la Virgen María aparece en muchos lugares del mundo, inclusive en los Estados Unidos, y sus mensajes convergen universalmente en llamados de atención hacia la tragedia e injusticias que suceden actualmente. Además, la Virgen nos deja saber de qué forma debemos enfrentar estos retos, sobre todo a través de de la oración. Nos recuerda del dolor que ella siente por aquellos niños que no tienen a nadie que los cuide, como también por aquéllos que han sido despojados de toda fe y esperanza. No nos podemos acercarnos a ella sin despertar en nosotros mismos todas aquellas cosas que preferimos ignorar pero que están sucediendo a nuestro alrededor. La Virgen María nos llama para que trabajemos sobre las cosas como son, no para soñar como nos gustaría que fueran. La Virgen nos muestra el camino por el cual podemos atravesar estos tiempos turbulentos hacia la promesa gloriosa de un nuevo comienzo.

Lo más importante que la Virgen María trate de hacer es prepararnos para la *segunda venida* de Jesucristo, o para lo que sería su equivalente espiritual. Nos dice que a menos que nos comprometamos a mejorar nuestro desarrollo espiritual, podemos sucumbir a los juicios y al desorden que precederán al *nuevo advenimiento* de Jesucristo, o a la influencia enaltecedora de su espíritu entre nosotros. Según algunos, la Virgen María es el modelo perfecto de la respuesta humana a lo divino. Al emularla a ella, se puede entrar en una relación dinámica y creativa con Jesucristo, y así aceptar sus designios en nuestras vidas, de la misma forma que ella aceptó con gracia su papel en la encarnación y el nacimiento de Jesucristo. Por ejemplo, Luis María de Monfort, con el don de profeta, profetizó hace 300 años que las manifestaciones de la Virgen María no sólo serían importantes, sino que seguramente precederían con seguridad la segunda venida de Jesucristo: "En la segunda venida de Cristo Jesús, María será dada a conocer y será revelada por el Espíritu Santo, para que a través suyo, Cristo Jesús sea conocido, amado y servido". Muchos cristianos tradicionales creen como materia de fe, que Jesucristo volverá a manifestarse caminando entre nosotros. Otros, a su vez—ya sean cristianos o no—ven la segunda venida como una metáfora que nos indica un despertar espiritual, en el que se infundirá la esencia de lo que Jesucristo y otros maestros representan en aquéllos que se han preparado para la transformación. Sin tomar en cuenta si aceptamos o no la versión del regreso de Jesucristo, la idea permanece en nosotros como algo que trasciende cualquier punto de vista religioso. Es como una capacidad espiritual que nace y puede llegar a florecer en un estado de conciencia dominante. Si es así, si el potencial se desarrolla, las cualidades marianas de amor, perdón, sacrificio personal y obediencia, seguramente servirán para ayudar al advenimiento del Espíritu Divino a este mundo.

Mientras que uno puede aceptar la validez de las apariciones contemporáneas de la Virgen—y la verdad de los mensajes que ella ha difundido através de aquéllos que la han visto—es algo muy distinto *sentir* la profunda presencia que nos han contado los visionarios. Muchos creyentes permanecen al margen de tales eventos, recibiendo algo de fe y esperanza através de la participación de los curas en las experiencias de los visionarios durante las manifestaciones de la Virgen María. Mientras que las apariciones han sido sólo para unos pocos, para los muchos que han visitado los lugares donde ocurrieron, en ellos se puede sentir la presencia de la Virgen aun años después que las visiones ocurrien. Al hacer peregrinajes a los parajes marianos, tanto los creyentes como los que no lo son pueden sanarse o lograr otras experiencias inexplicables que les suelen surtir efectos duraderos durante sus vidas. En fin, aunque la mayoría de nosotros permanecemos ciegos a lo que los visionarios han visto y sentido desde su éxtasis, las historias conmovedoras de los encuentros marianos nos traen mensajes de amor que develan la intención de la Virgen María; o sea, que todos lo recibamos también.

En las siguientes páginas, el lector leerá acerca de muchos encuentros marianos de aquéllos que han *visto y sentido en persona* una presencia que ellos creen ha sido la de la Virgen María, Madre de Jesucristo. Como sabemos, los testigos de las apariciones hasta ahora documentadas han sido en su mayoría mujeres. Aún más, como se podía esperar, la mayoría de ellas han sido educadas en escuelas católicas. Otros, como yo, que no son católicos, hemos llegado al conocimiento de la Virgen María a través de nuestro propio viaje espiritual. Sin pensar más en las afiliaciones religiosas de los visionarios, muchos de ellos han expresado un gran aprecio por las tradiciones espirituales tanto orientales como occidentales.

Tal como las apariciones históricas han sacado a la Virgen María de los templos de la iglesia y la han introducida en las vidas de la gente común, las consideraciones en este libro demostrarán con precisión que el fenómeno de la presencia de la Virgen María está siendo develado al mundo y volviéndose a la vez muy personal. O sea, el fenómeno de la presencia mariana se extendiende más allá de las barreras doctrinales de las iglesias establecidas, y hacia los sueños y visiones de individuos por todo el mundo. Por ende, el lector—sin pensar en ningún credo en particular—puede encontrarse listo y abierto para tener una experiencia que tal vez pensó estaría fuera del alcance de muchos, o de los que la buscaban.

LA IMPORTANCIA DE MANTENER VÍNCULOS CON LA VIRGEN MARÍA

En casi todas las apariciones modernas de la Virgen María, los visionarios reciben y difunden un breve mensaje mariano después de cada encuentro. Recientemente, mensajes más largos "canalizados" através de intermediarios—como Annie Kirkwood—nos han llegado. Vale notar, además, que algunos de los mensajes se alejan considerablemente de la visión que tiene de la Virgen el católico tradicional. Sin embargo, muchos de los encuentros que veremos en este libro nos revelan a una Virgen María silenciosa o que musita unas pocas palabras memorables. Seguramente muchos de los lectores se asombrarán al ver el contraste entre los encuentros relativamente lacónicos de este libro y los extensos mensajes que se han reportado en otros medios.

Los mensajes de la Virgen María nos dan algo que podemos entender de inmediato y que podemos usar en nuestras vidas. Sin embargo, expertos reconocidos en el tema han dicho que hasta los mensajes más conocidos y aceptados de la Virgen—aquellos derivados de la más mayores apariciones—"simplemente" reiteran las verdades espirituales enseñadas por Jesucristo y otras fuentes espirituales. ¿Si el mensaje es conocido, entonces por qué todavía inspira a tantos? Yo creo que *respondemos a mensajes marianos, no porque la información sea nueva, sino porque nos lleva a un vínculo con ella*. Al hacer énfasis en sus mensajes, podemos ver que la Virgen María inicia y sostiene vínculos con la gente común. Por supuesto, los mensajes aclaran la intención del ente que se manifiesta a los visionarios. Pero el *vínculo* que surge de los mensajes es tal vez el tesoro más grande que podemos contemplar y buscar, ya que al conocer a la Virgen y relacionarse con ella, se puede llegar a sentir sus llamados. Podemos tener un intercambio personal e íntimo de nuestro propio ser espiritual al ponernos en contacto con la sabiduría y la esencia espiritual de la Virgen María.

Debido a mi profesión de sicoterapeuta, me interesa la dimensión de las relaciones interpersonales de los encuentros marianos. En mi propio campo, los investigadores han encontrado que la mejoría en la sicoterapia depende principalmente de la calidad de la relación entre el terapista y el paciente. En otras palabras, la *información* o guía dados por el consejero sirven únicamente como segunda instancia en el proceso de la curación. Yo creo que la madurez espiritual se basa en el contacto con lo divino y cumplir con a sus propósitos, más que en bendiciones o comunicaciones en particular. Aún así, muchos de los libros de las apariciones se enfocan no sólo en los *mensajes* de la Virgen María a las masas, sino también en los visionarios y en los *milagros* que suceden en los lugares de los encuentros. Al aceptar las apariciones como *oráculos* de información y bendiciones, es fácil dejar de ver el vínculo dinámico que se crea entre el que ve y el que es visto.

Los mensajes de la Virgen María nos proveen un sendero al vínculo místico que podemos llegar a tener con ella. Pero podemos encontrar una ruta más directa para llegar a conocerla al estudiar los contactos que ella ha mantenido con sus visionarios, y cómo éstos nos los relatan. Al examinar esta dimensión de los encuentros marianos, podemos despertar *nuestro propio* vínculo con la Virgen María. Cuando estudiamos las experiencias de otros, podemos preguntarnos, ¿En qué contexto de la vida es que ocurren las visiones?; ¿Cuáles son los sentimientos que acompañan la presencia de la Virgen?; ¿Cuáles son los beneficios y las desventajas de tener contacto con ella?; ¿Cuáles son los obstáculos que aparecen y evitan que el vínculo permanezca y sienta más de cerca?; ¿Cómo le afecta la experiencia al observador en sus relaciones familiares, con sus amigos y colegas cuándo la guarda en silencio o cuándo la comparte con otros? Y finalmente, ¿Qué siente y qué debe hacer el observador como resultado de haber estado en la presencia de la Virgen María?

Cuando lo pienso en serio, me parece que sí podemos entender mejor el vínculo místico que se desarrolla entre la Virgen y el visionario. También se puede entender lo que ella requiere de *nosotros*, y cómo ella puede llegar a transformar *nuestras* vidas. Através de las preguntas que nos hacemos, podremos aumentar nuestra capacidad para comunicarnos directamente con la Virgen María o cualquier otra manifestación divina.

La importancia de enfocarse en la Virgen María

~

En este libro, he definido el encuentro mariano como una experiencia en la cual una persona se encuentra directamente en presencia de un ser que se identifica como María, la Madre de Jesús. Claro está que mi definición excluye experiencias importantes con divinidades femeninas que reflejan orientaciones religiosas y culturales distintas a la nuestra tradicion cristiana occidental. Tal vez podemos justificar el limitar nuestro enfoque a las experiencias con ella, ya que una reflexión cultural más amplia podría descuidar el significado inherente del encuentro con la presencia que se identifica como la Virgen María. Tan amplia orientación puede también descuidar la responsabilidad adicional que conlleva un vínculo personal con la Virgen María; esto es, tener un vínculo con Jesucristo también y actuar de acuerdo a sus ideales con la compasión que los espíritus de Jesucristo y la Virgen María infunden en los nuestros. Las cualidades de la Virgen, de su amor y sacrificio personal, se complementan con aquellos atributos asociados a otras divinidades femeninas, como la diosa egipcia Isis, el ente espiritual budista Cuan Yin, y la figura budista tibetana Tara Blanca. Se oye la esencia de la divinidad femenina en palabras que se atribuyen a Isis, "A mi voluntad quedan los planetas del cielo, los vientos del mar y los lamentables silencios del infierno. Mi nombre y mi divinidad son adorados en todo el mundo por diversas razas y variadas costumbres. Me conocen por muchos nombres".

Cuando se toma en cuenta las variadas expresiones del divino espíritu femenino como una y la misma—con la excepción de las condiciones culturales—debemos recordar que la Virgen María difiere de todos las otras figuras de diosas en que *ella vivió y murió como una mujer común y corriente.*

Su ascendencia gradual durante siglos de adoración y contemplación se hace presente no sólo por tener en cuenta las cualidades de diosa que goza su ser, y que además recuerdan las primeras expresiones del divino espíritu femenino, sino que también al conocer su papel como mujer, se establece y concibe una nueva visión de nuestra relación con Dios. Aún más que encarnar las cualidades que asociamos con el divino espíritu femenino, la Virgen María las *manifestó* en la tierra.

Si nos molesta estar excesivamente preocupados con una encarnación del espíritu, hacemos bien cuando pensamos en lo que el rabino Herbert Weiner, autor de *Nueve místicos y mitad de otro*, dijo una vez cuando se le preguntó, "¿Por qué aceptó usted hablar ante una organización cristiana?", él le respondió, "Lo profundo le habla a lo profundo". Luego, el rabino Weiner siguió explicando que cuando nos internamos profundamente en nuestra herencia religiosa—*personal y cultural*—tarde o temprano nos encontraremos con el espíritu que dio origen a las diversas tradiciones. Por ende, el rabino Weiner observó que él se sentía en casa con todos aquéllos que se comprometían por completo con una tradición espiritual en particular. Por eso, nuestra reflexión concentrada en la Virgen María paradójicamente nos puede encaminar más allá de las estrechas perspectivas religiosas, así permitiéndonos entender mejor la experiencia del divino espíritu femenino.

Así como el rabino Weiner sugiere, podemos llegar a apreciar la verdad universal atravésde nuestra devoción a un camino religioso específico. Así también algunos de nosotros podremos llegar a honrar la importancia particular de Jesucristo, la Virgen María y otros seres espirituales diferentes al entender las enseñanzas universales. Es cierto que algunos de los más notables pensadores han llegado a convencerse de la importancia particular de Jesucristo y la Virgen María después de una extensa búsqueda—con mente abierta—del significado de las grandes tradiciones sagradas. Por ejemplo, el siquiatra Carl Gustav Jung llegó a la conclusión que Jesucristo era el ejemplo perfecto del individualismo sicológico en la tradición occidental. Jung solía decir que era nóstico—según la tradición herética antigua—al situar el *conocimiento* de Dios por encima de la fe. Jung se confesaba cristiano al final de la vida, así volviendo a sus raíces como hijo de un pastor protestante. Sin embargo, cuando hablaba de la Virgen María, Jung solía referirse al dogma de la iglesia católica que habla de la asunción al cielo de María—en cuerpo y alma—como uno de los eventos más significativos en la historia del cristianismo.

El místico moderno y autor, Andrew Harvey, también descubrió la importancia de la Virgen María, pero no al comienzo de su búsqueda, sino después de un viaje espiritual profundo. Nacido en la India, Harvey hizo peregrinajes por todo el mundo, así explorando las tradiciones místicas de las grandes religiones. Por un período de varios años, llegó a ser devoto de Meera, una gurú hindú que reside en Alemania, conocida simplemente como "La Madre".Últimamente, Harvey se ha vuelto hacia la Virgen, ya que la ve como la encarnación suprema del divino espíritu femenino. Según él, al conocer el ser *universal*—que se expresa a través de una variedad de maestros espirituales, los místicos y las figuras míticas—se tiene que llegar a la conclusión que "sólo hay *una* Madre". Además, Harvey cree que la Virgen María está por encima de todo lo demás, ya que como la *específica*, ella une—de la manera más completa—la responsabilidad del espíritu con el deseo de vivir y amar completamente como ser humano.

La mayoría de las experiencias relatadas en los próximos capítulos ocurrieron como visiones que aparecieron durante la meditación o la oración, en sueños vívidos, o durante experiencias extracorpóreas. Algunas ocurrieron durante alocuciones en auditorios en las cuales la Virgen María se manifestó al personaje como una clara voz interior.

En el curso de la búsqueda de encuentros marianos, mi compañera Mickey Lin y yo obtuvimos relatos de tres fuentes. Primero, entrevistamos o mantuvimos correspondencia con docenas de personas que estaban dispuestas a compartir sus encuentros previos con la Virgen María. Los participantes originalmente nos contactaron en respuesta a cartas y anuncios en los que pedíamos sus testimonios. También hemos tratado de comunicarnos con los amigos y parientes de posibles colaboradores através de la palabra y de organizaciones que hemos encontrado estudian el fenómeno mariano y las apariciones. Afortunadamente, una revista que publicó un artículo sobre mi trabajo en el momento oportuno, lo mismo que mi libro sobre los encuentros con Jesucristo, nos trajeron aún más testimonios sobre tales encuentros. Al final, recibimos más de cien relatos, de los cuales incluimos en este libro más o menos la mitad.

Cuando comenzamos a investigar los encuentros marianos, Mickey Lin y yo nos comprometimos tanto a meditar cotidianamente como al trabajo de oración. Casi enseguida, Mickey Lin comenzó a soñar, a tener visiones, y tener experiencias de meditación con la Virgen María. Poco a poco descubrí que el profundo nexo que tiene Mickey Lin con el divino espíritu femenino le comenzó muy temprano en la vida. Sus relatos fortalecieron mi propio interés en la Virgen y me llevaron a su contemplación durante mi propia práctica espiritual diaria. Nuestras propias experiencias nos ofrecieron una fuente secundaria e inesperado de encuentros marianos. Ya que Mickey Lin y yo somos terapeutas, la colaboración ha mejorado nuestra percepción sicológica y espiritual de los encuentros marianos y las personas que los tienen.

En el capítulo 2 hago un recuento de como desarrollé el proyecto, y además, he intercalado en el libro algunos de los encuentros que Mickey Lin ha tenido con la Virgen María. Todas estas ricas experiencias, íntimas y sinceras, aparecen más o menos en el orden que ocurrieron, y esto permitirá que el lector vea el desarrollo dinámico de su relación con la Virgen a lo largo del relato de numerosos casos de individuos anónimos.

Tercero, desde el comienzo del proyecto, Mickey Lin y yo hemos entablado amistad con muchas personas que más tarde nos han confesado haber tenido encuentros con la Virgen María. No siempre supimos de estos casos con anticipación, pero sí llegamos a ellos por razones inexplicables. Basándose en la intuición, Mickey Lin—en particular—ha sabido a qué desconocido preguntarle sobre sus encuentros con la Virgen. Muchos de los relatos nos han llegado debido a la afinidad inmediata que teníamos hacia aquéllos que mucho más tarde reconocieron haber tenido contacto personal con la Virgen María. Este círculo de "amigos" de la Virgen sigue ampliándose, y el efecto que sentimos se profundiza cada vez más. Llevamos más de un año reuniéndonos el primer sábado de cada mes para meditar y rezar el Santo Rosario por la paz mundial. Como verá el lector, varias de las experiencias de visiones que relato aquí han ocurrido durante estas reuniones. Mickey Lin y yo creemos que las "visitas" de la Virgen María deberían ser compartidas con los lectores de este libro.

Al presentar los acontecimientos, he tratado que las experiencias relatadas hablen por sí mismas, y he buscado ampliar su significado en vez de imponer interpretaciones arbitrarias. No importa lo imparcial que haya tratado de mantenerme, sé que algunos de los lectores se preguntarán si el punto de vista que tomé es lo suficiente objetivo como para producir conclusiones válidas sobre el fenómeno de los encuentros con la Virgen.

Cuando comencé mi investigación sobre los encuentros con Cristo, le conté a un amigo ingeniero sobre mi logro inicial al obtener tantos relatos. Él, sin mostrar ninguna curiosidad y sin hacer ninguna pregunta, expresó de inmediato su escepticismo. ¿Cómo sabía yo", preguntó, "sí los entrevistados *realmente* habían tenido un encuentro con Cristo"? Él quería saber cómo podía yo saber sí realmente me estaban contando la *verdad.* Es cierto que se preocupó mucho al saber que yo estaba haciendo una investigación sin conocer la respuesta a las preguntas que él me hacía. Mientras que él pudo de inmediato identificar la debilidad de mi proyecto, su cinismo y su arrogancia traicionaron su falta de imparcialidad. Mi amigo, abogaba no por la superioridad de la ciencia, sino de una *forma de creer,* que para él era tan importante como el llegar a creer en los encuentros con Jesucrsito o la Virgen María.

Entiendo completamente por qué muchos de los beneficiarios de un encuentro con Jesucristo o con la Virgen María se esconden para no exponerse a toda clase de escrutinio y juicio. Sus experiencias simplemente son demasiado sagradas para ellos como para arriesgarse a compartirlos con personas a los que no les conmueven. De hecho, muchos de los colaboradores compartieron sus relatos con nosotros sólo después de asegurarse la forma en que presentaríamos sus tesoros al mundo. Como hemos sido respetuosos y de mente abierta, se ha hecho posible que muchos de nuestros colaboradores hayan compartido con todos nosotros las experiencias que sólo habrían confiado a sus seres más queridos.

Ya que uno no puede *observar* directamente las experiencias espirituales, ni *predecir* cuando se llavarán a cabo, ni *controlarlas,* sólo se puede *describir* de segunda mano lo que otras personas cuentan de sus experiencias con lo sagrado. Claro es que lo que nosotros reportamos es subjetivo, pero hemos hecho todo el esfuerzo posible por impulsar a los colaboradores a ser honestos y abrirse por completo.

No obstante, más allá de nuestros esfuerzos enfrentamos dos opciones: permitir que las experiencias compartidas con lo sagrado nos lleven a un mayor entendimiento y profundización de la fe, o por el contrario, ignorarlas por completo.

Como Jung dijo, "Creo tan sólo en lo que *conozco*. Todo lo demás son hipótesis, y más allá de eso se le pueden dejar muchas cosas a lo desconocido". Por lo tanto, si estos encuentros repercuten en nosotros y nos inspiran a profundizar en nuestra búsqueda del significado, entonces serían tan verdaderos como posible. Lo demás se lo podemos dejar a lo "desconocido".

El tema general del amor

Mientras buscaba encuentros con Cristo para mi libro, *Estaré contigo siempre,* encontré que para poder hablar de la experiencia de un encuentro cara a cara con Jesucristo, sólo basta con una sola palabra: *amor.* El amor de Jesucristo se revela a aquéllos que ven su presencia, sin condición. Su amor alberga un conocimiento completo de la historia de la persona—inclusive sus debilidades y fortalezas— y lo que se puede considerar características y comportamientos irredimibles. En tales comparecencias, Jesucristo raramente ofrece consejos y no expresa juicio alguno hacia los que ve. Sus mensajes son breves, si es que acaso habla. Casi siempre mantiene largos silencios, excepto para recordar las cosas más importantes de la vida, como el amar y servir al prójimo. Acerca de esto, se mantiene firme y amorosamente sin compromiso. Pero casi siempre, le deja a la persona a quien se le presenta una sensación de ser verdaderamente conocida y amada. Esta experiencia a su vez afecta a las personas de maneras distintas, dependiendo de las necesidades del momento. Algunas veces, la sanación física sigue a la manifestación de Jesucristo, y otras veces una sensación de sanación emocional, y otras, la seguridad de haber aprendido algo profundo y renovador.

Parecido a ésto, los encuentros con la Virgen María revelan muchas veces un simple comunicado de amor, que como el mensaje de Jesucristo, depende de las necesidades de las personas y las afecta en formas variadas. Pero de todas maneras, existen notables diferencias entre un encuentro con Jesucrsito y uno con la Virgen María. Lo iré demostrando a medida que comento y analizo los sucesos.

Aunque este libro explora los sueños y las visiones personales de la Virgen María, tales experiencias muchas veces preceden o son seguidas por encuentros con Jesucristo. Algunas veces hasta aparecen juntos o se refieren el uno al otro durante la experiencia. Yo llegué a entender que para conocer a Jesucristo o a la Virgen se requiere la aceptación del vínculo que ellos comparten. Desafortunadamente, esta comprensión me llegó muy tarde para haber incluido los encuentros con la Virgen María en mi libro de los encuentros con Jesucristo. Así y todo, en ese libro incluí algunos ejemplos de encuentros con Cristo relatados por aquéllos que también han estado en la presencia de la Virgen.

Para ayudarles a apreciar las dimensiones de los encuentros marianos, los he agrupado de acuerdo a los temas discernibles que se revelan en el curso de la experiencia. También puedo decir que por lo general, las apariciones de la Virgen Maria suelen enriquecer y beneficiarles la vida a los que se encuentran en su presencia. Aunque al tomar este camino me arriesgo a incluir mi punto de vista subjetivo, creo que así puedo ayudar a examinar más profundamente el propósito y la importancia práctica de estos encuentros espirituales. De otra forma, las experiencias podrían *inspirarnos sin informarnos* sobre nuestra afinidad con lo divino.

¿Cuál es la diferencia entre este libro y los que se han escrito anteriormente?

D esde la primera vez que quise escribir un libro sobre los encuentros con la Virgen María, supe que ya se habían publicado varios libros excelentes sobre ella o los encuentros marianos. También entendía que no había necesidad de repetir lo ya logrado por autores como Sandra Zimdars-Swartz en *Cuando se descubre a María,* Janice Connell en *Reuniones con María,* o Annie Kirkwood en *Los mensajes de María para el mundo.* Para hacer un aporte distinto a esta materia, sabía que tenía que acercarme a la Virgen desde un punto de vista diferente—no tan erudita como Zimdars-Swartz o tan devotamente católica como Connell, o tan encausada como Kirkwood. Por eso elegí acercarme a la Virgen María como un sicoterapeuta, sin importar denominaciones religiosas—lo más importante como un místico cristiano. Por lo tanto, *al abrir un camino nuevo, llegué a conocer a la Virgen María personalmente.*

Uno de los primeros sueños de Mickey Lin sobre la Virgen María subrayó la importancia de adoptar esta ambiciosa forma de acercamiento. Soñó que ella y yo estábamos en una magnífica biblioteca buscando libros sobre ella. Mickey Lin oyó a la Virgen decirle, "Él tiene que venir a conocerme por experiencia propia, y no por medio de los libros". Como mis primeros dos libros nacieron de mis propias experiencias, las palabras de la Virgen María a Mickey Lin me confirmaron que lo que yo sentía debía ser la forma de acceso que debía tomar. Por lo tanto, cuando Mickey Lin me sugirió el año pasado que fuéramos a Conyers, en el estado de Georgia (EE.UU.) a tener un encuentro con la Virgen María, me negué, diciendo que primero quería terminar este libro. "Quiero que la gente sepa que puede encontrar y conocer a la Virgen exactamente *en donde estén*— en los sueños y en la oración—sin tener que viajar a ningún lado. Si yo puedo llegar a conocerla desde donde estoy, ellos también pueden hacerlo", le dije a Mickey Lin. Creo que esta forma de proponer el libro ayudará a los lectores que todavía no conocen a la Virgen María o que no pueden viajar a los lugares donde ella ha aparecido.

Por último, creo que no importa cuán lejos viajemos o cuántos libros leamos, nuestra capacidad de comulgar con la Virgen María se basa sólo en si podemos abrir los corazones y las mentes a ella. Los lugares sagrados pueden facilitar la apertura, pero pocos de nosotros disponemos del tiempo y de los recursos para viajar a Lourdes (Francia) o a Medjugorje. Si queremos conocer a la Virgen, debemos encontrarla en donde estemos. Si lo logramos, entonces todos los libros sobre las apariciones—y todos los peregrinajes que podamos hacer a los lugares sagrados—sólo servirán como una confirmación externa de lo que *ya* hemos encontrado al acercarnos a ella.

¿REALMENTE, QUIÉN ES?

En la película *Anastasia* la protagonista cree ser la hija de Nicolás y Alejandra de Rusia. Al fin, Anastasia logra una entrevista con su abuela, quien creyó por años que Anastasia había sido asesinada con sus padres. Al empezar la entrevista, la emperatriz viuda se dirige de manera incrédula y cínica hacia la joven que expresa una reclamación supuestamente fraudulenta. Pero luego, cuando se da cuenta del cariño tan manifiesto que expresa por ella y del profundo conocimiento que tenía Anastasia del pasado familiar, la posición defensiva de la abuela se derrite ante la convicción que increíblemente su nieta está viva. Mientras lloraba, la emperatriz abraza a Anastasia y le dice, "¡Si de verdad no eres tú, por favor, no me lo digas!"

La pregunta, ¿Es *realmente* la Virgen María?, se le presentará hasta a los creyentes más ardientes mientras leen los relatos. Para algunos, será difícil creer que estas experiencias tengan algo en común con un ser que vivió y murió hace dos mil años. Es bastante difícil para algunos de nosotros reconocer el hecho de que Jesucristo se les aparece a individuos hoy en día. Sin embargo, las promesas que Él hizo—de presentarse ante aquéllos que lo amaran, están claramente escritas en el Evangelio de San Juan: "Yo no os dejaré desconsolados: yo vendré a vosotros . . . Aquél que conoce mis mandamientos y los sigue es el que me ama: Y aquél que me ama será amado por mi Padre y yo lo amaré y me le manifestaré a él" (Juan 14: 18 y 21).

Claro está que la Santa Biblia no sienta las bases para que se desarrolle una relación con la Virgen María. En las Santas, Escrituras la Virgen se mantuvo silenciosa la mayor parte del tiempo. Ella no hizo promesas de volver a nosotros y nos dejó muy poco para llegar a conocerla como era entonces. Para bien o para mal, debemos llegar a conocer a la mujer que fue "la primera en creer, según el Evangelio", a través de la gran cantidad de visitas suyas—y si somos dichosos—por medio de una experiencia propia. En lugar de verlo como una limitación, podemos verlo como una oportunidad para embarcarnos en una búsqueda personal y así encontrar la cara femenina de Dios a través de nuestras propias experiencias. Habiendo abundantes escritos devotos sobre la Virgen a lo largo de la historia de la cristiandad, podemos darnos cuenta que se puede llegar a conocer a la Virgen María en la medida que abramos el corazón a ella. ¿Quién es la Virgen que revelan estas visiones? Ya que este libro se enfoca en experiencias místicas espirituales, la Virgen María que el lector puede llegar a conocer puede o no llegar a parecerse a esa

visión popular y elusiva del ser histórico de la Virgen. Más aún, la
Virgen María de estos relatos puede diferir de la Virgen María de la
iglesia; una imagen de la Madre del Señor que se ha formado a lo
largo de dos mil años de veneración sancionada por la iglesia. La
Virgen María de estos relatos es la mística, revelada completamente
atravéz de nuestras experiencias personales con ella. Como la Virgen
María mística, *ella es más la fuente que el producto de todo lo que sabemos de ella.* La Virgen es la experiencia directa e interior de la parte
femenina de Dios en la que la especulación sobre ella está—tal vez
idealmente enraizada.

    ¿Pueden estas experiencias añadir algo más a lo que ya sabemos
de Dios? Algunos dicen que estamos hechos en su imagen. Por ende,
la búsqueda por este significado produce sueños, imágenes y con-
ceptos que se filtran a través de nuestras experiencias y creencias, *que
sin error* emanan de lo divino, así revelando su verdadera naturaleza
y propósito. Jung hablaba de "arquetipos" al referirse a las representaciones internas de verdades que se mantienen, pero esta palabra
abstracta falla al describir cuán personal puede llegar a ser la divinidad. En la lo divino, Dios se manifiesta de una manera sorpren-
dentemente personal. Mientras que nosotros pensamos que entre
más nos acerquemos a lo divino, éste se vuelve *menos* personal, la
verdad nos enseña lo contrario. *Dios puede llegar a ser más personal
de lo que estamos dispuestos a aceptar.* En ausencia de pruebas con-
trarias, estamos perfectamente libres para pensar que podemos
conocer a Dios de una forma *mejor,* examinando primero nuestras
propias experiencias con las encarnaciones de lo divino que aparecen
en el curso de la búsqueda por el significado de la vida.

    Claro está que cualquier experiencia espiritual particular lleva
con él el sello de la herencia cultural, las creencias y las expectativas
del visionario. O sea, es difícil restar los factores que condicionan un
encuentro. Si examinamos varios de ellos, las variaciones indivi-

duales se muestran aparentes. Pero la realidad que queda detrás de la experiencia subjetiva, emerge más claramente. Además de ver las variaciones individuales sólo como distorsiones, podemos apreciar miles de formas en las que los individuos perciben la divinidad femenina, y cómo llegan a comprender la importancia de ella en sus vidas.

En el análisis final, la naturaleza y la identidad del ser que se aparece en los encuentros marianos conlleva un misterio difícil de resolver. Ya que los individuos experimentan lo divino de maneras tan variadas, es fácil llegar a la conclusión que la identidad de un ser espiritual es meramente cuestión de las creencias del observador. Creo que ésto es sólo parcialmente cierto. Así como la divinidad se nos manifiesta de variadas formas en el nivel subatómico, un electrón puede estar en muchos sitios a la vez, como partícula y también como onda. Parece extraño, pero en el ámbito subatómico, sólo se sabe localización del electrón dónde está *potencialmente* la; esto es, *hasta que uno de veras ve lo que está allí*. Con el acto de observación, las potencialidades se actualizan y el electrón aparece en un solo lugar.

De manera similar, la divinidad parece manifestarse de diversas formas, dependiendo de las necesidades, creencias y esperanzas de las personas. Por ejemplo, cuando el arcángel san Gabriel se le apareció a las cuatro niñas en San Sebastián de Garabandal (Cantabria) en España, les anunció que la Virgen se les aparecería como Nuestra Señora del Carmen—una de las muchas representaciones tradicionales de la Virgen María en la fe católica. En esencia, el arcángel deja implícito que Nuestra Señora del Carmen es una de las muchas formas posibles en las que la Virgen podría manifestárseles. Otra aparición de la Virgen María es la que se ha manifestado por varios años a un pequeño grupo en la Iglesia de Santa María Goretti en Scottsdale en el estado de Arizona (EE.UU.). Cuando ella se manifiesta, aparece frente a varios jóvenes al mismo tiempo, pero cada uno la ve de forma *diferente*. Como anota el padre Faricy, "En cada una de sus apariciones, María se aparece de tal manera que las personas que la ven se puedan relacionar con ella. Para los afroamericanos, ella es afroamericana. Para los coreanos, se ve coreana. . . Viene como su madre, porque eso es lo que ella es, la nuestra también".

En lugar de juzgar las variaciones individuales como distorsiones, se pueden apreciar como aproximaciones creativas de una verdad compleja que no se puede reducir a una forma única. Podemos recoger los miles de aspectos en que cada quien experimenta a la Santa Madre como información parcial pero invaluable sobre un ser, que al fin de cuentas, *sólo* puede llegar a conocerse a través de los ojos y los corazones de los visionarios.

Esto me recuerda un encuentro con Jesucristo que narré en el libro *Estaré contigo siempre*. Durante una tarde, una mujer encontró en el bosque una esfera de luz, y le preguntó, ¿"Quién eres tú"? Después la luz le respondió, "Algunos me llaman el Buda, otros me dicen Cristo". Luego ella le dijo, "Yo no conozco al Buda", y la esfera replicó, "Entonces soy Cristo". Vale señalar que la luz no dijo que *cualquier* nombre serviría, sólo que más de un nombre podría servir. Este diálogo nos sugiere que dentro de las potencialidades inherentes a un encuentro con un ser espiritual, es posible encontrar más de una identificación correcta.

Claro que es difícil entender cómo entes superiores—o varios aspectos personales de la divinidad—pueden "correlacionarse" con la luz eterna, y aún así aparecer ante nosotros en tales formas personales y distintas. Tal vez la luz no es amorfa como la onda, sino más parecida a una gema cuyas facetas se revelan—cada una de forma única—para mostrar la belleza de la unidad. Desde este punto de vista, el ser particular que presenciamos puede ser la faceta viva de la divinidad que mejor puede responder a nuestras necesidades particulares, creencias y aspiraciones del momento. Claro está, que aunque puede haber una "identidad que sea más apropiada" para cada uno de nosotros, no podemos determinar cuál sería la apropiada para otra persona. Aun así, por alguna razón, las necesidades colectivas de nuestro tiempo hacen que sea la manifestación de la Virgen María la más necesaria, por encima de cualquier otra. Claramente la Virgen es un arquetipo "constelado". O sea ella encarna muchas de las facetas espirituales que emergen de nuestra naturaleza, y despierta en nosotros la necesidad urgente de reintegrar lo femenino en nuestra concepción de Dios y en nuestra propia naturaleza espiritual.

Una noche, soñé que estaba afuera y que todo lo que yo miraba comenzaba a brillar por los bordes. Sabía que lo que veía era imposible, y por eso me di cuenta que estaba soñando. Enseguida empecé a ver a través de las formas y entré en comunión con la luz eterna. Tan pronto comencé a concentrarme en las imágenes a mí alrededor—al tratar de percibir el brillo detrás de las formas—perdieron su lustre y tomaron la apariencia de objetos corrientes. Me frustré ya que no podía comprender por qué la luz me eludía. Entonces una mujer se me acercó y me dijo, "Sí quieres comunicarte con la luz, primero debes aprender a amar la forma en la que se te acerca". Con ésto en mente, consideremos la idea, que amando la forma en que el divino espíritu femenino se nos manifiesta podemos entrar en una relación más personal y profunda con Dios y así obtener una mejor comprensión del espíritu unificador, el cual se expresa de muchas formas. Si podemos suspender nuestra necesidad de separar lo real de la ficción y lo objetivo de lo subjetivo—y, por sobretodo, si *sentimos* su presencia—podemos acercarnos más que nunca al ser lleno de gracia, que nos impulsa en nuestro camino y que nos espera eternamente.

En la práctica, como dice el padre Pelletier, "el grado de

nuestra devoción por la Virgen María, será materia para discernir las
auténticas indicaciones del Espíritu Santo. El mismo Espíritu, llevará
a algunos a honrar y rezarles a los ángeles; a otros a tal o cual santo; y
lo mismo será hacia María". Luego continúa, "Nosotros no debemos
tener miedo de amar demasiado a María". C.S. Lewis está de acuerdo
con la importancia de amar a Dios de la forma que prefiramos, y no
discutir si es él o ella. Lo expresó diciendo, "Ningún alma ha sido
condenada por pensar que Dios Padre tiene barba". Y ningún alma
ha sido condemnada por haber recibido un toque maternal.

El pasado mes de junio, antes de nuestra recibido reunión del
grupo del rosario mensual, Mickey Lin salió a cortar unas rosas para
el altar. Recogió todos los capullos disponibles menos uno: una gran
rosa amarilla, que se veía demasiado bella como para cortarla.
Mickey Lin fue de un lado a otro, hasta que finalmente se decidió a
incluirla con las demás. Más tarde, durante la meditación, la Virgen
María se le apareció en una visión.

Primero, Mickey Lin vio una bola de luz parpadeante cambiar
de un blanco azuloso a un amarillo dorado. Del centro salió el per-
fil de Nuestra Señora; estaba oliendo el ramo de rosas que había
recogido del jardín. Cuando la Virgen bajó la cabeza para apreciar la
última rosa amarilla que se había recogido, Mickey Lin supo—sin
ninguna duda—que a la Virgen le gustaba esa rosa perfecta. La Virgen María giró sonriendo y le dijo a Mickey Lin, "¡Esta es la que más
me gusta! Gracias por honrarme".

Espero—de todo corazón—que este libro sea como la rosa
amarilla de Mickey Lin: lo mejor de lo que le puedo ofrecer a la Virgen María y a las revelaciones de mayor importancia que ella quiere
que conozcamos. Todos los encuentros—y los comentarios que
hago—intentan honrarla a ella y al que nos la presenta.

Cómo llegué a conocer a la Virgen María

Él tiene que llegar a conocerme
a través de su propia experiencia.

—PALABRAS DE LA VIRGEN MARÍA

A MICKEY LIN

Llegar a conocer a la Virgen María de forma personal y profunda no es fácil para las personas que han sido expuestas a ella en mayor o menor grado durante su educación religiosa. Cuando llega el momento que tenemos la edad suficiente para preguntarnos cómo podemos incluirla en nuestra vida espiritual, nuestras mentes adultas pueden ser ya demasiadas racionales y refractarias a la idea de la gracia, la guía espiritual y la capacidad redentora del amor. Comprender a la Virgen, como una presencia mística viva, no puede llegar como un mero acto de voluntad, ni por investigación intelectual. Debemos encontrarla en el centro de nuestro ser, donde se *siente* la sugerencia divina. Tal vez por esto, la Virgen María escoge tan a menudo niños como sus mensajeros, porque la mente abierta de la infancia permanece relativamente intacta al argumento teológico y puede ser mas fácilmente oída y sentida en ese punto central, que por falta de una palabra mejor, llamamos "corazón humano."

Como un hombre que educado dentro de la iglesia protestante, se me fue doblemente negada el aprecio natural de la parte femenina de Dios. Como metodista, enteramente ignorante de la posición de la Virgen María en la tradición católica, yo no estaba predispuesto a proseguir con tal relación. Por eso, pienso que no podría haber encontrado a la Virgen por cuenta propia. Sin embargo, he sido bendecido por numerosas experiencias místicas desde el final de mi adolescencia. A través de este canal abierto, el divino espíritu femenino ha llegado a mí por medio de sueños profundos y visiones que me han acercado a un nexo con ella, que aún se está desenvolviendo de forma bella y misteriosa. Cada día parece que ella se me acerca un poco más. La Virgen María está viviendo en y a través de mí, como una presencia que siento en el corazón y que me trae amor y seguridad, al mismo tiempo que me impulsa a servir a los demás en un mundo que se ve—como nunca—tan cerca y tan lejos de Dios.

Para beneficio de los lectores, que aún no se han familiarizado con la Virgen, he revivido mis pasos hacia ella—o de ella hacia mí— para así poder comunicarme con los lectores para que pueden llegar a un momento en sus vidas en el cual la Virgen ocupe un lugar prominente en su vida espiritual, y el Santo Rosario ocupe un puesto importante en su vida de oración. Mi historia también servirá para presentarle al lector el corazón de este libro: la importancia de la relación mística que podemos disfrutar con la Virgen María, y la práctica de devoción que ella nos invoca con urgencia.

Hace unos diez años, fui a las Montañas Azules (estado de Virginia, EE.UU.) a pescar truchas. Suelo siempre ir con un amigo, pero de vez en cuando voy solo y comulgo con la naturaleza; cosa que no puedo lograr cuando les tengo que hablar y responder a otros. Voy a un lugar donde calladamente puedo repasar y retomar cada decisión de mi vida, y pensar en qué hacer y a dónde ir.

El constructor recientemente había comenzado la cabaña de madera con la que yo había soñado por años. Llegué tarde en la noche, armé un catre y un talego de dormir en los rudimentos de lo que sería el vestíbulo, y me acosté a dormir pensando en la trucha que pescaría en el arroyo por la mañana con los pequeños "anzuelos" que hice yo mismo. En lugar de levantarme descansado, me levanté ansioso y descompuesto. Tenía fresco en la memoria un sueño perturbador.

La última parte de la pesadilla todavía está vívida e inolvidable en mi memoria. Una mujer desconocida estaba parada frente a mí, y tenía en las manos un enorme libro antiguo que se suponía era la historia de mi alma. Me miró y me dijo, "Te he seguido a través de todas tus moradas, y estoy disguastada". Luego se me acercó y me arañó la cara. En ese momento me desperté.

No podía desprenderme de una pavorosa sensación de vulnerabilidad mientras desayunaba y cunado me vestía para el día. Peleando con la necesidad de volver a casa, me fui con el automóvil unas kilómetros al norte hacia los muchos arroyos que bajaban claros y fríos desde las cimas del Parque Nacional Jorge Washington. Ahora que lo recuerdo, era obvio que de acuerdo a los nombres de los arroyos a los que me aproximaba, yo iba inconscientemente hacia el comienzo de una nueva realización. Pasé por el arroyo de la Gran María, el cual es un arroyo al que muchos pescadores no le darían ni una mirada, pero en el que yo había pescado y devuelto muchas truchas pequeñas. Luego pasé por el arroyo de la Pequeña María, un riachuelo, donde nunca había pescado, pero que siempre me había llamado la atención. Y seguí para visitar una de las joyas legendarias de las Montañas Azules: el río Santa María.

Estacioné el automóvil y me fui caminando arroyo arriba por la senda del parque nacional. El mes de mayo había traído de todo, y la primavera había llegado plena. Pero toda la belleza se opacaba al saber que esas pequeñas truchas—brillantemente coloreadas—se estaban desapareciendo rápidamente del Santa María debido a los efectos acumulativos de la lluvia ácida. Lamentablemente, este arroyo transparente era víctima de la quema de carbón a centenares de kilómetros de allí. O sea, estaba acabando con capacidad de sostener la vida que había florecido allí desde la última glaciación.

Había estado pescando sin resultado por un rato cuando la ansiedad que sentí en la pesadilla me volvió de forma intensa. No pude escapar la sensación de haber sido encontrado y condenado por la mujer del sueño. Me puse a rezar. Rezaba como de costumbre, para ponerme en contacto con Jesucristo, ya que Él se había vuelto muy real y cercano a mí después de años de meditación diaria y con mi trabajo con de los sueños. Aunque estas emociones usualmente ejercían en mí una influencia tranquilizadora, esta vez se quedaron cortas para sacarme de ese profundo presentimiento.

No recuerdo porqué pensé en rezarle a la Virgen María, pero fue la primera vez en mi vida que me volví hacia ella. De alguna manera ella fue—no por una creencia o doctrina ya aceptada—la respuesta al dilema. Mientras continuaba lanzando la caña de pescar arroyo arriba hacia el próximo pozo, comencé a rezar bien despierto, y fue entonces cuando tuve una sensación inmediata de aliento y cariño que emanaba de ella. La mente me decía que todo esto no podía ser verdad; que la Virgen no era nada para mí, tan sólo una ficción conveniente de donde poder asirme. Pero algo en mi interior prevaleció sobre las dudas. En ese momento, *supe* que de alguna manera la Virgen María sería mi consejera frente a las mujeres en mi vida, y en los aspectos femeninos de mi ser; los cuales que yo había alienado, mal entendido o descuidado. También *supe* que tenía que poner de mi parte, lo que es fácil de definir y difícil de hacer. Debía enfrentar el juicio de ella, sabiendo que mi sanación dependía de darle la cara voluntariamente a lo que anteriormente me había hecho huir: sentimientos, necesidades, intimidad y dependencia. Sentí el comienzo de un largo proceso de diálogo interno y externo que no sería fácil, pero que con el tiempo rendiría sus frutos, y así seguramente se justificaría el esfuerzo.

Las experiencias en el río Santa María me sirvieron como un despertar a la vida práctica y espiritual. Luego, al tratar de emular la respuesta de la Virgen María, se me permitió profundizar más acerca de la labor espiritual. Aunque esa experiencia pareció venir del cielo como respuesta a mi oración y como manera de hacerme comprender la angustia que sentía, ahora cuando miro hacia atrás, las primeras etapas de mi despertar se me habían evidenciado claramente en los sueños trascendentales que tuve cuando tenía veinte años.

PRIMERA ETAPA:
LOS ENCUENTROS CON LA LUZ

A los 19 años de edad, sentí lo que los místicos cristianos y no cristianos suelen llamar "la luz divina" o "la luz eterna". De esta experiencia mística universal, Carl Gustav Jung dijo, "El fenómeno en sí—es decir, la visión de la luz, es una experiencia común para muchos místicos e indudablemente una de las más significativas, pues cada vez que aparece en todo tiempo y lugar, es el ente incondicional que reúne en sí mismo la mayor energía y el más profundo significado".

Mi primera experiencia con la luz comenzó como un sueño común y corriente mientras caminaba a casa desde el colegio, llevando mis libros. Por alguna razón, me di cuenta que estaba soñando y paré para mirarme las manos y el cuerpo, dándome cuenta de lo vívido de cada aspecto de mi experiencia. No sólo era real, sino *más* real que cualquier caminata. Llegué a la conclusión de que aunque mi cuerpo físico dormía, yo estaba perfectamente despierto. Maravillándome ante la paradoja, caminé hacia unas enormes puertas negras, alcancé las manijas de bronce y las halé, así abriéndolas. Tan pronto se separaron las puertas, una luz blanca y brillante se deslizó entre ellas, y me llenó la vista. La percepción de amor y de un presagio me hizo tambalear, mientras me sentía como si la luz me atravesaba el cuerpo con una fuerza que era a su vez innegable y reconfortante. Sentí que al fin había llegado a casa.

El interior parecía ser una pequeña capilla con largas ventanas verticales que miraban hacia un erial. Caminé por allí preguntándome qué significaba todo esto. Pensé que alguien aparecería de un momento a otro para decirme qué estaba sucediendo. De pronto durante el sueño me di cuenta que llevaba una varilla de vidrio en cuyo vértice un anillo rotante de cristal giraba. La luz pasaba a través del cristal y era exquisitamente bella.

Mientras la habitación permanecía llena de luz, nadie vino hacia mí. Por eso el primer encuentro con la luz divina me hizo preguntar, ¿De quién viene ese amor y esa luz"? Como dijo una vez D.T. Suzuki, cuando se alcanza el más alto grado de conciencia, la realidad no es abstracta. Al contrario, implica una personalidad. En apoyo a esa idea, de la cual nada sabía en aquel entonces, tuve la necesidad intuitiva de encontrar a alguien allí, sin tener ni idea de quién podría ser. Pero la experiencia de la luz me dejó pensativo.

Luego de varias experiencias similares, el encuentro con la luz comenzó a tener un toque más personal. Aunque con el tiempo llegué a asociarlo con Jesucristo, más que con ningún otro, hubo varias experiencias en las que la encarnación de la luz era claramente femenina. Mientras reflexiono en estos primeros encuentros, me doy cuenta que el divino espíritu femenino sirvió como una experiencia y guía, que me acompañaría durante mis primeras comparecencias con Jesucristo, lo mismo que para cimentar un eventual contacto con la Virgen María.

Después de una de los primeros encuentros con la luz eterna, inocentemente se la comenté a un amigo—que también la había experimentado—y le dije que probablemente estábamos cercanos al esclarecimiento. Richard me miró molesto y dijo, "¡No hables de esa manera"¡ Desde ese tiempo, he descubierto que la experiencia de la luz eterna no asegura el esclarecimiento para tiempos cercanos. Al contrario, sirve para despertar una nueva visión de sí mismo y del propósito de la vida. Más que consolidar una confianza firme, deja un sentimiento más exaltado y fallido, tal como dos visiones de uno mismo, contrastantes e igualmente apremiantes, comienzan a coexistir uno al lado del otro. Esta fuerte sensación de división interna da lugar a lo que los místicos cristianos han llamado "la negra noche del alma"—un período significativo, pero doloroso durante el cual, los aspectos menos elevados de uno salen a la luz en contra de los impulsos crecientes de servir a Dios. Este período de conflicto íntimo puede parecer interminable. El siguiente sueño ilustra como esta división interna se me volvió dramáticamente evidente en la vida.

En el sueño, yo era prisionero del diablo. Estaba afuera en la noche con un grupo de prisioneros. El diablo era un hombre poderoso y brutal, que permanecía cerca para que no nos pudiéramos escapar. Pero aprovechando un momento en que él hablaba con algunos de los otros presos, una mujer y yo decidimos escaparnos. Juntos comenzamos a correr a través de un prado iluminado, esperando alcanzar las sombras antes que él se diera cuenta que nos habíamos fugado. Mientras corríamos, nos separamos en nuestro esfuerzo individual por estar a salvo.

Mientras corría, oí una voz decir suavemente, "Si sigues por ahí, caerás en un pozo". Me detuve no sabiendo qué hacer. Mientras dudaba, vi la sombra del demonio deslizarse furtivamente a mi lado. Me había visto y se me acercaba por detrás. Me sentí sin esperanza, atemorizado y sin saber qué me haría. Recé: "¡Dios mío, ayúdame"! Luego me di vuelta para enfrentarlo. ¡Pero el diablo se había desaparecido! En su lugar había una bellísima mujer vestida de blanco y con una luz blanca a su alrededor. Caminó hacia mí, se acercó y me tocó la frente suavemente. De inmediato la mente se me llenó de luz blanca, y una vez más me sentí desbordante de energía y amor. Mientras me deslizaba hacia el despertar, supe sin duda que ella me había curado. ¿De qué? No lo sabía.

Si me hubiera criado como católico, hubiera sido natural que identificara a la mujer como la Virgen María, sino en el sueño, seguramente al recordarlo. Si hubiera sido budista, había podido llamarla Cuan Yin o cualquier otro nombre de encarnación divina femenina. *Cuando se enfrenta la ambigüedad del ser espiritual desconocido, se suele especular por volver a las creencias previas.* Fácilmente olvidamos que la experiencia en sí muchas veces nos deja en duda sobre la identidad del ser. En ese momento, mis creencias no incluían una encarnación femenina de Dios. Así y todo, para bien o para mal, el ente continuó sin identificación.

En mi búsqueda por alguien que me pudiera ayudar a través del camino espiritual, pensé brevemente a comienzos de los años 60 entregar mi devoción a un gurú oriental. Una noche, luego de pasar una tarde inspiradora con un amigo—que en ese tiempo era seguidor de Charan Singh—me fui a casa pensando que tal vez yo debería buscar la iniciación con ese maestro.

Esa noche, tuve un sueño en el que iba a visitar a Charan Singh en la India.

> *Luego de esperar en fila, fui recibido en una pequeña casa donde lo encontré con el turbante y la túnica sentado en un diván. Su rostro radiante y sonriente parecía darme la bienvenida. Pero yo no sabía qué decir. Me esforcé por encontrar las palabras, y le dije mi nombre. Sonrió y movió la cabeza. Luego, cuando comenzaba a hacerle una pregunta, le dije "Maestro". Me interrumpió rápidamente diciendo, "¿Quién es maestro"?, de una forma muy gentil. Con sólo esas palabras me di cuenta que me estaba diciendo que él no era mi maestro y que yo debería saber quién era el mío. Creo que él se refería a Jesucristo. Justo en ese momento, una mujer entró en la habitación para enseñarme el yoga. Mientras nos sentábamos en el suelo cara a cara, practicando el asana de la cobra, sentí la luz blanca. A medida que me atravesó el cuerpo, llenándome con una sensación de amor profundo, miré a Charan Singh a través de una bruma blanca y me di cuenta que reía feliz.*

Charan Singh me sorprendió al negarse que yo lo honrara como mi maestro. Su negativa me hizo pensar de la posibilidad que era preferible un contacto con Jesucristo que uno con un ser encarnado. El sueño también sugería que tal relación ya existía, aunque yo todavía no lo sabía.

También es posible que Charan Singh se refiriera a otro ser que yo todavía no conocía. Después de todo, él no especificó a quién debería yo servir. Tal vez se refería al "maestro" *interno*, es decir, a mi propio potencial esclarecedor o el potencial indicado por la luz interna. También es posible que se refiriera a la mujer que me ayudó en mi apertura a la luz. De todas maneras, no creo que ninguno de estos pensamientos se consideren contradictorios. Más bien creo que representan igualmente varias facetas válidas de toda la verdad. Decir que Charan Singh se refería exclusivamente a Jesucristo *o* a la mujer *o* a mi propia capacidad esclarecedora, es entrar en un debate sin fin. Esto implicaría que Dios residiera en un solo lugar, lo que podría ser el problema de pensamiento que Charan Singh me impulsaba a corregir.

Poco tiempo después, comencé a ver a Jesucristo en la luz. Por algunos años se me apareció en los sueños y meditaciones, para así confrontarme sobre trabajos sin terminar, sanarme los temores y heridas, y para dejarme saber que me amaba. La presencia divina femenina que le había precedido dejó de manifestarse en mis sueños.

Un día cuando parecía que mis encuentros con Jesucristo se habían terminado, al menos por un tiempo, y yo suponía que iba a estar solo y sin la consoladora influencia de su presencia, me sorprendió cuando se me apareció nuevamente en un sueño.

En el sueño, trabajaba yo en mi computadora cuando, súbitamente la pantalla se abrió como la cortina de un teatro. Allí estaba Jesucristo, bañado en una luz azul, que he encontrado en mis investigaciones que está asociada a los encuentros con la Virgen María. Él me preguntó, "¿Tú me amas?" Le dije que sí. Luego me preguntó, "¿Amamos nosotros a la Virgen María"? Sorprendido, le contesté que sí. Luego Él me dijo, "Entonces tú eres mi padre y mi her-

mano". Me confundieron sus palabras, y Él sonrió suave-
mente ante mi consternación.

No entendí el significado del sueño, pero me parecía claro que Él trataba de mostrarme el siguiente paso en mi crecimiento. Al no tener gran conocimiento de la forma en que la Virgen María era venerada en el catolicismo, me faltaba una forma natural para acercarme a ella. Entonces, a excepción de una oración en su dirección, no supe que más hacer, y el tiempo pasó. Aunque todas las experiencias apuntaban hacia la parte femenina de Dios, yo todavía no entendía el mensaje. O tal vez la necesidad no era todavía muy apremiante.

UNA CRISIS Y CÓMO SE ME ABRIÓ EL CORAZÓN

Aproximadamente un año más tarde, se llevó a cabo un gran desarrollo en mi camino espiritual. Todo ocurrió durante una época terriblemente difícil en mi vida. Primero, me demandaron—junto con dos otros terapeutas—en un litigio frívolo que terminó en nada. La demora y lentitud del litigio legal minó mi confianza como terapeuta. Poco tiempo después, tuve un hijo. Luego, mi madre se enfermó y falleció, después de un lucha de tres años contra un cáncer del páncreas. A mi suegro también se le desarrolló un cáncer terminal, y por ende, mi esposa tuvo que separarse de mí por semanas enteras. Mi matrimonio comenzó a fallar. Parecía que no podía confiar más en lo que siempre me había dado estabilidad a la vida. Había sido sacudido mientras hacía un examen de la edad madura, temiendo no poder hacer nada bien. Dios parecía estar muy lejos, y por primera vez en la vida, me sentía que no me merecía su amor. De todas maneras, seguí orando y meditando dos horas todas las mañanas. Un día simplemente me dejé ir. Sabía que la vida era más grande que yo, y que yo no podía cambiar las fuerzas que trabajaban en ella. Tenía miedo, pero me consolé pensando que tal vez era una batalla que yo no estaba destinado a ganar.

Durante esa época, un día cuando meditaba sentí que el corazón se me expandía, hasta llenarme el pecho y salirme del cuerpo. Después de meditar diariamente por veinte minutos, sentí algo nuevo y agradable, pero sobrecogedor. Aunque sabía que esto no me le estaba sucediendo realmente al mi corazón, sentí un ensanchamiento y una vibración sutil—o cuerpo liviano—sobre todo en el área del pecho. Como ya había sentido la luz eterna tantas veces, sabía que podía venir acompañada de descargas intensas de energía, llamadas "kundalini" esta en la cultura oriental. Pero esta sensación era suave.

Días después que todo esto comenzara, tuve uno de los sueños más hermosos de mi vida. En él, yo meditaba cuando vi una descarga de luz. Me levanté y fui caminando hacia un jardín que yo sabía quedaba al noreste. A medida que me acercaba al jardín, veía una luz brillando en la mitad de éste. Intrigado, fui a investigar. Cuando me acerqué, descubrí que la luz provenía de un cristal con forma de huevo que flotaba sobre el suelo y estaba protegido por un dosel azul. Todo el arreglo se veía como un cenador diminuto, con la luz en el centro. A medida que me acercaba a la luz, se volvía más brillante. Supe que la luz me amaba por completo e incondicionalmente—como una madre ama a un hijo—y respondía a la calidad de amor que yo llevaba en el corazón. Caminé lejos de la luz y luego volví a ella.

Otra vez, entre más me acercaba, más brillaba. Luego an-
duve por un camino con una mujer desconocida junto a mí.
Una paloma voló hacia mí y se me posó en el hombro. Supe
que la paloma también respondía a la calidad de amor que
yo llevaba en el corazón y por eso la paloma no sentía temor.
Luego, miré hacia arriba, y vi a un hombre que era el amo
del jardín. Me miró sin hablar, ya que esperaba nuestro en-
cuentro.

El sueño del huevo radiante me dejó saber que de alguna
manera, aunque para mí era difícil creerlo, que yo era amado por lo
que yo llevaba dentro del corazón. Sin saberlo, había entrado en un
período de la vida en el que dejé de mirar la espiritualidad como algo
que se logra de una vez y para siempre, y empecé a verla como un
proceso continuo. Las personas que lucharon mucho y que madu-
raron a través de sus pruebas comenzaron a interesarme. Me parece
que me volví en hombre maduro cuando por fin acepté que lo único
que se puede medir es cuánto amo yo. Francamente—hablando
desde el fondo del corazón—fue de gran importancia para mí mientras trataba de actuar con empatía y amor. Cuánto amaba fue el
nuevo criterio que adopté para relacionarme con los demás, con el
mundo y con lo divino. Con esta nueva orientación, sólo fue
cuestión de tiempo antes que una devoción consciente por el divino
espíritu femenino me resultara como la solución para una fase de mi
vida, y por ende, dando comienzo a una nueva. Esto se llevó a cabo
por otro maravilloso sueño de luz.

Estaba en el lugar de mi infancia. Era tarde en la noche,
cuando salí al patio trasero y miré hacia el este, hacia el

Golfo de México y más específicamente, en dirección de la Laguna Madre—una bahía clara y panda, entre la Isla del Padre y la tierrafirme de Tejas (EE.UU.), que sigue siendo mi lugar favorito en el mundo. Un viento cálido soplaba del sudeste y supe que habría calma durante la mañana siguiente, ya que las condiciones estaban perfectas para la pesca en la Laguna Madre. Miré al cielo y vi la luna llena entre los árboles. Luego divisé otro círculo de luz al lado de la luna. ¿Cómo podía pasar esto?, pensé. ¿Sería el sol? ¿Sería otra luna? Me quedé perplejo, pero luego me di cuenta que estaba soñando. Cuando me percaté del sueño, los dos círculos comenzaron a moverse juntos. Me recosté en el pasto y comencé a meditar en la luz celestial, a sabiendas que lo que veía no era ni la luna ni el sol, sino la luz eterna.

Cuando las dos luces se unieron, apareció un círculo más grande de luz blanca, sobre el cual se sobreponía una estrella aún más blanca y brillante. Este nuevo cuerpo de luz tan singular después apareció detrás de unas nubes pesadas. Sin embargo, un túnel entre ellas me permitió ver la luz con claridad.

Luego me causó gran sorpresa cuando las luces combinadas empezaron a pulsar y una luz centelleante bajó por el túnel—hasta donde yo estaba—y me entró por el pecho. Cuando esto me pasó, entré en éxtasis; o sea, en un estado intenso de amor. Luego oí la voz de un hombre decirme, "Lo haz hecho bien".

Después se tornó de mañana en el sueño y parecía que me había despertado. Estaba con mi hermana y mi mujer, mientras que se sentaban en el pasto cerca de donde yo había recibido la luz. Les conté el sueño y me di cuenta que era tarde en la mañana y tenía que salir hacia la Laguna Madre. Pensé en preguntarles si les parecía bien, pero dándome cuenta que era mi elección, no dije nada y me marché solo.

En el tiempo en que Jesucristo me entregó a la Virgen María, el sueño indicó el comienzo de una jornada solitaria "en el atardecer del día" de mi vida—una jornada hacia el oriente, hacia la Madre, hacia el corazón.

Guía y acompañante

Mi última fase para llegar a conocer a la Virgen María comenzó cuando terminé el libro acerca de los sueños con Jesucristo y las visiones de Él. Tuve la oportunidad de escribir un libro parecido sobre la Virgen, pero me sentí incompetente para explorar experiencias que eran ostensiblemente de ella. Siempre he sentido que sólo puedo hablar y escribir acerca de las cosas que yo mismo he sentido. Pasaron semanas, y todavía no sabía qué decir.

Tan sólo una cosa me convenció de seguir adelante: mi nueva relación con Mickey Lin. Descubrí que ella conocía de forma profunda el divino espíritu femenino. Me sentí empujado hacia Mickey Lin desde el momento que la conocí, pero no comprendía porqué ella estaba tan segura que yo podía investigar y escribir acerca de los sueños y visiones marianos. Su optimismo sobre esta labor me la mostró de una forma tan extraordinaria que hasta se ofreció a conseguirme colaboradores. Entonces una noche, mientras batallaba con la decisión de escribir o no el libro, tuve un sueño que me ayudó a entender porqué Mickey Lin tenía tanta fe en mí.

*En el sueño, un hombre me dijo que una mujer en es-
píritu—es decir, no encarnada—vendría a visitarme. Esa
mujer era en parte Mickey. Siguió diciendo que Mickey
había conocido a la mujer y la había ayudado, y que en una
ocasión la mujer le había dado agua a Mickey.*

*Cuando me desperté en la cama, me quedé muy
quieto, pensando en el sueño. De pronto oí un viento
poderoso. Abrí los ojos, alarmado por el sonido. Supe que el
espíritu femenino del sueño estaba presente. Preocupado,
cerré los ojos nuevamente y volví a escuchar el viento. Abrí
los ojos, esperando ver a alguien allí, pero no había nada
distinto en mi habitación. El mismo fenómeno se repitió
otra vez antes que me sentara a rezar. Era suficiente, ya que
estaba asustado por lo que pudiera suceder.*

Trabajo con sueños a diario en mi práctica, pero este me de-
safió. Sé que cuando el fariseo Nicodemo le preguntó a Jesucristo si
el hombre debe nacer de nuevo, éste le contestó, "Os digo, si un
hombre no nace de nuevo del agua y *del* espíritu, no entrará en el
Reino de Dios. Aquél que nazca de la carne es carne. Y aquél que
nazca del Espíritu, es Espíritu" (Juan 3: 5–6).

Cuando pienso en el uso que Jesucristo le da a la frase "nacido
del agua" para representar el nacimiento físico, me parece que el regalo del agua que le hizo la mujer a Mickey podría ser el regalo del
nacimiento. ¿Sería esa mujer la madre de Mickey? Llevando este pensamiento más allá de lo literal, me pregunté si la mujer a la que se refirió el hombre de mi sueño podría ser, por algún motivo, la Divina
Madre María.

Seguía pensando dos días más tarde cuando le conté mi sueño
a Mickey. Le pregunté si ella sabía quién era la mujer y cuál era el

significado del agua. Me sorprendí cuando los ojos se le llenaron de lágrimas. Me dijo que era algo que nunca me había contado. Ella sí me había relatado que se cayó en un pozo cuando tenía tres años de edad. Lo que no me había dicho era que alguien se había hecho cargo de ella durante su tormento de dos días.

El incidente había sucedido hacía más de treinta años en las colinas de Taiwán. Mickey estaba jugando en los terrenos de su padre, aparentemente sin la supervisión de su manejadora. Ella no recuerda haberse caído en el pozo, ni tampoco cómo acabó en el fondo del mismo. Todo lo que ella puede recordar de la prueba de dos días es una sensación de comodidad y amor, y una luz que tenía un color entre lila y azul.

A los pocos minutos de su caída, sus gritos fueron oídos por alguien que pasaba cerca del pozo. Podría haber sido rescatada sin demora, pero ningún adulto la alcanzaba. La saliente del respiradero del pozo era un cuello de botella por el que no cabía ningún adulto de tamaño normal. Todos tenían miedo a quedarse atrapados con la niña. Al fin, después de dos días, la madre de Mickey—que era una mujer diminuta—insistió en pasar por el agujero hasta la saliente. Su intento dio buenos resultados.

A medida que bajaba en la oscuridad, esperaba desesperadamente que la niña estuviera bien después de la caída y dos días a la intemperie. Cuando atravesó el cuello de botella hacia la oscuridad, se quedó asombrada al ver una luz azul violeta debajo de ella. A medida que descendía, percibió una luminosa y bella mujer, parada en el resplandor, tranquilizando a la niñita, quien de alguna manera había trepado a una saliente seca por encima del borde del agua. La madre vio como la mujer se iba desvaneciendo a medida que ella se acercaba a la niña y la tocaba por primera vez en dos días.

Este evento fue tomado como un milagro por aquéllos que

llegaron a enterarse. Los sacerdotes budistas locales querían llevar a Mickey al templo para entrenarla, convencidos que al sobrevivir milagrosamente, tenía el don de una profundidad espiritual que debía ser atendida por una vida de práctica espiritual. Su madre los rechazó, sabiendo que si aceptaba no volvería a ver a su hija.

Nadie cercano a Mickey dijo que ella hubiera tenido un encuentro con la Virgen María, aunque estaba siendo criada tanto como budista como católica. Años más tarde, al emigrar a los Estados Unidos, Mickey la vio parada en el resplandor de una tormenta afuera de la ventana de su habitación. Fue durante una época particularmente difícil de su vida que se le apareció como para decirle "Yo sigo contigo." Desde ese tiempo, Mickey ha llegado a identificarla como la presencia de la Virgen.

Luego que ella me contó lo sucedido en el pozo y sus más recientes experiencias con la Virgen María, me di cuenta que nos habíamos reunido para trabajar en este libro, y para que con ella entrara yo en un contacto más profundo con el divino espíritu femenino. Algunas veces me he sentido como un hombre ciego a quien Mickey guía por un laberinto, hacia algo que sólo podría encontrar con gran dificultad si estuviera solo. Y algunas veces he sentido también que yo le he dado agua a Mickey cuando ella se ha tropezado y caído.

Nuestro viaje juntos por la dimensión de la práctica espiritual y desarrollo ha sido una fuente de inspiración para mí. Nuestros encuentros del último año y medio—junto con los relatos de otros— serán, espero, una ayuda para entender cuán accesible es la Virgen María para aquéllos que buscan con sinceridad llegar a conocerla *directamente* como una realidad mística. Sentimos que hemos sido con su presencia y que hemos sido llamados a hablar de su intervención en nuestras vidas.

Hace ya muchos meses, Mickey y yo nos preguntábamos si debíamos proseguir con nuestra relación. Luego de una larga noche de insomnio, ella se durmió y tuvo el siguiente sueño.

En mi sueño yo lloraba, arrodillada, cubriéndome la cara con las manos. En la bruma de las lágrimas, vi una tela azul susurrando y fluyendo. La tomé entre las manos para secarme las lágrimas, pero me di cuenta que estaba sujeta a algo más. Me avergoncé mucho por haber usado algo que no me pertenecía sin pedir permiso y por andar absorta en mi propia mezquindad. Con visión borrosa, miré hacia abajo y vi unas sandalias, justo debajo del dobladillo azul. Una voz suave y gentil me pidió levantar la vista, pero no fui capaz. Me sentía muy avergonzada. Luego oí la voz gentil decir, "Está bien. Yo estaré aquí cuando estés lista para verme".

Esa misma noche, más o menos al mismo tiempo en que Mickey soñaba, yo fui despertado por un influjo de energía y luz. Trate de estar abierto a la curación que la luz me proporcionaba. No vi a nadie, pero sentí una gran presencia detrás de la luz. Un poco más tarde me levanté a orar y a meditar. Hacia el final de la meditación, algo increíble sucedió: ¡tuve una visión! Todo mi campo visual fue súbitamente ocupado con lo que era—una tela de color azul. La imagen era tan perfecta que distinguía cada hebra. Luego se desapareció tan abruptamente como se había aparecido. No supe qué pensar hasta que hablé con Mickey más tarde. La Virgen María se había aparecido y se había acercado a ambos con un símbolo de su solicitud.

Creo que mi relación con otros depende en alguna forma de

ofrecerme como vínculo místico con la Virgen María. La comunión con la Virgen puede ser para mí—y para otros como yo—la forma de profundizar nuestra capacidad de *sostener un compromiso con Dios y con los que amamos,* y así sobrepasar los obstáculos que evitan la libre expresión y ejercicio de tal capacidad. La Virgen María se ha convertido en el ejemplo perfecto de alguien cuyo compromiso la ha sostenido a través de una vida de propósito, felicidad y angustia sin igual.

Manifestaciones, secretos y mensajes

Hay misterios que los hombres han sido llamados
a descubrir, pero hay otros que
deben sentirse sin ser tocados
y cuyos secretos deben ser respetados.

—EL LAMA ANAGARIKA GOVINDA

Ya que soy un sicoterapeuta que no es católico, me sentí bastante extraño cuando comencé a estudiar las manifestaciones históricas de la Virgen María. La sensación de extrañeza provenía de una diferencia fundamental entre mi propia herencia religiosa y el punto de vista común compartido por los autores de libros conocidos sobre las apariciones. Muchos de estos autores fueron educados dentro de culturas religiosas complejas y de gran simbología, las cuales estaban bastante alejadas de mi austero entorno protestante. Como diría Thomas Kuhn, los autores católicos compartían un *paradigma* religioso. Es decir, veían un mundo diferente al mío.

Al trabajar desde *adentro* de un paradigma se tiene una aceptación incuestionable de ciertas premisas subyacentes que desde afuera pueden parecer raras o arbitrarias. Al trabajar desde *afuera* del paradigma, se puede hacer nuevas preguntas y ofrecer una perspectiva fresca, que también puede cambiar la forma de ver los misterios que han sido explicados muy convenientemente por la forma de mirar el mundo que prevalece.

Me di cuenta que estaba fuera mirando hacia adentro. Una vez que superé la incomodidad, me encontré haciendo preguntas y recibiendo respuestas. Me parece que éstas no habían sido tomadas en cuenta o enfatizadas en los libros de las apariciones históricas.

El punto de vista que presento en este capítulo ayudará al lector que no esté familiarizado con las apariciones más importantes. También será interesante para el que sí las conoce, pues presentaré algunas ideas nuevas sobre los encuentros con la Virgen María que desarrollaré en los próximos capítulos, y que creo nos ayudará a profundizar nuestra comprensión de la importancia y el propósito de estos acontecimientos.

Hoy en día hemos comenzado a asociar los encuentros marianos con las apariciones que comenzaron en Europa a mediados del siglo XVIII, y que han continuado hasta nuestros días en muchas partes del mundo, como Bosnia-Hercegovina, Venezuela y los Estados Unidos. No por esto se debe pensar que los encuentros con la Virgen María sean nuevos; muchas figuras religiosas bien conocidas han relatado visiones personales de la Virgen anteriores a las modernas. En el primer siglo del cristianismo, la Virgen María intervino en muchísimas vidas. Hasta hoy, se han documentado más de 21.000 manifestaciones marianas.

Según san Gregorio de Nicea, la Virgen María se le apareció en el siglo III. Acompañada por san Juan el Evangelista, la Virgen se le apareció en la noche como una figura enorme rodeada de luz, "como si hubiera encendido una antorcha". En la visión de san Gregorio, la Virgen María le dijo a san Juan que le explicara a san Gregorio el misterio de la Fe Verdadera. San Juan aceptó hacerlo porque era el deseo de la Virgen María.

Siglos después, al regresar a Inglaterra de las cruzadas en el año 1261, san Simón Stock tuvo un tipo de visión de la Virgen que hoy conocen los católicos. Según san Simón Stock, la Virgen María le pidió que usara como prenda un trozo pequeño de lana de color café. Éste sería una muestra del manto de ella, y le garantizaría la salvación del alma al morir. Desde entonces, muchas personas han usado el escapulario de color café como signo visible de la devoción a la Virgen y sus virtudes, al igual que otros usan el anillo matrimonial o el relicario.

A pesar de las apariciones de la Virgen María a tales individuos a través de los siglos, dice David Blackbourn, autor del docto libro *Marpingen: apariciones de la Virgen María en la Alemania del siglo XIX,* que dichas apariciones y visiones de los primeros santos, "son aspectos incidentales en sus vidas que han sido embellecidos: el objeto del culto era el santo". Como la iglesia tomó los encuentros como secundarios a la importancia que se le daba a la vida religiosa del personaje, ni las visones, ni los milagros asociados frecuentemente con ellas fueron llamados a ser difundidos.

Pero al comienzo del siglo XIX, el énfasis empezó a cambiar del visionario hacia los mensajes transmitidos por la Virgen María y a las curaciones milagrosas que sucedían alrededor de las apariciones. Este cambio pudo haber ocurrido debido a que los mensajes de la Virgen fueron variando para incluir todo el mundo, o porque a la iglesia y a las masas les resultó difícil establecer un culto hacia los que recibían los nuevos mensajes; es decir, los niños y las mujeres sin educación. Como dice Blackbourn:

"En el siglo XIX, claramente algo nuevo estaba sucediendo. Debido a los cambios que surgen en el idioma de las apariciones marianas después del año 1400, queda claro que nunca antes del siglo XIX, fueron más favorecidos los niños que los adultos o que las mujeres visionarias superaron a los hombres. Ambos son desarrollos netamente modernos".

Debido a que las apariciones de la Virgen María empezaron a favorecer a individuos con menor rango religioso y social, la iglesia y las masas se inclinaron a mirar más allá de los visionarios y a orientar la importancia de la aparición en sí.

S<small>ANTA</small> C<small>ATALINA</small> L<small>ABOURÉ</small>

Catalina Labouré, una novicia del convento de las Hermanas de la Caridad en París (Francia), fue la figura clave de transición hacia las apariciones modernas. Como monja de claustro, estaba protegida del escrutinio público que agobiaría a los visionarios posteriores. El público no conoció su nombre hasta años después. Cuando vio a la Virgen María a los 23 años de edad, Catalina ya era mayor que muchos de los visionarios que la vieron más tarde. Catalina también tuvo una infancia especial y poco conocida, ya que tuvo que hacerse cargo de una enorme finca, así convirtiéndose en ama de casa a la edad de once años. En el mes de julio del año 1830, fue despertada a media noche por un niño vestido de blanco que se detuvo al pie de la cama. Éste fue un individuo que Catalina luego identificó como su ángel guardián. El niño le pidió a Catalina que lo siguiera. Ella se levantó de la cama y lo siguió por el pasillo hasta la capilla del convento. En su recorrido se extrañó de ver velas encendidas alumbrando la senda.

Cuando entró a la capilla, se encontró con la Virgen María por primera vez. Oyó un ruido como "el roce de la seda", y luego vio a la Virgen entrar y sentarse en la silla del capellán. Catalina se cayó de rodillas frente a ella, así sintiendo el "momento más dulce de su vida." Mientras tanto, la Virgen María le habló de las tragedias que caerían sobre Francia en los años venideros, y de una misión que quería encomendarle. Cuando por fin Catalina levantó los ojos, el niño seguía allí, pero la Virgen se había desaparecido.

Es interesante ver que la primera experiencia de Catalina tiene la señal inequívoca de lo que los actuales investigadores de sueños llaman "el despertar falso". Este fenómeno ocurre cuando un individuo *cree* que se ha despertado, pero realmente está teniendo un tipo muy especial de sueño, que comienza cuando *parece* que se despierta. Más tarde, cuando la persona se despierta de verdad, suele creer que los eventos del sueño sucedieron en la realidad. Durante la primera experiencia de Catalina, la anómala presencia de las velas a lo largo del pasillo sugiere que ella soñaba o que tuvo una experiencia "fuera del cuerpo". Si aceptamos la anomalía como premisa, aquél que sueña está convencido que está completamente despierto. Aun si la experiencia de Catalina fue un falso despertar, no debería disminuir para nosotros la importancia del primer encuentro. Pero al conocer esta posibilidad, podemos ver como las apariciones suelen comenzar; o sea, en el estado de vigilia entre el sueño y el despertar, donde la "realidad" imita el despertar, pero incluye fenómenos que se originan en planos físicos o espirituales. Muchos de los encuentros relatados en este libro ocurrieron en este estado intermedio de conciencia. Debido a que los visionarios suelen sentir este estado de una forma tan similar al despertar, siempre lo relatan como una experiencia estando despierto, aunque no tengan la certeza de haberlo estado. La visita al lado de la cama nos debería servir como clave para preguntar si la persona estaba realmente despierta o si se encontraba en esa fértil región intermedia, donde se amalgaman la visión y lo que llamamos "realidad".

Más tarde, en ese mismo año, Catalina volvió a ver a la Virgen María mientras meditaba con otras novicias en la capilla. Otra vez oyó el roce de la seda y miró hacia arriba, y ahí vio a la Virgen de pie al lado de una pintura de san José. Estaba rodeada de luz y puntos brillantes que se parecían gemas y que procedían de los dedos, como si fueran sus dones para el mundo. Giró muy despacio sobre un marco ovalado—como el de una medalla—y le mostró a Catalina el dorso. Allí aparecía una letra "M", una cruz y dos corazones, uno encerrado por una corona de espinas y el otro atravesado por una espada. Además había una inscripción que decía, "O santa María, ruega por los que se han acercado a ti".

Durante otra visión que tuvo dos meses más tarde, Catalina vio la misma escena de nuevo. Pero esta vez, la Virgen María le pidió que hiciera fundir la imagen que había visto en una medalla que se pudiera usar por el público. Luego de una averiguación canónica, se dio el permiso eclesial en el año 1832 para la producción de las medallas. En ese momento, una epidemia de cólera azotaba a París. Cuando se distribuyó la medalla, aquéllos que la usaron mostraron una inmunidad especial hacia el mal. Hoy, millones de medallas milagrosas han sido producidas y se les han acreditado muchos milagros.

SOR JUSTINA Y EL ESCAPULARIO VERDE

Una serie de visiones de la Virgen María que tuvo lugar diez años más tarde en otro convento de París, resultaron en un nuevo objeto de devoción utilizado mundialmente desde ese día. En enero del año 1840, la Virgen se manifestó a sor Justina Bisqueyburu, una novicia de las Hijas de la Caridad. Las primeras visones de la Virgen parecían encaminadas a profundizar el vínculo de Justina con ella. Pero después de haber recibido el hábito y haber sido enviada a servir a los pobres, tuvo una nueva aparición mientras rezaba. Justina vio a la Virgen María sosteniendo en la mano una especie de escapulario rodeado de fuego. Era similar al que recibió san Simón Stock, pero de lana verde. Por un lado tenía una pintura de la Virgen, y por el otro un corazón en llamas, con rayos más brillantes que el sol y atravesado por una espada. Aun más, el corazón estaba rodeado por una inscripción que decía, "Inmaculado Corazón de María, ruega por nosotros ahora y en la hora de nuestra muerte".

Sor Justina supo que el escapulario y las oraciones de los que lo usaran ayudarían a Dios a auxiliar a aquéllos sin fe o que habían abandonado sus creencias. Aparentemente el escapulario verde ayudaría en la conversión de los no creyentes, lo mismo que hacía el escapulario de color café con la protección y el amor de la Virgen María.

A diferencia de las apariciones subsiguientes de la Virgen, las experiencias de Catalina y Justina nunca se volvieron "un producto maleable de interacción entre el visionario y el público". Al contrario, produjeron sólo objetos estáticos de adoración. Sus visiones marcaron el comienzo de una mayor influencia de la Virgen María sobre los individuos a los que se les presentaba. Ella parecía querer llegar más allá de los visionarios, para entrar en las mentes y los corazones de todas las personas del mundo.

LA SALLETTE Y LOURDES: EL COMIENZO DE LA ERA MODERNA

Seis años más tarde, en el 1846, comenzó la era moderna de las apariciones. Una preciosa mujer se les apareció a dos niños de once

y catorce años en una nube de luz blanca en el pueblo alpino francés
de La Sallette. Los dos visionarios, Melania Calvat y su compañero
pastor Máximo Giraud, describieron una experiencia única; encontraron una mujer que salió de una nube de luz blanca y se sentó en
una roca para conversar con ellos, entristecida por el disgusto divino
con los habitantes de la región, y de cómo se iban a dañar las
cosechas.

Ya que los dos niños apenas se conocían y vivían algo apartados, la gente creyó la historia idéntica que ellos narraron, y pronto
concluyeron que la mujer sí efectivamente era la Virgen María. Las
autoridades eclesiásticas se tomaron bastante tiempo y esfuerzo eva-
luando la aparición e interrogaron a los chicos en muchas ocasiones
antes de declarar que era una manifestación auténtica de la Virgen.

Las religiosas Catalina y Justina nunca se enfrentaron a tal escrutinio. Sin la protección de las paredes del convento ni la de los
votos religiosos, Melania y Máximo pronto se encontraron entre dos
mundos. Querían permanecer fieles a la mujer envuelta en luz, pero
también querían satisfacer a la iglesia y su necesidad de información.
Pero no podían lograr ambas cosas.

Los problemas asociados al intervencionismo no son de
ninguna manera únicos para los que ven las apariciones. También
asolan a todo aquél que públicamente reconoce haber tenido contacto con lo divino. ¿Qué es lo que compartimos y qué es lo que nos
guardamos? ¿Cómo podemos preservar la exactitud de la experiencia
frente a lo que la gente quiere creer o lo que la iglesia considera
aceptable? En tales casos, el visionario sufre la presión de aquéllos
que no tienen contacto permanente con lo divino, pero anhelan
saber todo lo que el visionario experimenta. El visionario no sólo experimenta su posición entre su persona y Dios como conductor de
la información y bendiciones, sino que también se sitúa en compe-

tencia con las autoridades religiosas existentes, cuya función es mostrarles la voluntad divina a los demás.

El encuentro de santa Bernardita Soubirous en el año 1858 con una visión de una mujer joven y bella cerca de la gruta de Massabeille en la aldea francesa de Lourdes se mantiene como la más famosa aparición mariana de todos los tiempos. Lourdes se convirtió en el patrón de medida, con el cual se han comparado todas las demás visones. Como dice Blackbourn, "En Lourdes se fusionaron todos los elementos de los encuentros clásicos modernos: la simplicidad del humilde visionario, la entrega de un mensaje, el escepticismo inicial del párroco, la reacción hostil de las autoridades civiles, la reivindicación de curas milagrosas, y finalmente, la creación de un culto oficial por la iglesia".

La historia de Bernardita es igualmente bien conocida entre los católicos y los que no lo son. Bernardita estaba recogiendo leña y huesos un día frío y húmedo con su hermana y una amiga. Cuando las otras dos niñas vadearon un arroyo pando, Bernardita se quedó atrás, aparentemente para no mojarse ni enfriarse, ya que padecía de asma. Luego, sintió un golpe de viento, y algo blanco con la forma de una joven bellísima se le apareció. Ésta parecía tener 16 ó 17 años. Vestía de blanco, con una capa azul, llevaba un rosario en el brazo y una rosa amarilla en cada pie.

Durante las 18 apariciones de la joven, Bernardita nunca se refirió a la joven como "María" o "la Virgen Santísima". Sólo la llamó *aqueró,* una palabra local que significa "ésa" o "aquélla". Al principio, el público pensaba que la joven era el fantasma de una muchacha de Lourdes recién fallecida. Fue más tarde que al fin creyeron que la joven mujer era la Santísima Virgen.

Luego del primer encuentro, Bernardita observó la presencia de *aqueró* en la gruta unas 17 veces más. La joven permanecía silenciosa en los primeros encuentros, pero luego, en una serie de apariciones, le enseñó a Bernardita una oración que ella debería rezar diariamente por el resto de la vida. Siguiendo el mismo patrón de La Sallette, en el que la mujer le reveló a los niños secretos por primera vez, *aqueró* le reveló tres secretos a Bernardita y luego le hizo prometer no contárselos a nadie. A diferencia de muchos de los visionarios que vinieron después, Bernardita cumplió la promesa, y se llevó a la tumba los secretos de la Virgen María.

Al comienzo, Bernardita era la única que podía ver a la joven cuando aparecía, lo que hacía que perdiera credibilidad frente a los visitantes, los políticos y los eclesiásticos. Pero dos aspectos de las visones de Bernardita eventualmente hicieron que la iglesia y el público la aceptaran.

El primero de éstos sucedió después de que Bernardita había presionado a la joven a identificarse—sin conseguirlo—en una de las últimas apariciones. Asumió la bien conocida postura de la Virgen María en las medallas milagrosas (las que se le dieron a Catalina Labouré) y le dijo en su dialecto local del francés, "Que soy era Immaculada Councepciou', o en español, "Yo soy la Inmaculada Concepción". Cuatro años antes, el papa Pío IX había declarado el dogma de la Inmaculada Concepción, una creencia católica que declara que la Virgen fue concebida sin la mancha del pecado original. Para la joven Bernardita, oír esto *entre todas las palabras posibles* acrecentó profundamente el rango de sus visiones. El párroco de Lourdes, que se había mantenido escéptico hasta el momento, rápidamente corrigió su posición sobre las controvertidas visiones y les escribió a los superiores eclesiásticos para apresurar una averiguación formal.

El segundo aspecto sucedió cuando la joven le indicó a Bernardita que le pidiera al párroco que construyera una iglesia en la gruta, estableciendo así un nuevo patrón en el que la Virgen María pide que sean construidas capillas y otros recuerdos tangibles de su presencia. Al venir de la boca de una chica de catorce años, el mensaje de construir una iglesia irritó de sobremanera a los curas. De todas maneras, una vez que se aceptó la autenticidad de las apariciones, las autoridades eclesiásticas cumplieron con el pedido.

Durante la octava de las 18 visiones, la joven le dijo a Bernardita que escarbara con sus manos la tierra cenagosa de la gruta y ésta cumplió con e extraño pedido. Bernardita sorprendió a los que la observaban al arrodillarse y escarbar con sus manos en el barro. Muchas personas se alejaron convencidas de que Bernardita estaba demente; pero para sorpresa de todos, ella descubrió un manantial que hoy da 115.000 litros de agua diarios. Tan pronto la iglesia consiguió lo que necesitaba teológicamente, el público recibió algo también: un punto focal concreto para los abundantes milagros que empezaron a fluir de las visiones de Bernardita. Al satisfacer las necesidades disparatadas del público y de la iglesia, las visones de Bernardita de Lourdes pasaron a ser las más famosas, y a la vez, un ejemplo de las manifestaciones de la Virgen María para el mundo.

Un don demasiado precioso para poder expresarlo en meras palabras

En la mayoría de las apariciones importantes, la Virgen María les habló a los visionarios sobre las calamidades que vendrían y cómo espiritualmente para ellas. Pero en un caso famoso, la aparición de Knock en Irlanda en el año 1879, la Virgen nunca habló. Se apareció sólo una vez y permaneció callada, pero aun así, renovó las menguadas esperanzas de los irlandeses.

Los irlandeses habían sufrido por más de treinta años las

pérdidas recurrentes de sus cosechas de papa, diezmando así la población. Desesperados, centenares de miles de ellos emigraron a los Estados Unidos en barcos insalubres y sobrecargados. Muchos murieron en la travesía. El alma de la nación fue sacudida por la tragedia.

Al final de la hambruna de la papa en el año de 1879, se reportó la aparición de la Virgen María en la aldea de Knock. En una tarde ventosa y lluviosa del mes de agosto, Mary McLoughlin, la ama de llaves del archidiácono local, salió a visitar algunas amistades. Al pasar por el lado de la maravillosa iglesia, vio lo que parecían tres estatuas. Pensó que el archidiácono Cavanaugh las había mandado a hacer y las había dejado afuera mientras buscabo un mejor lugar para ellas. Sin darle más importancia, siguió adelante, y fue a vistar a sus amigos por un rato.

Más tarde, cuando regresaba a casa por el mismo camino, se asombró al ver en la distancia tres figuras luminosas. Cuando se acercó y examinó la escena más de cerca, vio que las figuras no eran estatuas, sino figuras etéreas que flotaban a casi un metro sobre el suelo terruño. La Virgen María, vestida de túnica blanca y portando en la cabeza algo que parecía una corona, estaba en el centro de la escena con sus brazos hacia delante y mirando hacia el cielo en postura de oración. La flanqueaban dos hombres, que el pueblo decidió más tarde eran san José y san Juan Apóstol. A un lado se veía un simple altar, sobre el cual se erguía una oveja mirando hacia la Virgen.

Mary McLoughlin corrió a llamar a otros para que vieran lo que sucedía. Antes que las figuras se desaparecieran dos horas después, catorce personas habían visitado la escena sobrenatural. Otro espectador observó la escena, a casi un kilómetro de la iglesia, y vio una gran esfera de luz dorada. Esta visión fue distinta a las otras apariciones importantes, pues ni la Virgen María ni las otras figuras hablaron y nadie recibió mensajes ni locuciones internas. Además, las figuras eran incorpóreas; cuando una mujer intentó besar los pies de la Virgen, sus labios tan sólo tocaron los ladrillos de la iglesia.

Lo irónico es que cuando el ama de llaves salió corriendo para avisar a los demás, le urgió al archidiácono Cavanaugh para que también saliera y viera el milagro con sus propios ojos, pero él la malinterpretó y pensó que la aparición ya había terminado. Bien conocido por su carisma y su profunda devoción a la Virgen, Cavanaugh ha podido ser el catalizador humano de la aparición. Él comentó después, "Me he arrepentido desde ese día el no haber estado presente. Tal vez es la voluntad de Dios que el testimonio de la presencia de su Santa Madre provenga de los simples creyentes y no a través de sus sacerdotes".

LA RELACIÓN ENTRE LA INTERVENCIÓN ESPIRITUAL Y LA FE

El lamento del archidiácono hace eco al de otros curas, monjas y demás personas comprometidas con la religión que no entienden por qué la Virgen María se les aparece a seres comunes y corrientes y no a aquéllos que le han dedicado sus vidas a ella y la iglesia. Si estudiamos las apariciones más importantes, se puede encontrar un factor común que podría ser llamado "abrirse", y que incrementa la posibilidad de ver a la Virgen. Se sabe que los más conocidos visionarios son niños sin sofisticación ninguna, y por eso se puede llegar a la conclusión que nuestro grado de apertura disminuye con la edad—a menos tal vez que estemos dispuestos a perseverar o a restaurar esa facultad por medio de la meditación y la oración intencionadas. El apóstol Pablo dijo, "Muero a diario" (1 Corintios 15:30). Ésto transmite un sentimiento de entrega completa y radical que podemos alentar a través de una práctica de devoción, como la que la Virgen María repetidamente nos pide en sus mensajes.

Al no hacer estos esfuerzos, muchos de nosotros debemos esperar a que una crisis indeseada rompa las barreras y crea—por medio de la renuncia dolorosa a nuestros apegos—una apertura por la cual podremos tener un encuentro directo con lo divino. Las crisis interpersonales y espirituales que casi siempre crean la apertura a la intervención espiritual pueden ser menos difíciles si tenemos fe. Muchas veces la fe sola puede eliminar la necesidad de una intervención espiritual abrupta.

Si es cierto, y parece serlo, un compromiso religioso individual puede desarrollarse de forma espiritual, pero la fe puede suplantar la necesidad de soluciones dramáticas. Por supuesto, existen factores complejos interrelacionados que determinan quién siente la presencia de la Virgen María. En algunos casos, la Virgen se ha aparecido ante personas—tales como el padre Pío, un italiano estigmatizado— que exhibían niveles extraordinarios de piedad y devoción. Pero es cierto que la Virgen se presenta ante nosotros para despertar y profundizar nuestra fe y no para premiarnos. Si una persona posee suficiente fe, una intervención sería por completo innecesaria. Una narración incluida en uno de los capítulos de este libro concretiza este punto: Cuando una persona que sentía la presencia de la Virgen María preguntó "¿Por qué no la puedo ver"?, oyó claramente la respuesta, "Porque ya crees".

Una amiga mía que ha tenido varios encuentros con Jesucristo, y que se siente que no se los merece, está de acuerdo con esta idea. Ella cree que Jesucristo y la Virgen María se manifiestan a personas que no están seguras de su fe; en otras palabras, a aquéllos que son estudiantes mediocres del camino espiritual. Ya que muchos de nosotros estamos dentro de esa categoría, es posible que nos vayan a visitar seres superiores que ayudan a aquéllos que se encuentran un poco perdidos.

Los que ya poseen suficiente fe tal vez nunca experimentarán intervenciones tan dramáticas. Tal como el hermano del hijo pródigo, llegarán a sentirse sin recompensa por haberse perseverado en la fe. En ese caso, deberán decidir si se unen al Maestro en la bienvenida a sus hermanos y hermanas con los brazos abiertos.

El fenómeno de los secretos de la Virgen María

Los secretos han tenido gran importancia en la mayoría de las apariciones marianas de los últimos cien años. Esto incluye La Sallette (1846), Lourdes (1858), Fátima (1917), Garabandal (1961–1963) y Medjugorje (1981 – hasta hoy). En el caso de Medjugorje, la Virgen María les ha revelado en diferentes ocasiones a los jóvenes visionarios una serie de diez secretos. Lo más interesante es que cuando los visionarios recibieron los diez secretos completos, dejaron de ver a la Virgen, como si sus enseñanzas o su influencia quedaron "selladas" dentro de ellos en forma de secretos.

Melania y Máximo de La Sallette fueron los primeros visionarios en recibir secretos de la Virgen María. Al comienzo, el público no se dio cuenta que los niños estaban ocultando información. Pero en interrogatorios posteriores, Melania y Máximo reconocieron públicame que la bella mujer sí les había dado mensajes a cada uno de ellos, pidiéndoles que no los revelaran. Cuando ella hablaba en privado con cada uno de ellos, el otro no se de la conversación, así que ninguno podía negar o confirmar lo que el otro dijera.

Durante meses, todos pensaron que la información había sido netamente personal, sin comentario alguno de los niños. Algunas personas dijeron que la información recibida era profética, pero los niños seguían sin decir nada. Los secretos fueron foco de intensa controversia, principalmente debido a su silencio, y también a la especulación. El no dar ninguna información hizo que los chicos quedaran en una posición bastante difícil frente al clero y a los feligreses de la parroquia que querían saber más. A pesar de todo tipo de interrogatorios, los niños protegieron el secreto.

Es curioso que inicialmente Melania y Máximo no mencionaron nada de la información privilegiada. Tan sólo reconocieron haber recibido mensajes cuando fueron interrogados. Parte de la información que dieron era de tipo personal, y parte se trataba de eventos futuros de interés general. Es difícil para los historiadores decidir acerca de la importancia atribuida originalmente a los mensajes privados. Más aún, se dice que los secretos fueron volviéndose más elaborados a medida que el interés general crecía. Los investigadores de las apariciones marianas deberían examinar este momento histórico con mucha cautela, pues es el momento que inicia la expectativa de recibir más secretos como parte de las manifestaciones posteriores de la Virgen María.

Aún si la Virgen de verdad no hubiera dado secretos a Melania y Máximo, ellos habrían tenido que soportar la presión de revelar más, pues la mera experiencia de ver a Jesucristo o a la Virgen María genera un problema que no tiene en cuenta si el visionario recibió o no algún secreto. Claro está que cualquier encuentro con una realidad fuera de este mundo deja al visionario en posesión de algo que no puede ser verificado por más nadie.

No importa, ya que se convertirá en secreto o información privilegiada. Pero no por ninguna otra razón, porque nosotros sólo podemos conocerla a través del visionario y lo que está dispuesto a revelar. Nuestra necesidad de saber lo que el visionario presenció lo coloca entre nosotros y lo que queremos saber, aunque el visionario quiera mantener la privacidad. Si el visionario duda, aunque sólo sea un poco, se desatan las sospechas de posibles secretos. Así comenzó la fiebre por conocer los secretos de la Virgen María. Las necesidades del público coincidían con las de las autoridades eclesiásticas y chocaban con la lealtad del visionario que quería mantener en privado sus experiencias. De ésto, se deriva un aumento en la tensión que se produce en la mayoría de los casos. Zimdais-Swartz dice,

"Cuando la gente piensa que el visionario esconde secretos, la especulación sobre su naturaleza se torna irremediable y es presionado para informar a la gente de todo, sea mucho o poco. Se toma como evidencia de una aparición auténtica el que el visionario logre soportar la presión".

Es fácil comprender que el visionario quiera retener algo de la información de la curiosidad de las masas, ya que un contacto personal reclama algún grado de privacidad. Pero también es comprensible que el público sospeche que hay algo más, ya que los mensajes de la Virgen María nunca se han alejado mucho de las verdades espirituales expresadas por el mismo Jesucristo. Como dice el padre Pelletier sobre los mensajes de la Virgen, "Los mensajes hablados—en sus partes esenciales—nunca son algo más que un recordatorio del Evangelio o de las cosas que ya sabemos o deberíamos saber". El énfasis que hace la Virgen María en las prácticas espirituales tradicionales—como rezar el rosario, arrepentirse y ayunar—nos deja esperando algo nuevo que nos hace sentir que tenemos control sobre nuestras vidas y un conocimiento de lo que va a pasar. Por eso, *es comprensible la falta de fe que se presenta entre el visionario, que siente la manifestación divina él solo, y el público, que no puede creer que la Virgen se presenta sólo para reiterar las verdades espirituales conocidas".*

No importa lo que haya sido que la Virgen María comunicara a los niños en La Sallette, podemos asegurarnos que la experiencia se convirtió en un "producto maleable", que recibió su forma de las presiones intensas a que fueron sometidos los niños, tanto por parte del público como de la iglesia. No debe sorprender que los visionarios de La Sallette se hayan doblegados a la presión recibida, y por ello, reprodujeran sus secretos y se los enviaran al papa Pío IX en un sobre sellado. Los secretos entonces podían estar deformados por todas las presiones externas recibidas y por el paso del tiempo. Melania en particular fue acusada de embellecer el secreto original con ideas que se le ocurrieron cuando finalmente escribió el relato. Durante el mismo tiempo que ella se defendía enfáticamente, mucha gente que dudaba que La Sallette era una aparición auténtica creyó cuando entonces la iglesia declaró que la manifestación vista era real.

Una vez que el visionario ha reportado públicamente su encuentro con lo divino, inevitablemente se encuentra en el vórtice de intereses opuestos. Imposibilitado por satisfacer a una autoridad o a una necesidad sin traicionar o defraudar a la otra, la integridad del visionario puede ser socavada fácilmente por la situación en que se encuentra.

Es comprensible que los escritores se nieguen a decir que existe la posibilidad que las apariciones, y que el subsiguiente relato de ellas hayan sido moldeadas por las esperanzas y las creencias del visionario, así como por las presiones que se ejercen sobre él para acomodarlas a las necesidades de aquéllos que le rodean. Aunque las apariciones marianas parecen representar un arquetipo espiritual emergente que se desarrollan independientemente, también parece que hasta cierto punto las experiencias se moldean sin querer, para acomodarse a las grandes esperanzas engendradas por creencias populares y apariciones anteriores. Por ejemplo, nunca sabremos si Bernardita de Lourdes conocía el concepto de la Inmaculada Concepción antes que la joven de su visión se identificara así. Muchos creyentes aseguran que la aparición le dijo las palabras, pero otros dicen que Bernardita podía haberlo oído anteriormente. Claro está que la contribución del visionario no invalida la aparición. Ya que la aparición es una experiencia maleable y creada en conjunto, las fuerzas subjetivas y objetivas interactúan desde el primer momento para producir un fenómeno bien desarrollado. Si esto es cierto, nunca podemos separar los aportes de cada uno; es decir, el que ve y el que es visto. De lo único que tenemos certeza es que el fenómeno involucra virtualmente a cada aparición importante, sucesiva y que haya durado más que las anteriores, que haya sido vista por mayor cantidad de personas y que haya trasmitido información más detallada, sobre como podemos completar el Plan Divino para estos tiempos difíciles.

El secreto de los secretos

Que yo sepa, nadie se ha hecho la pregunta obvia: ¿Por qué la Virgen María les da a sus seguidores mensajes que les buscan problemas con el público y con la escéptica jerarquía eclesiástica? No nos debe sorprender que en lugar de disfrutar una posición privilegiada, muchos de los visionarios se han sentido agobiados por la responsabilidad de guardar los secretos de la Virgen. Luego de escribir el secreto que le dio la Virgen María años atrás, Máximo dijo preocupado, "Me he quitado un peso de encima. Ya no tengo el secreto. Soy como los demás. Nadie tiene que preguntarme nada más. Pueden preguntarle al papa. . . ."

Si miramos más allá del contenido de los secretos, nos damos cuenta que la Virgen ha elegido contar con los seres humanos de la misma forma en que contaría con un amigo. Después de todo, en las relaciones humanas, el compartir secretos es algo que hacemos sólo con nuestros amigos íntimos. Compartimos nuestro secreto—y por ello, el poder de traicionarnos—a cambio de una intimidad que sólo puede ser lograda al hacernos vulnerables a la otra persona. El compartir secretos también establece una nexo que es *distinto* a cualquier otro. Al dar información secreta, la Virgen efectivamente establece una relación con el visionario bastante personal y diferente de las que ha tenido a *través* de él o ella.

Compartir secretos establece la vulnerabilidad de la Virgen María al visionario, quien a su vez depende de la Virgen para el sustento espiritual. Como tal, la Virgen María entra en un nexo personal que reclama mutua dependencia.

¿Por qué hace esto la Virgen María? La clave de estos dones inusuales creo que está en el propio papel que jugó la Virgen en la encarnación de Jesucristo. Cuando era una joven, ella fue llamada en la privacidad de una visión e invitada a formar parte de la concepción y el nacimiento del Evangelio. Al consentir, la Virgen enfrentó el escepticismo de los que dudaban de la posibilidad de la visita de un ángel y de una encarnación virginal. Sabemos poco de lo que ella debió enfrentar, pero debió ser una dura prueba. El Evangelio relata el propio esfuerzo de san José para aceptar esa historia improbable. De todas maneras, su encuentro privado con el mensajero de Dios debió hacerla más tolerable de la suspicacia ajena. Es seguro que la encarnación "secreta" de Jesucristo marcó el comienzo de la pasión de la vida de la Virgen; tener, amar y perder a un hijo que permanecería alejado de la capacidad del mundo para entenderlo y amarlo como ella lo haría.

Lo que la Virgen logra al compartir secretos es invitar a los demás a hacer lo que ella hizo: llevar por dentro la promesa divina de un plan para desarrollar y aceptar las consecuencias de él. Esto no es algo fácil de realizar y tal vez, por eso la Virgen María le dijo a Bernardita de Lourdes, "No te prometo hacerte feliz en esta vida, sino en la otra". Le prometió a Conchita de Garabandal, "No serás feliz en este mundo, sino en el cielo". Los retos que enfrenta un visionario, para proteger un pacto con Dios de los escrutinios destructivos del mundo, son muy parecidos a los realatos del Evangelio, como por ejemplo, la huida a Egipto de la Sagrada Familia para escapar de los soldados de Herodes, y la negativa inaudita de Jesucristo a responder a las interrogaciones del sanedrín y de Poncio Pilatos. En otras palabras, la tensión que existe entre el visionario y el mundo es una reproducción del drama que vivieron la Virgen María y Jesucristo en su tiempo.

En general, el don de una aparición, y en particular, el compartir un secreto, da comienzo a una iniciación en la que el visionario debe poner su llamado espiritual por encima de todo lo demás y mantener la fe frente al maltrato y la ignorancia de la gente. La historia muestra en la mayoría de los casos que lo más que se puede esperar es ser tolerado por los demás. Lo más sorprendente es lo bien que los visionarios han logrado proteger los secretos de la Virgen María. Aun Melania y Máximo, mientras mostraron debilidad de carácter, demostraron fuerza e integridad cada vez que fueron entrevistados sobre el encuentro con la Virgen.

Vale notar que mientras muchos de los que entrevistaron a Melania y Máximo no se quedaron satisfechos con su comportamiento en general—encontrándolos sin modales ni refinamiento—en varias ocasiones se dijo que cuando hablaban sobre a sus experiencias, Melania y Máximo se transformaban y hablaban en forma humilde y seria, y con "un cierto respeto religioso". Es decir, los niños estaban adquiriendo un aura como de unos humildes pastores bendecidos por una visita santa.

La fortaleza con que Melania y Máximo soportaron el interrogatorio—al igual como hicieron los visionarios más recientes—nos indica que durante los encuentros con la Virgen María se recibe algo más que información confidencial. Podemos decir que *el encuentro despierta o infunde la fortaleza de fe necesaria para soportar el*

escrutinio de otros. Por lo tanto no es abandono el ser rechazado por el
mundo por haber tenido un contacto con lo divino.

La Virgen María depende del visionario de la misma forma
en que Dios dependió de ella para la encarnación y nacimiento de
Jesucristo. Como dice Catalina Halkes, "La Virgen, libre y activa-
mente, como ser autónomo, creyente y receptivo, se abre a la salvación de Dios con su aceptación. Si se quiere hablar de
dependencia, se debe reconocer que aquí Dios se hizo dependiente
de un ser humano y que el ser humano fue responsable con Dios".

La Virgen María fue, como dice Halkes, la primera creyente
del Evangelio y la primera en comprometerse en un vínculo creado
en conjunto con la divinidad. Gustosamente hizo una promesa que
la alejó de todos que la rodeaban. Su compromiso es perfectamente
válido por el juicio de aquéllos que han presenciado sus apariciones
y que hoy conocen sus secretos. Al saber ésto, podemos ver—por lo
menos en parte—como en *la Virgen se implanta o activa el potencial*
de un nuevo ser concebido por la divinidad. Aquí, Dios concibe ese
nuevo ser en espíritu—a través de la Virgen María—como una promesa
que debemos llevar en el corazón. Y el "nacimiento" que debemos esperar
de tal concepción es la "encarnación" de las cualidades de Cristo en y a
través de nuestras vidas.

El lector encontrará que en los capítulos siguientes muchas de
las visiones personales y los sueños sobre la Virgen recuerdan de alguna manera las apariciones históricas. Aunque los relatos inéditos
rara vez incluyen la entrega de secretos, uno se puede preguntar, ¿Por
qué la diferencia? Una respuesta que se me ocurre es *que no hay*
necesidad de secretos cuando hay un vínculo privado previo; el vínculo
total es sagrado e inviolable.

El deseo de la Virgen María de asegurar un contacto personal
con sus espectadores se muestra innecesario debido a la habilidad de
los visionarios de mantenerse discretos sobre el encuentro. La con-

cepción en espíritu permanece oculta a la arremetida del mundo—y el nacimiento de un nuevo ser es, se puede decir, un asunto de tiempo y de compromiso permanente por parte del visionario.

La Asunción de la Virgen María

~

Para los católicos, las apariciones encajan en una visión del mundo, permitiéndole a la Virgen María el papel de intercesora ante Jesucristo, cuyo amor por ella lo predispone a consentir sus deseos. Ella es el puente natural entre este mundo y el próximo, a la vez humana y madre, al tiempo que compañera de Cristo en el proceso de la redención.

El mundo no católico ha sido lento en reconocer y apreciar las manifestaciones de este ser, que ha sido llamada *La Abogada de la Gracia*, *La Reina del Cielo*, y hasta *Corredentora*. Pero no hay ningún fundamento en el Evangelio que le dé a la Virgen un puesto en la jerarquía divina. Por eso le debemos la ascendencia de la Virgen María a elementos muy diversos. Todo empezó cuando los padres de la iglesia primitiva se enfrentaron al problema de cómo Jesucristo pudo haber sido encarnado a través de una mujer común y corriente. En la medida en que la iglesia sintió la necesidad de subrayar la divinidad de Cristo, en la misma medida tuvo que elevarla a ella también.

Pero en la elevación de la Virgen María había más que un debate filosófico sobre Jesucristo. El anhelo perenne por un Dios inmanente solícito jugó un papel de igual importancia en el apoyo a la devoción por la Virgen a través de los siglos. Desafortunadamente, tal vez Jesucristo dejó de ser apreciado de esta forma, a medida que los padres de la iglesia enfatizaron su divinidad por encima de su humanidad. Poco a poco, la Virgen María comenzó a ser vista como una mediadora de gracia—un papel una vez asignado sólo a Dios. A su vez, Él tomó la gracia—un papel asignado sólo a Jesicristo. También Él tomó la representación del mediador de justicia. Es una ironía que el Dios de la justicia del Antiguo Testamento apareció nuevamente en el hombre que proclamaba un convenio de amor, ya que la rigidez debía ser suavizada en su momento por la clemencia de Su Madre. No todos estuvieron de acuerdo con esta forma de ver las cosas, pero con el tiempo tuvieron que ceder. Hay que tener en cuenta que casi todas las herejías que la iglesia tuvo que refutar en los primeros siglos de la cristiandad fueron movimientos en contra de la solución simplista de igualar a Jesucristo con Dios. Esta herejías buscaban preservar, si no enfatizar, que Jesucristo era también un hombre como todo nosotros. A medida que se ampliaba la brecha ortodoxa de Jesucristo con el resto de nosotros, más creyentes se viraban hacia la Virgen María como un puente más asequible entre Dios y el hombre.

Se podría decir que un deseo profundo no crea una religión, y que la influencia de la Virgen María no tiene base diferente al puro anhelo humano. Al reconocer ésto, los protestantes han permanecido separados de los católicos por un abismo doctrinal que se ha profundizado hasta un nivel inaudito. Con el pronunciamiento de los dogmas gemelos de la Inmaculada Concepción (1854) y de la Asunción de María al Cielo (1950), las diferencias con respecto a la Virgen entre los católicos y protestantes se ha visto más pronunciado que nunca. A pesar de estas diferencias doctrinales, hay un reconocimiento mundial de la necesidad de incorporar el divino espíritu femenino a la vida espiritual. Del lado católico, muchos teólogos guardan silencio sobre la Virgen María, pues sienten que la iglesia ha hecho demasiado por implementar su veneración pública dentro del dogma de la iglesia. Al mismo tiempo, la devoción popular por la Virgen ha crecido de forma increíble, como lo evidencia las apariciones y otros fenómenos milagrosos. A medida que la devoción mariana continúa separándose de los dogmas de la iglesia, muchos protestantes se ven atraídos por esta admiración por la Santa Madre. O sea, están descubriendo a la Virgen María por vez primera.

Según Charles Dixon, ya es hora que los protestantes le den a la Virgen la importancia que se merece: "El desarrollo de una ideología mariana en el pensamiento protestante podría hacer mucho para atemperar la dureza de un Dios que juzga, y proveerla de un concepto saludable (como lo relata las Santas Escrituras) de Él". Si las visiones y apariciones de la Virgen María han permanecido dentro de los muros de la iglesia católica, entonces el mundo no católico podría seguir diciendo que esos eventos son únicamente católicos. Pero comenzando por las visiones francesas iniciales, la Virgen comenzó a aparecer en praderas, en los cielos y en las colinas a lo largo de todo el mundo, y en su mayoría a niños—que aunque católicos—poseían una inocencia que trascendía las diferencias religiosas. Más aún, los mensajes de la Virgen María muchas veces contenían una información que se desviaba un poco o criticaba lo que la jerarquía eclesiástica predicaba. Muchas veces su crítica de los asuntos de la iglesia, hacen que su reconocimento — como en el caso de Garabandal—continúe sin la aceptación de la iglesia católica. Por otra parte, los que no son católicos se acomodan con un ser que, mientras mantiene su parecido con la imagen de la Virgen María tan querida entre los católicos, a su vez habla claramente sobre los cambios que deben hacerse con urgencia.

Mientras que los visionarios modernos de la Virgen son por regla general católicos, los mensajes de ella en lugares como Medjugorje—según nos han dicho—son explícitamente para el mundo en general. Dado que en muchas apariciones la Virgen María no habla y se nota su deseo de acercarse a creyentes de todas las religiones, no debe causar sorpresa que los que no son católicos hayan comenzado a verla y oírla también. Una protestante, Annie Kirkwood, a través de quién se dice que la Virgen ha difundido mensajes al mundo, inicialmente protestó cuando ésta se le acercó por primera vez. "¡Yo no soy católica"! dijo Annie. Luego oyó a la Virgen María contestarle, "Yo tampoco".

El valor de los encuentros hasta ahora inéditos
~

Ahora viramos nuestra atencón del contenido de los mensajes de la Virgen María hacia la *relación* que ha existido entre ella y los que han sentido su presencia. Así podemos aprender mucho acerca de las visones y los sueños que no han sido difundidos al público, y de los que no han tenido un mensaje claro. Podemos aprender *más* sobre este tipo de relación a través de las visiones y los sueños individuales sin tener que tomar en cuenta el contenido de la comunicación, ya que las apariciones que han tenido más publicidad rápidamente se vuelven vulnerables al escrutinio intenso y a la controversia que puede degradadarlas.

Ya he hablado de cómo la divulgación de una aparición a las necesidades de la gente y el escrutinio de la iglesia suelen colocar al visionario católico bajo tremenda presión para acomodar las variadas expectativas en conflicto, tales como revelar más al público, no acercarse a pronunciamientos políticos controversiales y respetar la autoridad de la iglesia en tales materias. En muchos casos los visionarios han sido amenazados, castigados o se han enfermado por la tensión nerviosa impuesto por las reacciones conflictivas de sus familiares, los vecinos, el gobierno y la iglesia.

En el caso de las visiones de Fátima, "Está claro", dice Zindars-Swartz, "que ellos . . . sufrieron gran tensión física y emocional . . . cuando gran cantidad de personas empezaron a inmiscuirse en su mundo privado". Dos de los tres visionarios—Jacinta y Francisco—contrajeron la influenza y murieron durante la epidemia, probablemente debido a que se habían debilitado por la falta de sueño y la invasión incesante de su privacidad.

No nos debe sorprender que Conchita—la primera visionaria de Garabandal—expresara su preferencia por un vínculo con Jesucristo y la Virgen María más privado e interior. Pareció descansar cuando una voz interna reemplazó el fenómeno de la aparición: "Yo prefiero la alocución a la aparición, porque en la alocución la tengo a Ella en mi interior . . . Oh, que felicidad cuando tengo a la Santísima Virgen conmigo. ¡Que pena ser tan mala! Pero así es el mundo . . . Yo prefiero tener a Jesucristo en mí . . . Esta es la oración que le dirijo a Él: ¡Oh mi Jesús! ¡Ay, Jesús mío"! La oración infantil de Conchita transmite la preocupación del visionario de servir como conducto para los mensajes de la aparición, y el alivio que siente cuando al fin logra un vínculo interior y personal con Jesucristo y la Virgen María. Para evadir los efectos de la publicidad—hacia ambos, al visionario y a la experiencia en sí—he elegido examinar las visiones y los sueños de aquéllos que han mantenido sus experiencias privadas y que han permanecido anónimos al compartir sus visiones. Aunque mi énfasis en las visiones que no han sido publicadas pueda parecer inferior a las consideraciones de apariciones mayores, se sabe que hasta las apariciones mejor documentadas tienen sus críticos. Se podría decir que hasta las mayores apariciones históricas tienen sus abogados y detractores, y sus aspectos fuertes y débiles. Como dice Blackbourn, "A menos que estemos preparados para ver el trabajo de la intercesión divina al separar un pequeño número de casos de los demás, no hay ninguna razón para limitar nuestra investigación a algunas pocas escogidas".

Si aceptamos el punto de vista de Blackbourn, entonces es sólo un primer paso tanto el incluir visiones de la Virgen María privadas e inéditas como las apariciones más conocidas. Al hacerlo, nuestra base de comparación y nuestra habilidad para esclarecer las verdades asociadas con el encuentro mariano se incrementan.

Ahora examinaremos una serie de encuentros con la Virgen María que no han sido revelados ni investigados anteriormente. A excepción de algunos cambios de estilo para facilitar la lectura, se presentan tal como el receptor nos los relató a Mickey Lin y a mí por primera vez. Mi análisis de los encuentros se enfoca a los paralelos con las apariciones históricas más importantes, explora las similitudes entre los encuentros marianos y los encuentros con Jesucristo, y mira cada relato como información sobre la naturaleza del vínculo místico que se desprende de los encuentros.

Creo que los siguientes encuentros transmitirán al lector la profunda disposición del divino espíritu femenino para encontrarse con nosotros. Además, le revelarán la calidad del vínculo y del cambio que les espera a quienes no se dejan llevar por las dudas que tendrán ante las evidencias de los hechos que no se pueden ver.

Conocer a la Virgen

Oh Arca de la Nueva Alianza, revestida de pureza
en lugar de oro; aquélla en la que
se encuentra el florero dorado con el
maná verdadero, que es la carne en que
yace la cabeza de Dios.

—DE UN SERMÓN SOBRE LA VIRGEN MARÍA
DE ATANASIO DE ALEJANDRÍA

(295–373)

uando comencé mis investigaciones sobre las visones y los
sueños marianos, me sentí obligado a estudiar las raíces de
la devoción a la Virgen María en la iglesia primitiva. Leí
sobre las diferentes creencias y los debates religiosos, acerca de su
naturaleza y el papel que juega en el proceso de la redención, y me
sumergí en las imágenes de ella que se desarrollaron a través de siglos de veneración. A medida que tomé mi jornada a través de la

historia, Mickey Lin comenzó a tener sueños paralelos a mi estudio, aunque yo no había comentado con ella nada de mu investigaciones.

En una de sus primeras visiones oníricas, Mickey Lin estuvo cara a cara con la Virgen María frente al Arca de la Alianza.

En un sueño, vi un triángulo con seis llamas a lo largo de cada lados. A medida que contaba las llamas, me preguntaba por qué no había sino doce. Por alguna razón pensé que deberían ser más. Luego me di cuenta que la trezava llama estaba en el centro del triángulo. Cuando miré hacia el interior de la llama central, me sentí transportada a una habitación que estaba desocupada, excepto por un altar y un objeto rectangular de piedra arenisca, que me di cuenta era el Arca de la Alianza. El Arca estaba justo frente al altar, entre dos ventanas, por las que penetraba dentro de la habitación, una luz naranja. Me di cuenta que muchos no se daban cuenta del Arca debido a su apariencia humilde. La tapa se movió y una gran energía y luz salieron de ella. Me di cuenta que el poder del Arca era tal que podría destruir a cualquiera que no estuviese preparado para él. Me sentí sucia e indigna de estar en su presencia, así que preferí permanecer al fondo de la habitación. Entonces por el lado derecho de la habitación sagrada, la Virgen María se me acercó y se paró frente a mí. Se veía poderosa y severa, pero gentil al mismo tiempo. Ella me dijo que "Él"—el que estaba dentro del Arca—era la trezava llama y que ella era su guardiana. Luego se movió hacia un lado para que yo me acercara al Arca, pero me detuve, pues me sentía indigna y temerosa. De todas maneras fui introducida—yo no caminé; simplemente fui movida—dentro de la habitación al frente al Arca. Al aproximarme, un sarcófago se deslizó hacia arriba, saliendo del Arca. Estaba hecho de oro puro y con figura humana. Una luz azul índigo y violeta irradiaba de él. Supe que estaba en la presencia del Todopoderoso—que estaba cara a cara con la esencia de la vida. Estaba avergonzada y temerosa de los errores que había cometido en el camino, pero no me sentía juzgada y por eso estaba confundía. No hay forma de expresar todo lo que sentí y vi en ese momento. Luego dejé que mi mente conciente interviniera, y me desperté analizando como el sarcófago dorado se mantenía erguido en un espacio tan pequeño.

Me quedé alucinado con el sueño de Mickey, ya que acababa de leer sobre como los primeros cristianos hacían comparaciones entre la Virgen María y el Arca de la Alianza, hasta el punto de referirse a la Virgen *como la propia Arca,* ya que ella—según parece— llevó al Dios del Evangelio en su vientre. De la misma forma, sor Catalina Emmerich, una monja que vivió en Alemania a comienzos del siglo XVIII, notó en una de sus visiones que la concepción de la Virgen involucraba la transmisión de una presencia luminosa y secreta del Arca de la Alianza hacia el vientre de santa Ana—la madre de la Virgen—en el momento de su concepción. Acerca de esta fuerza misteriosa, sor Catalina Emmerich dijo, "Este ente sagrado, oculto en el Arca de la Alianza en el temor de Dios, fue dado a conocer tan sólo a los más santos de los sacerdotes y a algunos profetas . . . Fue la obra de manos no humanas, fue un misterio, el más sagrado secreto de bendición divina, en el advenimiento de la Bendita Virgen María, llena de gracia".

Así fue como sor Catalina Emmerich vio el Arca de la Alianza encarnando por vez primera en la concepción de la Madre del Señor. Mientras que el Arca simbolizó para las primeras generaciones un

contenedor de la Alianza, la Virgen representó el paso siguiente—
una usurpadora vasija humana, que no sólo contenía la Nueva
Alianza, sino que la hacía nacer como una divinidad.

Mickey no sabía concientemente nada sobre la asociación de la
Virgen María con el Arca. Pero recientemente se había dado cuenta
de su propia capacidad para manifestar más de sus habilidades latentes, intuitivas y sanadoras. Tiene sentido que una imagen tan
prometedora como el Arca apareciera en sus sueños en momentos
que la Virgen—equivalente humano—viniera a mostrarle a Mickey
sus propias capacidades para así entrar en una relación más profunda
con su propio llamado espiritual. A partir de este sueño, Mickey
ha tratado de superar sus temores y la poca autoestima, para así
aceptar la oportunidad de abrazar completamente su llamado espiritual. Tan pronto como el ángel le apareció a la Virgen para anunciarle su papel en el nuevo convenio con Dios, la Virgen María le
anunció a Mickey la aparición de sus propias capacidades latentes
para servir a la divinidad.

Con en el ejemplo de las experiencias de Mickey, y con muchos otros encuentros marianos que tenemos en estas páginas, he llegado a darme cuenta que la Virgen María reside dentro de cada uno
de nosotros. En otras palabras, ella es como un patrón de responsabilidad completa hacia el espíritu por medio del cual podemos alcanzar un vínculo de creación conjunta con la divinidad. El estar
concientemente seguros de esta capacidad latente es sin duda un
primer paso necesario, pero rendirse a él puede involucrar una
batalla prolongada llena de temores, sentimientos de indignidad y
conflictos con las creencias religiosas. Entonces, entre el despertar y
la aceptación completa, se pueden pasar años de negación, y hasta de

olvido. Los siguientes realatos se tratan de encuentros con la Virgen durante la niñez, que por varias razones los receptores dejaron de lado hasta más tarde cuando la crisis o los anhelos desconocidos hicieron que ellos regresaran a su pasado y la encontraran—el Arca de un nuevo pacto con ellos mismos, listo para abrir.

El año pasado tuve lo que debía ser mi sesión final con Raquel, una mujer que me consultó por primera vez hace cuatro años. Al principio comenzó la sicoterapia para tratar las consecuencias de haber sido violada diez años antes, y por una disminución en su autoestima al llevar casada con un alcohólico veintisiete años. Nuestro trabajo juntos fue intenso y difícil, pero por fin pudo curar el dolor de haber sido ultrajada y también pudo superar el temor de hacer valer sus derechos en sus relaciones. Podría haber dejado la terapia desde hacía un año, pero decidió seguir adelante un poco más, tomando parte semanalmente de un grupo sicoterapeutico que se dedicaba a los sueños. Además, Raquel hacía algunos turnos particulares de vez en cuando. Al final, recordar y sanar un dolor no era suficiente; Raquel tenía que enfrentar el propia imagen que se le había perdido. El evento que señaló el fin de nuestras sesiones fue memoria de un recuerdo largamente olvidado—un recuerdo de haber visto a la Virgen cuando Raquel tenía solo dieciséis años. El catalizador que le hizo recordar el episodio fue una conferencia que di recientemente sobre los encuentros modernos con Jesucristo y la Virgen María. Raquel quería ir a la conferencia, pero tuvo que estar fuera de la ciudad. Entonces ella se llevó las grabaciones de la presentación matutina y las escuchó en la grabadora del automóvil. Reconoció más tarde que me había criticado por interesarme en estos tópicos religiosos tradicionales. Pero mientras Raquel conducía por el camino oyendo la conferencia, fue inducida a recordar contra su voluntad un hecho olvidado que regresó a su memoria después de cuarenta años. Se orilló en el camino y sollozó.

Raquel me explicó que cuando ella era niña, sus padres le pidieron que se mantuviera alejada de los pantanos próximos a su propiedad. Pero ella quería ir y decidió en este caso ignorar los deseos de sus padres. Un árbol en particular le llamaba la atención, y por eso se escapaba a veces para treparlo. Allí se sentía libre ya que podía eludir una familia en la cual muchas veces se sentía malinterpretada. Por eso se escapaba a los pantanos y a su árbol especial—no tanto para huir de casa, sino para encontrar su propio hogar.

Un día fue al pantano y trepó a su árbol. Al mirar entre los árboles el otro lado del pantano, pudo ver el nuevo colegio católico que estaba casi terminado. En el patio se veía una estatua que no había estado allí antes. Queriendo verla más de cerca, Raquel se bajó del árbol, y atravesando el bosque, llegó al sitio donde estaba la nueva estatua. Estaba hecha de cemento blanco grisáceo y adornada con guirnaldas de rosas frescas. Parecía que acababa de pasar una ceremonia, pensó Raquel. La figura de piedra era de una joven de más o menos la misma edad de ella. Aunque Raquel había sido criada como bautista, sabía que la joven debía ser la Virgen María, pero le sorprendió su juventud. Mientras la miraba, *Raquel se maravilló al ver que la cara de la estatua comenzó a cobrar vida*. La joven tenía profundos ojos azules y le ofreció a Raquel una brillante sonrisa amorosa. Aturdida, Raquel pensó, ¡Eres como yo!

Luego la joven le respondió, "Sí Raquel, soy justamente como tu". Raquel nunca le contó a nadie sobre su experiencia y logró olvidarla con rapidez. ¿Por qué querría alguien olvidar momentos tan maravillosos?

A través de mi experiencia y trabajo como sicoterapeuta, he descubierto que esto ocurre bastante a menudo. He visto que por lo general olvidamos dos tipos de experiencias: los traumas, pues son muy dolorosos para sobrellevar, y las experiencias sumamente elevadas, ya que exceden los límites superiores de lo que creemos ser posible. Es fácil entender porqué hay personas que suprimen los recuerdos de traumas físicos y emocionales. Pero resulta cierto también que muchas veces suprimimos las buenas nuevas que no podemos aceptar como verdaderas.

A medida que Raquel me hablaba de sus recuerdos, corrían por su rostro lágrimas de agradecimiento y alivio. Reconoció que había rechazado el don de la Virgen María. También había rechazado a Jesucristo, ya que era Él a quien su familia le rendía culto, y ella no podía aceptar lo que ellos hacían. Por eso, al llegar a la madurez, Raquel miró hacia la cultura oriental y se consiguió un gurú. Al recordar su encuentro con María, Raquel comprendió que Jesucristo y la Virgen siempre la habían acompañado. "Estoy tan feliz", dijo, "de haberlos encontrado de nuevo".

Carl Gustav Jung dijo que la sanación de la siquis inevitablemente incluye la cura espiritual. El recuerdo de Raquel, en cuanto a la perspicacia de la Virgen María al encontrar su semejanza esencial, fue la intervención espiritual que necesitaba para volver a comenzar su vida; efectivamente esto restauró su sentimiento de bondad sin mancillar—algo que se le había perdido por media vida.

Durante las apariciones marianas modernas que comenzaron hace ciento cincuenta años, los visionarios principales han sido niños. Sabemos de los encuentros ya que sus experiencias se hicieron públicas—bien porque ellos quisieron o porque sus familiares y amigos se negaron a mantenerlos en confianza. A pesar de las muchas historias que se han contado, hay otras que nunca han sido reveladas. Ha habido jóvenes visionarios que han logrado evitar que sus encuentros pasen al escrutinio público—bien sea porque se han callado, como Raquel, o porque se las han contado a personas que en muchos casos las han tomado como simples fantasías infantiles.

Parece que los encuentros que se han mantenido en secreto—y muchas veces olvidados—ascienden a un gran monto de recursos perdidos, ya que también tenían la capacidad de servir a las necesidades de otros. Si el propósito de cada encuentro con la Virgen María—y con otros seres espirituales—es comunicarse con las masas a través del visionario, mantenerlos en secreto efectivamente es una pérdida. Pero si el propósito del encuentro mariano es el establecer un vínculo con lo divino o con nuestra profunda naturaleza espiritual, entonces la propagación de los mensajes puede ser simplemente una de las formas en el cual el encuentro mariano rinda sus frutos en la vida del visionario.

Aunque muchas veces los receptores de los encuentros silenciosos y solitarios los olvidan por años, las experiencias parecen representar una concepción espiritual temprana que germina lentamente en los nichos empañados de la memoria inconsciente. Tiene sentido que la visión aparezca a edad temprana cuando todavía estamos abiertos a tales experiencias. La divinidad penetra por el portal de la inocencia infantil, se hunde en el olvido y más tarde aparece durante la confusión de una crisis, para así orientar y profundizar el curso desquiciado de la vida de la persona.

Muchos místicos han relatado que la conciencia divina surge cuando menos lo esperamos—cuando estamos meditabundos, pensando en los que amamos o expresando la alegría por cosas simples. El místico alemán, Jacobo Boehme (1575–1624), tuvo su primera iluminación espiritual mientras contemplaba la belleza del sol reflejada sobre un plato de peltre bruñido. Esta narración que viene a continuación, es similar a la de Boehme, y nos cuenta la historia de una niña que fue sorprendida cuando celebraba la belleza de la primavera y su amor por la Virgen María en el jardín trasero de la casa.

Comenzaban la década de los años 50, y yo tenía entre cinco y ocho años de edad. Nuestra familia vivía en un pequeño pueblo agrícola del centro del estado de Tejas (EE.UU.), en un pueblo católico en su mayoría. En esa época, me matricularon para estudiar en la escuela primaria parroquial.

Un día mi padre me regaló un guacal de madera con manzanas que había recibido del vendedor de abarrotes local. Yo estaba encantada con el cajón, y lo puse sobre una mesita en el jardín de atrás. Allí decidí armar un altar o gruta para la Virgen María. Cada tarde, después de salir de la escuela, jugaba feliz creando mi altar. Recostando el guacal de lado, puse dentro una estatua plástica de la Virgen— de unas ocho pulgadas (veinte centímetros) de alto—blanca y con las facciones pintadas en negro. Todos los días buscaba recipientes viejos—como latas y tapas—que pudieran servir de floreros alrededor de la estatua. Aunque hoy parece que todo se podía hacer con rapidez, recuerdo que a mí me tomaba días. Era una misión diaria buscar los artículos apropiados, y recuerdo haber descartado cosas que no me parecían adecuadas. Un día, todo pareció estar listo. Recogí unas flores del jardín de mi mamá y también algunas pequeñas flores silvestres. Le puse agua a los floreros y los coloqué en el altar alrededor de la estatua. Luego comencé a cantarle unas canciones a ella y acerca de ella que me habían enseñado en la escuela. Me acuerdo de estar bailando al mismo tiempo—bailes que no había aprendido en la escuela. En medio de un baile miré hacia el altar y me quedé transfigurada. Me caí sentada mirando fijamente a mi altar. ¡La estatua tenía colores! Las manos y la cara tenían color de una persona viva; el vestido era blanco, pero ahora era de un blanco cristalino y su manto azul era muy suave. Tenía en las manos un rosario de cristal que reflejaba los colores del arco iris. Parecía estar viva y muy luminosa, calmada, serena y en paz. Aunque primero miró hacia abajo hacia sus pies descalzos, levantó su mirada muy despacio, sin mover la cabeza, y me sonrió dulcemente. No dijo nada, pero supe sin que me lo dijera que le gustaba su altar.

No sé cuánto tiempo nos miramos la una a la otra, pero sentí una necesidad muy grande de buscar papel y lápiz. Corrí a casa y los traje y me senté con las piernas cruzadas frente al altar. Dibujé a la dama como la veía. Ella se mantuvo muy quieta mientras lo hacía. Es bueno que sepan que en ese entonces y aún ahora sólo pinto figuras rígidas, pero ese día pinté como si fuera una artista. Aunque usaba un lápiz y un pedazo de papel de apuntes, el dibujo tenía colores—tonos naturales, blanco y azul—en exactamente los matices que ella presentaba. El dibujo tenía de dos y media a tres pulgadas (unos siete centímetros). Ella aparecía más o menos del mismo tamaño de la estatua en el altar y tenía alrededor una gasa o rollo de película fino con apariencia de nube. Durante todo el proceso, no se me ocurrió que nada de esto fuera raro. No sentí ningún temor, ni dudé de nada de ello. Cuando terminé mi dibujo, nos miramos por un rato y luego ella se desapareció. Me quedé mirando fijamente la estatua de plástico. Luego miré a mi dibujo en colores. Pasaron los días y yo continuaba jugando en el altar, aunque no diariamente como antes. Nunca la volví a ver, pero tampoco sentí la necesidad de ello—como si una sola vez fuera suficiente. Escondí mi dibujo y no le conté a nadie sobre la visita, y no por temor o por no querer compartirlo. Simplemente no se me ocurrió hacerlo—como si fuera algo muy personal. Muchos meses después, llegó el invierno y en nuestra preparación para él, mi familia y yo limpiamos el jardín trasero. Pasé la caja, dañada por las inclemencias del tiempo, a la pila de cosas que se iban a quemar, junto con las flores muertas, los tarros y las tapas. La estatua la metí en un caja donde guardábamos los artículos religiosos rotos. Un día durante el invierno les mostré a mis padres el dibujo, sin mencionar los colores que aún veía en él. Me asusté cuando me dijeron, "Oh, dibujaste el contorno de María Inmaculada. Ve y coloréala". De allí en adelante la vi en lápiz y no en colores.

Mantuve el dibujo entre mis cosas por muchos años. Pero siempre que lo miraba seguía viendo un boceto a lápiz. A medida que crecí, empecé a dudar si lo había dibujado alguna vez. Un día lo boté. Mi vida ha continuado un camino torcido, en un momento de ella hasta abandoné mi religión. Ahora bien, siempre he mantenido un rosario al lado de mi cama, aunque no rezara. Hace cuatro años, algo sucedió en mi vida que me empujó nuevamente hacia Dios. Antes de buscarlo a Él, regresé a mi devoción por María, y yo creo que ella me guió hacia Él. Fue en ese momento, cuando recordé intensamente la visita de la Señora durante mi niñez. Como lo escribo ahora puedo mentalmente ver la escena completa tan claramente como veo este bolígrafo y papel. Es una escena de infinita paz, serenidad y simple belleza. (S.O.)

La experiencia de S.O. nunca llegó a los periódicos, nunca impresionó al cura de la parroquia o a la congregación, no produjo curaciones documentadas a su alrededor. El encuentro de S.O. difiere de la visión inicial de Bernardita en Lourdes sólo de dos maneras insignificantes: ocurrió tan sólo una vez y nadie se enteró. Pero de otra forma y más importante sí son similares: la mujer de su visión nunca habló y permaneció en el anonimato, y aún así, se estableció un vínculo profundo en el curso de un breve encuentro. Como veremos, esta introducción silenciosa y ambigua no es de ninguna manera inusual. Algo de gran importancia se transmite sin palabras. Como la Virgen María histórica que nos entregó su vida—no la palabra escrita—como testamento para nuestra reflexión, estos encuentros ofrecen una invitación silenciosa a unirse a ella en una relación de creación conjunta con la divinidad. Si, como dicen los textos de meditación de las culturas orientales, "todos los métodos tienen su fuente en el silencio", entonces la Virgen María nos da el ejemplo de estas sutilezas en encuentros que pueden ser el pináculo de la práctica espiritual—esto es, la quietud dinámica de la mente y la apertura del corazón, a través del cual, la divinidad se puede revelar en todo su esplendor.

Aquéllos que conozcan muchas de las apariciones de Lourdes, encontrarán similitudes de *sentimientos* entre el primer encuentro de Bernardita y la experiencia de S.O. Bernardita exhibe un asombro tímido, pero abierto mientras la aparición se dirige a ella sin palabras. De acuerdo a su propia historia, ella oyó un fuerte murmullo entre el seto de zarzas sobre la gruta que llamaba a Massabeille. Vio el seto moverse y enseguida algo blanco con forma de mujer joven. Bernardita observó fijamente a la joven y luego se arrodilló a rezar el rosario. La chica le mostró a Bernardita que ella también tenía un rosario en su brazo y luego entró en la gruta, desapareciendo de su vista.

En esta primera reunión, las dos partes todavía no se conocen muy bien. La relación señala hacia un futuro indeterminado. Aun así, es difícil imaginar como comenzar una relación sin esta experiencia silenciosa, donde compartieron su interés mutuo por una misma práctica espiritual. La presentación de Bernardita y la joven podría aparecer apresurada e impersonal sin este momento de callada contemplación mutua.

En la obra clásica de Antoine de Saint-Exupéry, *El principito*, hay un momento en el cual el zorro tímido acepta ser amigo del Principito. Pero dice el zorro, que antes de que esto suceda el Principito debe domarlo:

"¿Qué debo hacer para domarte"?, pregunta el Principito.

"Debes tener mucha paciencia", replicó el zorro. "Primero te sentarás a cierta distancia de mí—así—en el pasto. Yo te miraré por el rabillo del ojo y tu no dirás nada. Las palabras son la fuente de los malos entendidos. Pero te sentarás un poco más cerca de mí, cada día. . . "

Este pasaje encierra una profunda verdad, acerca de cómo nosotros conocemos a otros idealmente, a través del lenguaje preverbal, proponemos encuentros indirectos. Muchos de nosotros, si nos lo permiten, vamos directo hacia la revelación personal y a los intercambios verbales. Al hacerlo así, nos perdemos todo lo que podemos compartir entre dos, cuando suspendemos voluntariamente el intercambio verbal, cambiándolo por la callada comunión del espíritu. Hay un viejo dicho budista, "si conoces diez comunica nueve", lo que nuevamente alude al poder de lo no dicho. De nuestra cultura, el éxito de la literatura de Jane Austen puede ser atribuido, en parte a nuestra fascinación por las relaciones que se desarrollan a través de intercambios no expresados entre individuos, que llegan a amarse muchas veces sin quererlo.

~Cada vez, que más de una persona experimenta la presencia de la Virgen María, se incrementa la posibilidad que esta experiencia se haga pública. Cuando Lucía y sus primos, los beatos Francisco y Jacinta, vieron la primera aparición del ángel de Fátima, Lucía les pidió a los otros dos que no le contaran a nadie. Lucía aprendió por el camino duro a ser discreta: cuando fue a confesarse por primera vez, encontró a muchas personas riéndose de lo que ella había dicho cuando salió del confesionario. Temerosa que la gente nuevamente la ridiculizara, Lucía esperaba que ella y sus primos pudieran mantener las experiencias entre ellos. Pero los otros niños hablaron y Lucía demostró tener razón acerca de la prueba que vendría.

El siguiente relato es una aparición de la Virgen María a dos hermanas que la vieron juntas. A diferencia de los niños de Fátima, estas dos niñas decidieron mantener su visión en secreto.

Cuando tenía cerca de diez años y mi hermana ocho, tuvimos una visión de la Santa Madre.

Era un precioso día de verano, el cielo azul—no había nubes, había mucho silencio—ninguna otra persona, ni animal, ni carros—nada. En el momento que miramos al cielo, allí estaba. Usaba ropa oscura y tenía el pelo oscuro.

Nos arrodillamos a rezar, luego caminamos a casa, de acuerdo en no hablar de ello ni contárselo a nadie.

Hace unos cinco años, mi hermana y yo estábamos en una comida, sentadas la una frente a la otra. Ella dijo, "¿Te acuerdas cuando vimos a la Santa Madre cerca de la casa de Nannie?"

Comencé a asentir con la cabeza y dije, "Sí, me acuerdo".

Después de esa comida, mi hermana y yo fuimos

capaces de recordar y compartir esa experiencia de hace tan-
tos años. (J.A.)

Como muchas de las visiones de estos capítulos, la aparición que describe J.A. se parece a la aparición de Pontmain, Francia, en el 1871. Fue allá donde la Virgen María se le apareció una tarde en el cielo de un paisaje nevado, al hijo de un granjero, Eugenio Barbadette de doce años. El chico había salido al granero para ver como estaba el tiempo y su hermano José, de diez, pronto se unió a él y también pudo ver la aparición. Sobre ellos vieron una mujer sonriente, con vestido azul profundo, salpicado de estrellas y llevando una corona dorada. Por las siguientes tres horas, muchas personas se reunieron en el granero a oír lo que los niños contaban y los cambios que tenían lugar en la aparición. Tres niños más del pueblo que se unieron a ellos más tarde, también pudieron ver la aparición. Ninguno de los adultos—incluyendo dos monjas y el sacerdote local—pudieron ver nada distinto a tres estrellas que permanecieron allí, visibles solamente durante la aparición.

Durante las tres horas de vigilia en el granero, los niños vieron letras apareciendo en una nube de vapor que aparecía a los pies de la mujer. Los niños deletreaban los mensajes lentamente: "Oren, mis niños"; "Dios pronto les responderá"; y "Mi Hijo acepta ser conmovido". Hacia el final de su manifestación, ella sostuvo un crucifijo rojo del que Jesucristo pendía. Su pena se evidenció profundamente, pero su estado previo de felicidad retornó pronto, justo antes de su desaparición en el cielo nocturno.

En aquel entonces, toda la región estaba bajo la amenaza de invasión. Cuando el emperador Napoleón III le declaró la guerra a Prusia en julio del año 1870, treinta y ocho de los quinientos habitantes de Pontmain fueron reclutados inmediatamente. En unas semanas, los franceses habían sufrido derrotas terribles; para el mes de enero del año 1871, los alemanes habían avanzado hasta un sitio a pocas kilómetros de Pontmain. La invasión del área parecía inminente. La aparición fue vista en la tarde de una retirada súbita: los soldados se replegaron y en pocos días se declaró la paz.

Algunas personas piensan que la manifestación de la Virgen María urgió a la gente a rezar ante una situación que podría terminar de cualquier manera. Sí eso es así, la oración de unas pocas personas dio buen peso en el desarrollo de la guerra. Sin saber si las oraciones de un grupo servirían para dar vuelta a la marea, la aparición celestial de la Virgen, coincidió con un giro inesperado en lo que parecía una situación sin esperanza.

En la superficie, parece claro el propósito para la aparición de Pontmain, despertar la fe y la esperanza en gente desmoralizada y urgirlos a superarse a través de la oración. Pero los detalles particulares de la aparición de Pontmain, se mantienen universalmente actuales. Como el mensaje no es muy específico, esto incrementa las posibilidades de aplicación en el contexto de otros tiempos y lugares. Aunque el mensaje general frustre nuestro deseo de recibir respuestas específicas a nuestras necesidades particulares, soporta el paso del tiempo más fácilmente, que un mensaje concerniente tan sólo a problemas inmediatos. Entre más *general* sea el mensaje, más trasciende el contexto original que le da lugar.

Así podemos ver que los mensajes característicos de la Virgen María, intervenciones breves y no verbales en estos encuentros iniciales, mejoran el significado y amplían la utilización de la experiencia. Como Jesucristo, quien a menudo frustraba a su audiencia con sus silencios y sus respuestas breves y enigmáticas, la Virgen dice mucho cuando habla poco, asegurando así la importancia de sus manifestaciones en los años venideros.

Hemos visto como la Virgen María se manifiesta a individuos en la niñez, como para sembrar una idea, que solo florece en su total expresión años después. Es comprensible que esta manifestación inicial, provoque una variedad de respuestas. En los relatos que hemos examinado hasta ahora en este capítulo, los niños han dado la bienvenida a la presencia de la Virgen. Pero si el propósito de la Virgen es preparar a uno para un despertar espiritual posterior, la respuesta del receptor en el momento de la visión original, no tiene mucha importancia. Aparentemente *cuando* la persona la reconoce, la Virgen María aparece en ese momento como un recuerdo poderoso, que afirma la presencia de Dios en la vida de la persona.

El relato siguiente, demuestra que la visión puede ejercer un impacto positivo sobre la persona años más tarde, sin importar la respuesta inicial. Al comienzo la persona puede estar asustada por la visión, pero puede hacer suya la experiencia años más tarde, cuando su valor se vuelva más comprensible.

Yo tenía cinco años y vivía en Grove City, Pennsilvania (EE.UU.). Mis abuelos me iban a llevar a la Florida de vacaciones. Pasamos la noche en Pittsburgh para visitar a unos conocidos. La habitación donde yo dormí, era una buhardilla remodelada en el tercer piso y miraba hacia el frente de la casa. Cuando me desperté en la mañana, el cuarto estaba lleno de luz blanca. Me quedé quieto, simplemente mirando, cuando oí una voz que decía, "Date la vuelta y mira a la ventana." Aunque nunca antes había oído esa voz, no me asusté, sin embargo no me moví. La voz repitió una segunda vez y hasta una tercera vez, hasta que yo me diera vuelta. Allí, en la ventana de un tercer piso, estaba la mujer más hermosa que hubiera visto en mi vida.

Vestía de azul y blanco—un largo velo y una túnica. Nunca dijo nada, solo me sonrió con la más preciosa de las sonrisas.

Me acababan de recetar anteojos y recuerdo haber pensado que no era una visión real. Al comienzo, me refregué los ojos y ella seguía allí. No necesitaba los anteojos, era una visión tan perfecta con ellos como sin ellos.

Todavía seguía allí, cuando salí corriendo, llorando histéricamente, a donde mis abuelos para que me llevaran a casa. Quería mi casa. . . Nunca se lo conté a nadie sobre esta experiencia hasta que fui adulto.

Nunca olvidé la experiencia, pero la escondí en mi mente durante toda mi juventud. Ya tenía treinta años, cuando comencé a preguntarme porqué había sucedido. Desde entonces, me he convertido en una investigadora seria, siempre tratando de hacer lo mejor y de estar cerca de Dios. Todavía no he podido entender la visión, pero creo que la experiencia debía imprimirse en mi mente, para que siempre me recordara el camino espiritual.

Algo sobre lo que he pensado mucho, es que en todos los cuadros que he visto de la Virgen María, ninguno encierra ni su belleza ni su luz.(M.F.)

En el encuentro de M.F. con la Virgen María, ella vio su belleza indescriptible. Esto corresponde a casi todos los relatos que se hacen de las visiones marianas hasta hoy en día. Invariablemente el que la ve, dice que es tan bella que no hay palabras para describirla. Dos visionarias de apariciones bien documentadas—Vicka de Medjugorje y Gianna Talone de Scottsdale, en el estado de Arizona—han pensado en preguntarle porqué es tan bella y en ambos casos la han oído decir, "Porque yo amo".

⁓Cuando estamos cerca a la muerte, las barreras que nos separan de las realidades espirituales parecen disolverse. La gente que se recupera de enfermedades o heridas mortales muchas veces atribuyen su curación a entes luminosos, que se les aparecen cuando están suspendidos entre esta vida y presumiblemente la otra. Es posible que la curación no venga del exterior, sino que se origine en nuestro interior, desprendiéndose de la esperanza y la fe, que nos envuelven durante un encuentro de estos seres amorosos que han estado con nosotros siempre. Cuando estos entes nos muestran en ellos la verdadera naturaleza de nuestro ser, pueden despertar en nosotros, capacidades de sanación y rejuvenecimiento que permanecen dormidas. Observen por ejemplo, el siguiente encuentro con la Virgen María.

Yo tenía unos ocho años y mamá no me había enviado al colegio, pues no me sentía bien. Había dormido casi toda la mañana y la fiebre seguía subiendo. Antes del medio día, recuerdo haberme levantado para ir al baño, pues tenía diarrea. No recuerdo mucho más, mi mamá entró en el baño para ver como iba y recuerdo su exclamación, "¡Qué locura"!, y luego puso su mano tibia sobre mi frente para saber si seguía con fiebre. Parece que con la fiebre tal alta, había comenzado a delirar y había usado la bañera en vez del inodoro para mis necesidades. Mamá se dio cuenta que estaba muy enferma. Me limpió y me puso en la cama nuevamente. La fiebre había llegado a 104 grados Fahrenheit (40 grados centígrados).

Vivíamos en un suburbio a las afueras de Minneapolis (estado de Minnesota, EE.UU.), los médicos estaban a cuarenta y cinco minutos en automovil y papá estaba en el trabajo con el único vehículo de la familia.

Mamá trataba de apaciguarme y ponerme lo más

cómoda posible. Se alejó de mi lado para llamar a papá, pidiéndole que viniera lo más pronto posible para llevarme al doctor. Mientras ella estaba hablando, tuve la más maravillosa experiencia.

La Virgen María se me apareció al lado de la cama. Estaba allí flotando a dos pies (0,6096 metros) sobre el piso, y me sonreía—la bellísima sonrisa penetraba hasta lo más recóndito de mi cuerpo. Su piel era blanca como la leche, sus cejas delgadas y arqueadas y usaba un género azul pálido drapeado sobre su cabeza. O el género tenía un forro blanco por debajo o tenía un segundo género blanco plegado también sobre su cabeza, debajo del azul. Su vestido parecía una túnica en azul pálido y blanco. Todo en ella parecía emanar un sentimiento total de paz, confianza y amor. Cuando me sonreía, parecía que me hablara telepáticamente. Recuerdo haberla oído decir, "Todo estará bien." Luego cerré mis ojos y me dormí, sintiéndome perfectamente en paz.

Por suerte, papá había salido a almorzar cuando mamá llamó y ella dejó el mensaje para que llamara a casa tan pronto como llegara. Recuerdo haberle dicho, "Tranquila mamá, ya papá no tiene que venir. La Virgen María estuvo aquí y me sonrió con una sonrisa preciosa y me dijo que todo estaría bien. ¡Era tan bella, mamá"! le dije.

Al principio mi mamá pensó que yo seguía delirando y trajo el termómetro para tomarme la temperatura de nuevo. Le dije que con seguridad estaría normal . . . y así fue. Algunas personas que conozco, argumentarían que la diarrea ayuda a bajar la fiebre y estoy de acuerdo con que eso pudo ayudar, pero yo sé lo que vi y lo que sentí. Es tan vívido hoy como hace cuarenta años y estoy agradecida de tener un recuerdo tan maravilloso.

También agradezco tener a mi madre tan afectuosa
y comprensiva y que me ha amado incondicionalmente.
(L.D.)

Nunca sabremos si la Virgen María se presentó a sanar directamente a L.D. o sólo a despertar su propia capacidad de sanación, para que ella misma recuperara su salud. Si vemos a la Virgen o cualquier otro ser espiritual, como agentes externos de sanación, entonces por contraste, nos vemos a nosotros mismos como receptores pasivos del proceso. Si lo vemos de esta manera, la Virgen sería una sanadora alopática—como el médico tradicional—que mejorará la salud, dándonos el agente medicinal necesario para combatir la enfermedad. Si, por el contrario, vemos a la Virgen María como un catalizador espiritual que despierta nuestras propias posibilidades internas de sanación, asumiremos por ello una participación más activa, a medida que *respondemos* al poder que ella despierta con su presencia. Hablando metafóricamente, la Virgen se convierte en este caso en una curadora homeopática que produce *desde* nosotros mismos lo que necesitamos para restablecernos. La diferencia puede parecer trivial, cuando lo único que nos preocupa es mejorarnos, pero la verdad, esto define dos maneras distintas de interpretar el papel que Dios juega en nuestras vidas. Visto en cierta forma, somos niños errantes que necesitarán ser rescatados eternamente. De otra manera somos seres divinos, simplemente dormidos—con todos los atributos espirituales que asociamos con Jesucristo y la Virgen María y otros seres espiritualmente avanzados.

El saludo que le da la Virgen María a los niños puede tener muchas formas, pero en casi todos los casos Ella confirma su amor por la persona—allí y para siempre. En el relato que sigue, el mensaje de la

Virgen fue tan potente, que desde entonces repercutió en toda su vida.

He tenido muchos sucesos espirituales en mi vida y los más especiales ocurrieron cuando estudiaba en la escuela primaria Santa Isabel en Wilmington, Delaware (EE.UU.).

Tuve dos incidentes con la Virgen María que me gustaría compartir con ustedes. Tenía una gran cantidad de tareas, pero lo más importante era escribir dos poemas. Uno debería tener cuatro o cinco estrofas, el otro tres o cuatro versos. Mi familia era disfuncional y no podía comenzar mi trabajo hasta que papá se fuera a dormir. El tiempo pasaba y yo seguía trabajando con el poema. Después de la diez de la noche, cansada y llorando le pedí a Dios que me ayudara. Le dije que no me podía dormir hasta no terminar los poemas, pues no me atrevería a darle la cara a la sor Julia si llegaba con mi tarea sin terminar.

A pocos minutos, comencé a escribir y sonaba precioso. Le pedí a Dios un título, y escribí "La torre de marfil". Contenta de haber terminado, comencé a hacer la maleta, cuando me acordé de las tres o cuatro líneas del otro poema. Casi dormida, pedí de nuevo y este poema sí lo recuerdo.

> *Los capullos han florecido*
> *Hay mucho espacio, si florecen más,*
> *La que más bella nos ha parecido*
> *Es nuestra Madre Santa*

Cuando metí mis poemas en la pasta de argollas, recuerdo haber pensado que la letra no parecía mía. Esta era más pequeña y se veía diferente, la mía era más redonda y grande.

Al día siguiente, por turnos íbamos poniendo nuestros poemas en el escritorio de sor Julia y luego volvíamos a nuestros asientos. La monja me miró de frente y me mandó que me acercara a su escritorio inmediatamente. Me inquieté al ver su cara roja—algo que sucedía cuando estaba furiosa. Empujó el poema hacia mí y dijo que no le gustaba que copiara poemas de los libros. Suavemente le dije que yo lo había escrito, que no era copiado. Esto la hizo perder el control. Me acusó de mentir, que podía creer que yo hubiera escrito el corto, pero que si mentía acerca de uno, bien podía mentir acerca de los dos. También le molestó que hubiera dejado que alguien los copiara por mí. Insistí en que yo misma los había escrito. Eso fue lo último que alcancé a decir, ante que ella los rompiera en pedazos y los tirara a la basura; luego de golpearme en los nudillos, me envió a mi puesto y salió del salón tirando la puerta tras ella. Oí los susurros de las otras niñas, pero sólo pude mirar hacia abajo, a mi pupitre. Quería desesperadmente recoger los pedazos de la caneca, pero me daba miedo que ella regresara y me castigara de nuevo. Muchas veces a lo largo de los años, he pensado en ser hipnotizada para tratar de recobrar mi poema, pero como tengo tan terribles recuerdos de mi niñez, nunca lo he hecho.

El otro incidente con la Virgen María, sucedió en el primero o segundo grado. Mis compañeras de aula estaban poniendo sus nombres dentro de una caja, para ver cual nombre sería escogido para representar a María en una procesión. Al meter el mío le rogué a Dios y a la Santísima Virgen para que no fueran a elegirme a mí. Estaba avergonzada de mi ropa vieja y de mi pelo, que era liso como una escoba. Justo antes que eligieran un nombre, oí una voz

que decía, "Yo te elegí". Esto me asustó y rogué, para que
sólo hubiera creído que oí. Sacaron el nombre, y era el mío.

Estos fueron los dos eventos tan especiales, que
sucedieron en mi niñez, pero sólo hasta muchos años más
tarde, me di cuenta de cuán especiales eran. (J.C.)

La segunda experiencia con la Virgen María de J.C., se parece
a la de otra mujer, que vio a Cristo aparecer ante ella durante una
reunión de oración. Llorando ante el honor de verlo, pensó ¿Por qué
yo? Tan sólo para oírle decir, "¿Por qué no tu?" Obviamente estas
palabras, le transmiten más que una simple respuesta. Con su pregunta, Él pone en tela de juicio su falta de aceptación de sí misma, a
la luz de la aceptación de Jesucrsito por ella, tan vasta e intemporal.
Semejante a esto, la elección de la Virgen por J.C., va más allá del
contexto de involucrarla en una procesión: la Virgen María eligió a
J.C. en ese momento—y para siempre.

Al comienzo de nuestras vidas—antes de embarcarnos en una
búsqueda conciente de significado—la Virgen María existe dentro
de nosotros, como un potencial inherente de llegar a sus asistentes
en el proceso del trabajo divino en nuestras vidas. Como la humilde
aparición del Arca de la Alianza en el sueño de Mickey Lin, es fácil
dejar pasar la María que hay en nuestro interior. Sus poderes salen de
su *vínculo* con Dios y de llevar a fructificar la divina semilla. Hasta
que nosotros reconozcamos la importancia de entrar en una relación
de creación conjunta, como hizo ella, nuestra propia respuesta desa-
parecerá al ser comparada con las cualidades más valoradas por el
mundo.

La manifestación de la Virgen María en la niñez por visiones o
sueños son preubas de un reconocimiento de sus capacidades para

servir a Dios, como ella lo hizo. Como el Arca viviente, la Virgen ejemplifica la liberación del potencial virginal que se mantuvo dormido, hasta que lo necesitamos con desesperación. En la niebla de la crisis de adultos, podemos encontrarla en nuestros sueños y en los recuerdos de la niñez.

Aprender del silencio

Muchas veces permaneció callada.
Estábamos callados y ella callaba. . . .
Ella dijo que miraba hacia sus niños.

—Conchita de San Sebastián de Garabandal

Hemos visto que cuando la Virgen María se manifiesta a los niños por primera vez, casi siempre dice muy poco o no dice nada. Este silencio no disminuye el profundo sentimiento de presencia que el receptor percibe y que luego, aún después de años de olvido, está siempre presente. En los siguientes relatos, el lector observará que cuando la Virgen se les manifiesta a los adultos, también les dice poco. Podemos preguntarnos, ¿Por qué la Virgen María permanecería en silencio durante un encuentro que podría ser el único para esta persona? Nos parece lógico que ella tome este momento único para dejarle al receptor algo específico, que pueda influenciar positivamente sus elecciones de vida de allí en adelante.

Aunque un intercambio oral entre la Virgen María y nosotros, nos parece más deseable y evolucionado que un encuentro silencioso, no es cierto ni mejor. En otras tradiciones espirituales, los maestros evitan totalmente la conversación con seguidores, para quienes el lenguaje se vuelve más un impedimento que una ayuda en su comprensión de verdades espirituales profundas. Una profesora moderna, la gurú hindú Amritan-Andamayi Ma, se rehúsa a tratar con occidentales en particular a nivel verbal. "La táctica de Ammachi, de no tratar con occidentales a nivel verbal es brillante. Nos fuerza tratarnos desde el corazón. Nos desnuda de nuestras estrategias manipuladoras; somos niños desarticulados de nuevo, a los pies de su madre."

Como el silencio de Ammachi, el silencio de la Virgen puede representar la forma más efectiva de comunicación para aquellos de nosotros, que concentrándonos en las palabras específicas, no vemos el resto del panorama. Tal vez la mera aparición de la Virgen María logra estimular y profundizar nuestra relación con Dios. Como contribución a ésta manera de ver, deberíamos considerar de nuevo una de las apariciones mayores, en la que no se dijo ninguna palabra—la aparición de Knock en Irlanda en el año 1879.

El lector recordará que durante la aparición de la Virgen María en Knock, ella permaneció silenciosa y sin moverse ante catorce personas, que soportaban el viento y la lluvia, maravilladas ante las tres figuras luminosas de la Virgen y los santos Juan y José que flotaban apenas sobre el suelo. Aunque no dijeron nada, la gente atribuyó un gran significado al evento: Nuestra Señora de Knock, se volvió de gran importancia para los irlandeses y le han sido acreditadas numerosas curas milagrosas. La iglesia también ha aceptado esta aparición como auténtica. No obstante su silencio, la presencia de la Virgen ha entrado en la imaginación de aquellos que supieron de su aparición más tarde. Como la pintura que permite un análisis subjetivo, la aparición de Knock dejó a los irlandeses la libre interpretación del mensaje de la Virgen, según el contexto de sus problemas colectivos y personales. No importa que tan lejos estemos del tiempo y las circunstancias de su aparición, su silencio nos permite una interpretación personal, aún un siglo después.

Los encuentros de este capítulo se parecen a la aparición de Knock de una forma significativa: la Virgen María permanece en silencio. Aunque muchos de nosotros, cambiaríamos gustosos la ambigüedad de su silencio por la guía que ofrecen unas palabras específicas, su presencia le comunica al visionario un profundo mensaje mudo; un significado más profundo y complejo que el expresado verbalmente. El análisis final nos indica, que muchas veces el silencio transmite mucho más que las palabras.

Observaremos en los siguientes encuentros que la el silencio de María consigue varias cosas al mismo tiempo: permite una comunicación mejor que la del lenguaje; modela la receptividad callada que debemos emular, para llegar a ser canales del espíritu vivo; nos muestra todo lo que podría ser obstáculo para continuar una relación con Ella; y finalmente, sirve como una invitación a un contacto que podría requerir más preparación de nuestra parte.

El silencio es el más alto lenguaje del amor. Los intercambios más profundos entre las personas generalmente ocurren en silencio. La experiencia nos dice, que muchas veces las palabras vuelven trivial la riqueza y complejidad del amor en su forma más profunda. Muchas veces, cuando sentimos un amor profundo por alguien, dejamos de hablar y nos quedamos muy quietos. Otras veces hablamos de otras cosas, para preservar la santidad del vínculo, evitando mencionar lo que nos importa tanto.

Por ejemplo, mi mentor espiritual, Hugh Lynn Cayce, y yo nos decíamos muy poco sobre el amor y el respeto que compartíamos. Jugábamos a las barajas y hablábamos de otras cosas. Pero de vez en cuando, uno de los dos decía justo lo necesario, para dejar saber al otro que la amistad compartida, estaba basada en la más profunda conexión del espíritu. Conocido por ser profundamente espiritual y psíquico, raramente aludía a lo que sabía de mí. En una ocasión me dijo que había soñado que ambos luchábamos en las cruzadas. Preocupado le pregunté: "¿Luchábamos el uno contra el otro"? Riendo respondió: "No, estábamos del mismo lado". Nunca dijo mucho sobre esas cosas.

Cuando elegí retirarme de la organización de la que él era presidente—La Asociación para la Investigación del Esclarecimiento—y proseguir mi carrera como consejero, me invitó a almorzar juntos. Temía que quisiera presionarme para que no me retirara y expresara su preocupación sobre la dirección de mi vida. Durante todo el almuerzo estaba esperando su juicio, aunque él nunca me hizo la más mínima crítica. Estaba muy nervioso, mientras él hablaba, perfectamente tranquilo. Luego le pregunté, si no me iba a decir nada de mi retiro; me miró extrañado y luego se dio cuenta de mi preocupación. Se rió de corazón y dijo: "¿Tú? ¡Yo no me preocupo por ti"! Luego continuamos nuestra charla de cosas intrascendentes.

Algunas veces no son necesarias las palabras, para mostrar un amor tan profundo y comprometido.

Para ilustrar el poder del silencio para comunicar una sensación de amor irresistible y de paz, consideremos esta visión de de la Virgen María.

Hace unos doce años, fui a mi primera misa de sanación llevada a cabo por el padre Kellerher. Llegué allí a las siete de la tarde (19,00h). Ya la iglesia estaba llena, y me senté a mano derecha. Sabía que el padre Kellerher llegaría a las ocho (20,00h). Mientras tanto, éramos guiados en el rezo del Santo Rosario y los cantos carismáticos.

Mientras rezaba, de repente tuve una visión de María. ella estaba de pie unas siete filas más adelante, al lado derecho junto a la banca. Las plantas de sus pies estaban a tres pulgadas de la parte superior de ésta. Era morena y tenía pestañas muy espesas. Su vestido era azul y tenía una chaqueta exterior larga, con estrellas doradas que refulgían. La chaqueta, también tenía un borde dorado alrededor. Sus manos estaban unidas como en oración y brillaban estrellas doradas alrededor de su cabeza y hombros. Mantenía los ojos entrecerrados. Emanaba de ella una paz hermosa. No sé cuánto tiempo permaneció allí, mientras respiraba su perfume quedé abrumado . . . Luego oí un susurro y el padre Kellerher apareció. Caminó exactamente hasta el punto donde estaba ella y cuando el padre comenzó a hablar, María se desapareció. Mientras hablaba, caminaba hacia un lado u otro, pero siempre volvía al sitio donde ella había estado, como si le guiaran allí. Pude sentir que ella lo amaba. (T.P.)

En su visión, T.P. fue testigo de una aparición de la Virgen María como la que vieron los chicos de Pontmain en Francia en el año 1871—una mujer vestida de azul profundo, con estrellas doradas en su ropa y alrededor de su cabeza. T.P. tuvo otros dos encuentros con la Virgen y dos más con Jesucristo. En cada uno, ambos se mantuvieron en completo silencio, pero aún así, T.P. entendió las razones de sus apariciones sin que tuvieran que decírselo. Aparentemente es mucho más lo que puede trascender entre el que ve y el que es visto, en el medio ilimitado del silencio.

Un encuentro silencioso con la Virgen María puede no tener eventos preponderantes. Aun así, ella puede aparecer simplemente para transmitir su amor, sea que la persona necesite o no una intervención especial en su vida.

Soñé esto hace unos veinticinco años cuando mis hijos eran pequeños.

Estaba aquí en San Luis, en un teatro de la calle Forest Park Boulevard, donde exhibían películas de pantalla grande. Hubo un disturbio en la parte de atrás del teatro y la gente que corría excitada hacia la calle. Salí del teatro para ver qué sucedía. La gente miraba hacia arriba, pero un edificio alto parecía tapar mi vista. Seguía por la calle hasta que tuve una gran visión de María en el cielo nocturno. Parecía un dibujo en tiza sobre cartulina negra, pero su ropa se movía con el viento. Estaba fascinada y continué caminado hacia la visión. ¡De pronto la visión cambió a una de color completo, en un cielo azul celeste! Su vestido tenía un bello color cambiante, entre rojo y verde y revoloteaban suavemente con la brisa. Parecía haber pasto y setos a su alrededor. La Madre Santa sonreía y saludaba. No dudé que era María; nunca tuve un sueño tan bello y memorable, ni antes ni después de éste. (M.O.)

Tales sueños y visiones sugieren, que las bendiciones de la Virgen María viven más allá del encuentro, como una presencia que se siente interiormente y que puede activar y reafirmar nuestra fe para toda la vida. En tales experiencias quedamos bajo su manto y luego sentimos profundamente su presencia y su preocupación por nosotros. En el oriente, los devotos de los grandes maestros se refieren a esta experiencia como *darshan*. Más allá de las palabras, es una experiencia que atesoramos por recibir la bendición silenciosa y no disminuida del maestro. Desde la visión del ego, uno puede experimentar ésta bendición, como un regalo *personal;* aunque la presencia del maestro, despierta ésta experiencia en cualquiera que esté abierta a ella. Un profesor espiritual moderno de apellido Da Lovananda, dice que el maestro es como la luz de una habitación. Cualquiera que entre puede decir, la luz brilla en *mí*. Pero la luz, dice Lovananda, brilla igualmente sobre todos y cada uno de los que entran en la habitación.

Experimentada como energía, brillo, amor y conocimiento, un momento de *darshan* puede volverse la fuerza, que sustenta la vida de un investigador espiritual serio. En un instante, el discípulo recibe la esencia del maestro y a través de la práctica espiritual puede retenerla para siempre.

El silencio puede ser el principal mensaje de la Virgen María. Además de proveer un medio poderoso, a través del cual se reciben el amor y las bendiciones más profundas, el silencio de María, representa también un mensaje central para el que la ve—eso es, *quedarse inmóvil y convertirse en una nave para el espíritu divino.* Desde este punto de vista, su presencia no verbal indica nuestra capacidad de mantener un estado de inmovilidad expectante, en el cual la divinidad pueda encontrar su más grande placer. Como modelo para nosotros, su silencio sutilmente nos desafía con un callado anhelo, que se mantiene receptivo por completo al espíritu.

He encontrado esta lección en muchos de mis sueños más memorables, incluyendo un sueño reciente sobre la Virgen María.

Soñé que observaba una estatua de María, similar a la que Mickey Lin hizo y que está sobre el altar en nuestra sala de estar. Yo estudiaba de cerca la cara de la estatua, cuando de repente, ¡empezó a cobrar vida! Su cabeza se movió y me sonrió con una sonrisa gloriosa. Di un grito de sorpresa y la estatua inmediatamente recobró su apariencia estática. Luego, cuando me senté de nuevo calladamente, su cabeza se movió y me volvió a sonreír, como diciendo: "Si te quedas quieto, Yo cobraré vida en ti."

Este me recordó otros sueños de mi pasado, que aunque diferentes en contenido, transmiten el mismo mensaje esencial sobre la importancia del silencio, para que el espíritu pueda manifestarse en nosotros.

En uno, yo estaba afuera en la noche, miré hacia arriba y vi acercarse un círculo de luz blanca y brillante. Consciente de que estaba dormido y que estaba viendo la luz eterna, exclamé expectante, sólo para ver como la luz se retiraba, esperando una respuesta más receptiva y silenciosa. Incliné la cabeza y dejé de mirar. La luz pasó sobre mí, despertando una sensación dolorosamente intensa de amor y éxtasis.

En otro, soñé que estaba acostado en mi cama, despierto y la luz vino de nuevo. Mientras atravesaba mi cuerpo, me entregué a ella totalmente. La energía se intensificó y la luz se volvió más brillante. Me di cuenta en ese momento, que cuando el espíritu viene a nosotros, debemos mantenernos callados y receptivos para que pueda desarrollar su propósito dentro y a través de nosotros.

Esto es lo que hizo la Virgen María, cuando aceptó su papel en el advenimiento del nuevo compromiso; y tal vez es lo que ella nos invita a hacer ahora.

◥◣En el siguiente relato, la Virgen se le aparece a un soñador—
literalmente saliendo del azul puro—en la niebla de un poder sin
tiempo. El encuentro de M.J. con la Virgen María le llegó sólo hasta
que todo lo que le era familiar le falló.

> Soñé que estaba parada en la puerta de mi oficina,
> cuando alguien llegó por detrás y me dijo, "¡Todas las com-
> putadoras han dejado de trabajar"! Miré hacía ellas, y tan
> pronto lo hice dejaron de funcionar y se fue la luz. Miré a
> mi alrededor y toda el área de oficinas estaba oscura. Todo
> estaba tan callado y quieto—ni un sonido. Viene una tor-
> menta, pensé.
>
> La oficina es esquinera y hay una ventana en cada
> pared. Desde la puerta miré hacia las dos ventanas, pero no
> se veía nada. Caminé hasta la ventana de la derecha, miré
> al cielo, ya que estaba en el sexto piso de un edificio de siete.
> El cielo tenía un bello color azul, con algunas nubes espon-
> josas. Luego caminé hasta la ventana de la izquierda, nue-
> vamente miré hacia el cielo y comprobé que era de un azul
> increíble. En ese momento una nube grande y esponjosa
> apareció. Se movía apenas por encima del séptimo piso.
> Pensé, esa nube está realmente baja y es muy bella. Mientras
> la miraba intensamente, la nube se abrió y María la Madre
> de Jesús apareció como en una pintura. Al mirar más de
> cerca, me di cuenta que no era una pintura; ¿Sería una
> estatua suya?, pensé. En ese instante se movió y me miró di-
> rectamente a los ojos. Me aterró tanto que estuviera viva,
> que brinqué hacia atrás a dos pies de la ventana. Al mismo
> tiempo, Ella se salió de la nube hacia la ventana de la ofi-
> cina. Estábamos cara a cara y yo me quedé muda, espantada

también, por la intensa compasión y sensibilidad de su mi-
rada y el amor que emanaba de ella. Fue entonces cuando
entera que estaba proyectando en mí su amor, sin que tu-
viera que decírmelo.

Yo comencé a moverme hacia atrás, alejándome de
ella. Me quería quedar, sabía que ella quería decirme algo
más. Comencé a llorar y le pedí a Dios que no me despertar.
El me dijo que debía despertar ahora, pero que habría algo
más después. (M.J.)

En el silencio que quedó la oficina al acabarse el alboroto, se abrió la posibilidad del encuentro con la Virgen María, en lo que es el único clima apropiado para su venida: el silencio completo. En este sueño podemos ver como la divinidad entra en nuestra vida a través de los silencios que se crean inesperadamente.

Mientras M.J. se miraba cara a cara con la Virgen María, sabía que ella la amaba *sin necesidad de oír palabras.* Lo sentía profunda-mente y no le faltó nada durante ese precioso momento de obser-vación mutua. Lo único que ella quería—era que la experiencia no terminara nunca. Pero cuando terminó, descubrió que podía sopor-tar la angustia de la separación, pues sabía que el vínculo había sido establecido y que estarían juntas de nuevo. Esta promesa de una relación futura, es tal vez, la única cosa que hace soportar el dolor de la separación de ese ser. Este anhelo—activado o intensificado por los encuentros—nos mantiene en un estado de anticipación y per-manente duda, sobre sí lo que hacemos y pensamos, nos acerca o aleja más de la reunión prometida. Nos da en la vida un nuevo sig-nificado y una mayor intensidad, aunque nunca más podamos estar tan callados ni satisfechos como antes.

Como M.J., muchos de nosotros nunca encontraremos a Dios a través de nuestros propios esfuerzos. Nos deben encontrar

descuidados durante una "salida de poder" emocional y espiritual—
cuando cambios inesperados o percances, nos dejan calladamente
expuestos a sorpresas. Esta es una de las paradojas del camino espiritual: la búsqueda en sí, se atraviesa en la necesidad de abrirnos,
para dejar entrar al espíritu en nuestras vidas. Por esto, al final debemos abandonar la búsqueda y dejar que nos sorprenda.

Para ilustrar este punto, mi amigo Walter Starcke, cristiano
místico moderno y escritor, relata orgullosamente su primera experiencia de cruce místico durante la meditación. Aunque se concentraba intensamente y hacía todo lo que debía, no llegaba a ninguna
parte. Se sentía sin esperanza, así que finalmente se dio por vencido.
Tan pronto como lo hizo, la luz eterna cayó sobre él por primera vez
y lo arrolló con su poder puro y amor. El pensó que había descubierto el secreto. ¡Había que dejarse ir! Al día siguiente, repitió el
proceso sin lograr nada. Finalmente, decidió que así no iba a ser. ¡La
luz regresó! Luego se dio cuenta que no hay una forma precisa para
hacerlo. Que el momento de la iluminación siempre llega de impro-
viso—y muchas veces cercano al sentimiento de fracaso total.

El siguiente encuentro con la Virgen María desde una meditación, se parece muchísimo al sueño de E.J.

*María me llegó a mí durante una meditación. Su cara
aparecíó frente a mí y me miró sin hablar. Sentí que nada
nos separaba y un gran silencio y humildad, reconociendo
que mi verdadera naturaleza era igual a la suya—hablando
espiritualmente. Recuerdo especialmente los colores. Sus ojos
eran azules puros, lo mismo que el velo y el vestido que
envolvían su cabeza y su cuerpo—un bello azul celeste. Su
cabello era amarillo, lo mismo que el brillo que circundaba
su cabeza. Me entregó una rosa rosada y yo comprendí que
era su regalo de amor. Podía oler su dulce fragancia.*

En ese momento empecé a dudar, sobre lo que veía y pensé que tal vez, me lo estaba inventando. Allí mismo comenzó a disolverse la visión.

Cuando logré aquietar de nuevo la mente que juzga, ella regresó en su plenitud, colores brillantes—azul, amarillo, rosado. (M.W.)

En su visión, M.W. sintío a la Virgen María, acercándose a ella y trayéndole una intensa y casi agobiante sensación de amor y compañía. Pero como Walter, M.W. descubrió que la venida de la Virgen, dependía de su apertura y la suspensión del juicio en su mente y el análisis introspectivo. Cabe señalar que el encuentro de M.W., también se parece a mi propia experiencia con la estatua de la Virgen María, donde cobraba vida cuando yo lograba suspender mi juicio. M.W. tuvo que encarar el mismo reto—mantener fuera de su mente la duda y el análisis, que se introducen tan fácilmente en ella en los momentos de más profunda intimidad. Para lograr esto, Jesucristo dijo que debíamos ser como niños para entrar en el Reino de los Cielos. "En verdad, en verdad os digo, que si no os volvéis como niños, no entraréis en el Reino de los Cielos" (Mateo 18:3).

Al tomar en cuenta la experiencia de M.W., podemos observar que su totalidad depende de un singular estado abierto de mente que es elusivo para la mayoría de nosotros—si no es que ya está completamente enterrado en nuestra memoria de una edad más inocente.

El silencio es una intervención poderosa. Cuando una persona querida permanece en silencio sin explicación, tenemos por ello toda clase se sentimientos—curiosidad, duda y gran anhelo. Podemos pasar mucho tiempo, tratando de interpretar el silencio e inevitablemente aprenderemos más de nosotros mismos que de la otra persona durante el proceso.

Es fácil dejar de ver el poder evocativo del silencio intencional en una relación. Hablar es todo en nuestra cultura y lo que muestra para nosotros el silencio, es indecisión, pasividad o disgusto. Como psicoterapeuta, sé que un acto de generosidad que puedo llevar a cabo durante trances importantes en mi trabajo con los pacientes, es el permanecer callado y no opinar. Puede ser que lo que ellos esperan de mí no sea el silencio, pero éste hace que ellos tengan que tomar en cuenta *como son vistos,* desde una perspectiva más objetiva y *qué pueden hacer por ellos mismos,* si no hay ni asistencia ni retroalimentación externa. Claro que pueden imaginar muchas cosas falsas o reales acerca de mí—que los juzgo, que me preocupan, que estoy aburrido. Pero cualquier cosa que la persona experimente en este contexto ambiguo, generalmente revelará cual es el trabajo que deben hacer. El silencio de las personas que nos importan, agita sentimientos y recuerdos, que de otra forma permanecerían intocados por culpa de la conversación diaria, que mantenemos los seres humanos. En medio de la experiencia del silencio intencional, uno aprende que puede llenar los vacíos dejados por aquellos que nos importan tanto, con temor o confianza, con pasividad o iniciativa. Sin decir nada, la presencia de un testigo silencioso, nos puede recordar trabajos sin terminar u obligaciones olvidadas, que demorarán nuestro desarrollo espiritual. De todo esto puede originarse la pregunta que reorganizará nuestra vida, ¿qué debo hacer ahora?

Desde este punto de vista, el silencio de la Virgen María puede llegar a ser una intervención. Al revelarse a nosotros silenciosamente, crea un espacio en el cual podemos derramar nuestros pensamientos y sentimientos, sobre como sería un vínculo más completo con el espíritu y lo que yace entre él y nosotros.

El silencio nos prepara una relación más profunda. Trabajando sobre la idea anterior, el silencio de la Virgen puede indicar que el receptor está en las primeras etapas de un vínculo, que más tarde podrá conducirle a un intercambio más completo con ella, si se lleva a cabo un desarrollo mayor. El silencio de la Virgen María puede por lo tanto, ser testigo de la falta de preparación del receptor, llevándolo a trabajar con más ahínco, para disfrutar de un intercambio más completo.

Algunas de las más famosas apariciones marianas, evidencian éste proceso de preparación silenciosa, para un intercambio posterior más discreto y dinámico. Bernardita encontró a la Virgen María varias veces en Lourdes, antes de que ésta decidiera hablarle; de allí en adelante siguió un período de instrucción, donde Bernardita recibió guía personal, además de información para otros. Los visionarios de San Sebastián de Garabandal en España, observaron la venida de un ángel silencioso varias veces antes, pesagiendo que viniera la Virgen por primera vez. También en Fátima, Portugal, se observó la presencia de un ángel tres veces antes que apareciera la Virgen María. El ángel que se identificó a sí mismo como el ángel de Portugal, les guió a rezar sin descanso y durante su última visita les dio la comunión. En todos los casos, las visitas iniciales sirvieron para facilitar un vínculo más completo con la Virgen María. El mensaje implícito en todo esto fue: debes estar preparado para relacionarte conmigo.

Así podemos ver, que los encuentros iniciales con ángeles—o las visitas silenciosas de la Virgen María—preparan a los visionarios para relaciones que posteriormente pueden desarrollarse, como intercambios permanentes entre la Virgen y sus visionarios.

Antes dije, creo que la Virgen María se manifiesta en nuestras vidas para activar nuestro potencial, que similar al suyo como Madre del Señor y en el silencio de sus encuentros, convoca el espíritu de iniciación y entrega que se necesita para lograrlo. Ella viene a despertar nuestra capacidad de *contener* el espíritu y *llevar a cabo su promesa* y finalmente para *darle una vida propia* a través del amor y el servicio. Además de su propia presencia, hay muchos símbolos de la capacidad latente que tenemos todos, incluyendo el Arca de la Alianza y El Santo Grial. En el sueño siguiente, un hombre observó la capacidad simbolizada en un receptáculo deslumbrante que contenía la hostia.

> *El año pasado, aquí en la provincia de Nueva Escocia (Canadá), tuve un sueño revelador. En esos días me estaba quedando en Halifax y pensaba si debía asistir a alguna de las presentaciones de Édgar Cayce sobre profecías, un tema que me fascinaba.*
>
> *En el sueño, yo miraba al cielo cubierto de nubes en tonos pastel, bellísimo. De pronto, como por arte de magia las nubes se separaron y apareció la imagen de la Virgen María cargando al niño Jesús. Las nubes se cerraron y se volvieron a abrir y apareció la hostia en un receptáculo deslumbrante con la forma del sol. Volvieron a cerrarse y a abrirse las nubes y apareció un ángel enorme. Llevaba una espada en su mano y dijo que él era el "guardián de los colegios". Miré a mi alrededor—el escenario era una ciudad— vi gente corriendo asustada. Les llamé para que miraran al cielo. Yo estaba agitado y exaltado. (M.F.)*

En cada una de las tres escenas del encuentro de M.F., se ve un ejemplo de la capacidad de *llevar y proteger, que es la más preciosa.* La Virgen María llevaba al Niño Jesús, el receptáculo deslumbrante con forma de sol llevaba la Hostia y el ángel llevaba la espada para proteger. Cada una de estas imágenes, implica sumisión al servicio de Dios para asegurar la supervivencia del bien mayor. Más allá de las imágenes, podemos escuchar la pregunta, ¿Lo harás? Aparentemente la gran oportunidad para M.F. en ese momento era la de entregarse por completo a la tarea de ser madre y proteger al espíritu que encarnaba. Uno percibe por estas imágenes, la sensación que no hay espacio para indecisiones. Una vez dado el compromiso, con razón M.F. ve a la gente correr lejos de semejante visión. Si las personas representan las actitudes del mundo o sus propias restricciones o ambas, M.F. enfrentó la soledad que conlleva el compromiso. La presencia del ángel guardián llevando la espada, nos muestra que el camino del desarrollo que indica este sueño, no es para todos.

El siguiente relato, fue entregado por una mujer que tuvo un encuentro con Jesucristo durante su infancia. Bendecido a lo largo de toda su vida con una apertura a las realidades místicas, ella tuvo su primer encuentro con Jesucristo cuando tenía catorce años. Caminaba por el bosque hacia el paradero de su autobus. Mientras cantaba el himno religioso "En el jardín", se dio vuelta y vio a Jesucristo caminado a su lado. Hoy, es una escritora inválida y con dolor crónico. Su columna mensual en el periódico, sobre temas espirituales, transmite el optimismo y la generosidad que uno esperaría ver en la persona que caminó al lado de Jesucristo. Recientemente me escribió sobre una visión que tuvo en la cual vio juntos a Jesucristo y la Virgen María, expresando sin palabras una inmensa tristeza.

> *He tomado el primer lapicero que encontré, para anotar lo que acabo de ver. Era más o menos las diez menos veinte de la mañana, y yo estaba recordando la visión y el sueño sobre Jesús, que tuve hace muchos años y el amor incondicional que sentí venir de Jesucristo. Esta ha sido una mañana*

oscura y lúgubre, unos cuantos cúmulos han llegado hasta aquí. Miré por la ventana del oriente y para mi asombro, vi algo parecido a Jesús y María impreso en las nubes. Ambos se veían infinitamente tristes, mientras miraban hacia la tierra y aunque nada se dijo, de alguna manera supe que estaban pensando. ¿Es por esto que el único Hijo de Dios murió? Luego una brillante incandescencia rosada, bañó una ventana escarchada, también del lado oriental de nuestra casa rodante. Era la luz más bella que yo hubiera visto en la vida . . . La miré hasta que desapareció. No había origen visible para ella. Cuando volví a mirar hacia las nubes, las imágenes de María y Jesús habían desaparecido. Estas imágenes eran como fotografías proyectadas en las nubes. Esto ha podido ser un "sueño que camina", pero la tristeza profunda de la Santa Madre y de Jesús, era incuestionablemente real. Yo sentí esa misma tristeza, hasta que miré la otra ventana y vi la incandescencia rosada y la interpreté como amor y esperanza infinitas.

Sin tomar en cuenta el origen, yo puedo olvidar los detalles exactos de lo que vi, en días o en años por venir, pero nunca olvidaré el dolor penetrante ni la incandescencia rosada. (M.H.)

La experiencia de M.H. nos muestra, como una visión silenciosa puede venir no solo a transmitir información, sino a provocar una respuesta dentro de nuestra vida diaria. Cuando tratamos a estas experiencias como si fueran oráculos, podemos ser defraudados por la falta de información y guía. Pero cuando consideramos estas visiones como *intervenciones para despertar una respuesta nueva o más profunda hacia la vida,* analizamos la experiencia desde un punto de vista distinto. Así comenzamos a ver que el valor recae enteramente en la *respuesta* del visionario. En lugar de preguntar ¿Qué le dijo la Virgen María a la persona?, preguntamos, ¿La respuesta del receptor permite al espíritu expresarse en forma más completa en su vida?

¿Qué respuesta ha venido a despertar en M.H. o en cualquiera de nosotros que imagina tanto dolor esa visión silenciosa? Cualquier persona que viera esa escena se preguntaría, ¿Les causo yo tanto dolor, o les traigo alegría? La ambigüedad de una visión así, nos lleva a considerar como podemos *nosotros* darle menos penas a Dios y como podemos ser para Él causa de encanto. Revisando como podemos *nosotros* hacer la diferencia, nos acercamos a la relación, con las dos personas más importantes de la tradición cristiana que ejemplifican de mejor manera, la forma de entregarse pensando sólo en el beneficio del bien mayor.

Otra mujer vio a una Virgen María silenciosa, caminando con Jesucristo.

Recientemente, en éste mismo año, estaba rezando cuando un increíble rayo de luz vino a mí. Tenía los ojos cerrados, conozco esa luz. Para mí es Cristo. Es una luz que parece láser que corta aguda y limpiamente y me trae mensajes cuando viene. Usualmente me enfoco en la luz y espero el mensaje. Eso hice en esa noche en particular. Esta vez mis ojos se abrieron y detrás de la luz vi a María, envuelta en su propia luz. Su brillo era suave, de un tono casi naranja. Ella era rolliza y muy, muy maternal. Sentí tanto amor— un estilo tan incondicional, "Yo te amo tal como eres." Tenía los brazos alrededor de su cuerpo, como si éste fuera el cosmos total. Supe que su amor era para absolutamente todo creado por. Supe que con sus brazos amorosos, me envolvía a mí también y que estaba a su completo cuidado y protección.

Mirando hacia atrás, creo que la luz intensa, la luz masculina de Cristo, estaba balanceada por el redondo, suave y gentil amor femenino de María. Era como si yo viera dos niveles de conciencia manifestándose lado a lado. Eran diferentes, pero cada uno era parte de un todo. (A.T.)

Mientras observaba a la Virgen María silenciosa, A.T. comprendió algo que elude el poder descriptivo de las palabras. Ella aprendió una *manera de ser* que les aseguró a ella y al resto del mundo el amor de la Virgen y les proveyó el coraje para abrazar la vida de la misma manera. En ese momento, mucho fue comunicado y no quedó en duda nada de importancia. A.T. sabe que la Virgen María la ama, y que ama también al resto de la creación. Sabe que esta presencia cálida y amorosa se para atrás y sostiene calladamente el poder expresivo y característico del espíritu de Cristo. También sabe que lo que hizo la Virgen María, también ella puede hacerlo.

De la consideración anterior, sobre las apariciones de la Virgen, podemos ver que su silencio no limita la importancia del significado de un encuentro con ella. Por el contrario, alcanza muchas cosas distintas. Nos permite recibir su amor de una forma que no mengua y no es una carga. Intima con nuestra capacidad "virginal", para recibir el espíritu en un estado de quietud expectante. Amalgama una revisión propia de nuestras vidas y de nuestra prontitud para un contacto con ella. Y nos invita a hacer lo necesario, para concretar un vínculo con ella y con el espíritu de Cristo.

El silencio también puede ser la forma especial de la Virgen María para atraernos a una relación con ella—como una presencia tangible externa—más cercana. En Lourdes por ejemplo, Bernardita encontró una Virgen silenciosa al comienzo *y* al final de sus apariciones. José Pelletier, que el silencio de la Virgen María en los encuentros iniciales y finales fue un aspecto particularmente significativo de estas apariciones. El cree que su silencio subraya la importancia de los aspectos de la observancia católica—el rosario y el escapulario. Acerca de la última visión de Bernardita dice:

> Era una silenciosa pero obvia prédica del escapulario, tal como su enseñanza del rosario, que ha sido silenciosa pero elocuente . . . Este callado mensaje, fue como un testamento, algo que ella guardó hasta el final, porque quería impresionarnos con su importancia . . . Su última visita . . . fue una invitación a usar el escapulario como un símbolo que indicaba que nos poníamos bajo su protección.

Manteniendo silencio, la Virgen María dirigió la atención de Bernardita de cómo hacer para mantener la experiencia de la Virgen aún después que ella se hubiera ido—particularmente a través del rezo del rosario y el uso del escapulario. Más allá de la connotación católica de estos símbolos, el rosario significa para todos nosotros la *práctica* de la principal enseñanza de María—eso es, orar incesantemente. El escapulario que representa una pieza del manto de la Virgen María que ella le dio a san Simón Stock en el año 1261, confiere al que lo usa la continua *presencia* de su protección maternal.

Ambos símbolos religiosos—cuando son aceptados como práctica y actitud de desarrollo—nos dan los medios para *hacer el trabajo y evocar la presencia* de la divinidad a través de nuestros propios esfuerzos. Ellos sirven como sustitutos para exteriorizar la presencia divina—dejándonos libres de la dependencia de ese fenómeno. Tal vez, así es como debe ser, pues eventualmente estamos obligados a descubrir una demostración externa o mensaje—no importa cuán dramático y evidente—que nos deja esperando más. En nuestra búsqueda de algo que nos realice, podemos llegar a dudar de la autenticidad de lo que alguna vez nos inspiró y nos conmovió el corazón. Al final, probablemente descubriremos que cualquier cosa que sea solamente "allá afuera", no puede alimentar el alma por mucho tiempo.

Si la Virgen María habla con elocuencia a cada una de nuestras necesidades, tal vez nunca comencemos una práctica espiritual necesaria, ni tampoco despertaremos a su presencia maternal que nos abraza desde adentro. Con el tiempo, como los visionarios que han visto a la Virgen aparecer y luego los ha dejado, podemos descubrir que la verdadera medida de su presencia no es lo que hayamos podido ver u oír, sino qué cúan profundamente vive su espíritu en nosotros. A medida que nuestra práctica espiritual madura y la interiorización de la esencia de la Virgen María progresa, ella aparentemente desaparece de nuestra vista, dejando que calladamente la encontremos dentro de nosotros a través de la práctica espiritual y la constante invocación de su abrazo materno.

Los dones reales de la Virgen María

Este es mi don precioso que yo dejo para ti.

—PALABRAS DE LA VIRGEN MARÍA
A SANTO DOMINGO DE GUZMÁN EN EL MOMENTO
DE DARLE EL SANTO ROSARIO.

Hace algún tiempo, justo cuando había comenzado a investigar los encuentros marianos, estaba sentado en el sofá descansando del estudio. Cerré los ojos un momento para pensar, y súbitamente me desconecté. Por unos pocos momentos, me encontré en un lugar donde no había estado nunca—una iglesia católica donde se sabía que María se presentaba. Parecía ser la Iglesia de Santa María Goretti en Scottsdale, en el estado de Arizona (EE.UU.), donde la Virgen María comenzó a aparecérseles a unos jóvenes en 1987. Un cura me contó de los lugares en la iglesia donde la Virgen solía aparecer.

Luego él me dijo: "Adorar a María es adorar lo no manifiesto." A medida que salía de ésta breve experiencia, encontré las palabras del sacerdote inquietantes, pues parecían contradecir la visión tradicional de la Virgen, como la restauradora de la salud y otros dones tangibles. Cuando reflexioné más profundamente sobre estas palabras, me di cuenta que la Virgen representa nuestra capacidad para llevar y proceder de la mejor manera con lo que anhelamos, pero que todavía permanece sin salir a la luz—esto es el Cristo interior. De todas maneras, la Virgen María nos encuentra en donde estemos, interviniendo de manera que a veces parece un poco trivial. Pero podemos preguntarnos, ¿Por qué la Virgen María se inclinaría tanto para ayudarnos?

Esto me recuerda la historia de un rey tibetano, que le pide a un yogi que le enseñe a meditar. Sabiendo que el rey amaba su colección de piedras preciosas por encima de todo, le pidió que meditara sobre ellas. En lugar de resistirse a los deseos del rey, el yogui sabía que la belleza de las gemas, podrían servir muy bien para enfocar la atención del rey y para inspirarle un profundo anhelo de iluminación. Al seguir el extraño consejo del yogui, el rey alcanzó la iluminación y continuó aprendiendo hasta convertirse también en maestro. En muchas de las historias que se cuentan de iluminación, aprendemos que el camino al todo, a la integridad es a través de y no alrededor de, esas cosas que más anhelamos.

Sabemos que desde el comienzo de la cristiandad, los creyentes le han pedido a la Virgen María su auxilio para resolver cada problema humano, grande o pequeño. Muchos testimonios cuentan que tales peticiones por lo general producen resultados tangibles. Por ejemplo, una mujer incorporada a nuestro grupo del rosario, concibió milagrosamente, aparentemente a través de la intervención de la Virgen.

Kathy había nacido con un defecto congénito que le hacía el brazo totalmente inútil. Aparentemente los nervios que controlan los músculos no existían. Los doctores del Hospital John Hopkins (Baltimore, Maryland, EE.UU.), hasta le recomendaron la amputación, por lo que el miembro permanecería inservible. El hermano de Kathy nació en las mismas condiciones y hasta el día de hoy, todavía no puede usar el brazo. A pesar de lo que dijeron los doctores, el abuelo de Kathy pidió a la Virgen María su ayuda. Mientras la nena dormía en su cuna, él le puso una pequeña estatua de la Virgen en una esquina de la camita. No era un gran creyente, pero amaba su nieta. Si él hubiera sido el rey tibetano, Kathy hubiera sido su joya; él estaba dispuesto a hacer lo que fuera necesario para preservar la belleza que veía en ella. ¡A la mañana siguiente, Kathy se despertó y comenzó a mover su brazo inútil! Más adelante, cuando los doctores la examinaron, la encontraron normal y declararon que esto era imposible. Hasta el día de hoy ella es normal en todos los aspectos.

La mente puede rechazar lo obvio, pero innumerables testimonios, nos dicen que rezar a la Virgen María hace que nuestras oraciones sean eficaces y que sus resultados sean particularmente concretos. Por ejemplo, Nancy Fowler—una visionaria que tuvo una serie de apariciones mensuales en su finca de Conyers en el estado de Georgia—relata la historia de cómo la Virgen la ayudó a elegir el auto perfecto para ella. Puede parecer extraño que la Santa Madre, se involucre en algo tan mundano como eso, pero al parecer entre más nos entreguemos a la Virgen María, más participará ella de nuestra vida diaria. Nos ayuda a experimentar, cualquier beneficio que nos haya faltado antes.

En mi propia práctica de sicoterapia, sólo hasta hace poco tiempo le pedí ayuda a la Virgen en mi trabajo. Esto fue hace menos de un año.

Había estado trabajando con Bárbara por once años y todavía necesitaba medicinas y sicoterapia. Trágicamente, en ella no habían surtido efecto los medicamentos, a lo largo de una depresión clínica de toda la vida. Había sido tratada por uno de los médicos más expertos en depresión de este país, el doctor Nathan Klein, antes de su muerte. Había ensayado toda clase de antidepresivos existentes, pero no había logrado una mejoría estable. Después de esto se le aplicó terapia de electrochoques; trató de suicidarse y finalmente llegó a mí cuando y estaba recién graduado. Intimidado por el reto que ella representaba, ensayé muchos roles terapéuticos e intervenciones, hasta que finalmente me decidí por el papel de cuidarla y apoyarla. En ese momento, las cosas comenzaron a mejorar, pues me dijo que nadie se había esforzado de oírla. Desde entonces trabajamos bien juntos; ella tuvo un progreso moderado, a medida que exploramos la trágica historia de su pasado, que incluía violación, traición y abandono de sus padres. Ella siempre quiso compartir sus sueños, sin importar cuán desesperanzada se sintiera. Sus sueños sugerían claramente que algún día sanaría, pero yo no sabía como ni cuando sucedería.

Muchas veces recé por Bárbara, pues en muchas ocasiones yo me sentía profundamente preocupado por su mente, temiendo que decidiera suicidarse. Entonces, el año pasado, un día que Bárbara estaba en mi oficina, silenciosamente le pedí a la Virgen María que interviniera. Sentí que esto era apropiado para Bárbara, que había estado tan falta de amor toda su vida. Nunca le dije a ella, criada como bautista, que yo le había pedido a la Virgen María que intercediera por ella. De todas maneras, después de unas semanas, Bárbara llegó a mi consultorio. Se veía y se oía mucho mejor de lo que había estado nunca antes. Ninguno de los dos podíamos decir a qué se debía la mejoría. Ella eligió finalizar la terapia en ese momento. Ya han pasado ocho meses y Bárbara ha pasado el período más largo sin depresión desde que era niña.

Los más famosos ejemplos de las manifestaciones de la Virgen María, sugieren que su amor se vuelve concreto cuando le pedimos ayuda. La leyenda dice que la Virgen le dio a santo Domingo de Guzmán el primer rosario, en algún momento al comienzo del año

1200, cuando él trabajaba diligentemente convirtiendo a los albigenses del sur de Francia. La Virgen María le dio algo de que asirse — no sólo una idea o un mensaje—algo que organizaría y anclaría su práctica espiritual, lo mismo que un método práctico de rezar, para que él le enseñara a otros. En otros encuentros ella introdujo escapularios y medallas religiosas—objetos concretos que le dan a los usuarios, la seguridad de su cercanía a ella y a Cristo. Es fácil descartarlos diciendo que son artefactos primitivos innecesarios, pero la Virgen María ha llegado a ser conocida, por traer cambios mesurables que le dan a nuestra fe cimientos que podemos ver y tocar.

Aún hoy, se siente el impacto de la Virgen de muchas maneras tangibles. El fenómeno mariano bien conocido, incluye sanaciones espontáneas físicas y emocionales, fragancia de rosas, soles plateados girando en el cielo, luces de colores alrededor de los altares, rosarios que se vuelven de oro y estatuas que lloran. Más aún, muchos de estos signos, se manifiestan sin que ella se haga presente en una visión: La gente *siente* a la Virgen María detrás de este fenómeno, auque puede ser que no la vean.

Las estatuas que lloran ser en la Iglesia de Santa Isabel Ana Seton, en Lake Ridge en el estado de Virginia (EE.UU.), son un buen caso para explorar. Por muchos años, entre finales de los años 80 y comienzos de los años 90, una única estatua de madera de la Virgen María, lloró intermitentemente. Más tarde, muchas otras estatuas fueron vistas llorar, cada vez que el pastor asociado, el padre James Bruse las bendecía y muchas veces cuando se les acercaba. Durante este tiempo, el padre Bruse también contrajo las heridas de Jesucristo en las muñecas y los pies. El padre Bruse se convirtió así en el segundo cura de la historia, después del padre Pío, en llevar los estigmas de Cristo.

Los incidentes que involucraban al padre Bruse hicieron que las autoridades de la iglesia católica quedaran mal paradas. Para asegurarse, decidieron prohibirle hablar con los reporteros. Cuando Mickey y yo visitamos al padre Bruse en privado, para que bendijera nuestra estatua , sentimos que estaba frustrado por el silencio impuesto, ya que muchas personas habían sido convertidas al conocer los milagros. Sin importar esto, él seguía siendo humilde y discreto acerca de todo lo sucedido.

El fenómeno de Lake Ridge no tuvo ninguna aparición, ni forma ambigua de conocer cuál era su fuente. En lo que a mí concierne, la Virgen María nunca apareció en Lake Ridge; pero aun así, el fenómeno milagroso y la cantidad de conversiones convencieron a los parroquianos que la Virgen María había vigilado el proceso en todo momento. Cuando una mujer sugirió en chiste que "las lágrimas eran inducidas por la presencia de los pecadores", el padre Bruse respondió, "Puede ser". A esto, la misma mujer confesó que la experiencia de ver llorar a una estatua le había renovado su fe en Dios y su confianza en sí misma. "Ahora canto como nunca antes había cantado", dijo.

En los próximos relatos, los receptores nos cuentan sus experiencias, de como la Virgen María ha manifestado su amor de manera tangible. Aunque no la vieron, emergieron de sus experiencias habiendo recibido algo concreto que indica sin duda, que han sido benditos por su amorosa presencia.

La experiencia milagrosa de G.W. viene como respuesta a su necesidad de ayuda. Me daba terror conducir un automóvil inseguro y recibió una bendición sorprendente.

Cuando una amiga muy querida decidió mudarse a la Florida, me regaló una estatua de María de doce pulgadas (uno streinta centímetros), flanqueada por dos ángeles arrodillados. Era una de las dos, que le había regalado su madre fallecida. Coloqué el regalo en el piso entapetado de mi alcoba—parada contra la pared y bajo el mueble de mi máquina de coser—mientras buscaba el sitio perfecto para colgarla. Como en ese tiempo estaba muy ocupada, el regalo permaneció allí más tiempo del que yo me di cuenta. Mientras tanto mi auto me estaba dando problemas. Parecía dudar cada vez que cruzaba una esquina. Mi esposo y cambiamos de carro por unos días, pero él no experimentó ningún problema. Cambiamos de carro nuevamente y la misma cosa sucedía al llegar a una esquina. Esa noche cuando nos preparábamos para dormir, le dije que el auto me estaba poniendo muy nerviosa y que pensaba que podía morir, al cruzar a una vía mayor. El me aseguró que esto no iba a suceder; como él era un gerente de servicio y anteriormente mecánico de un taller de automóviles marca Cadillac, me dijo que podía creer en su palabra. Finalmente me dormí, todavía preocupada a pesar de lo que me aseguraba mi esposo.

No sé que me despertó en la noche, pero me levanté y me di la vuelta. Como había estado durmiendo sobre mi lado derecho, dando la espalda a la puerta de la alcoba, al voltearme quedé mirando hacia ella. Me sorprendió ver una preciosa luz dorada alrededor del espejo, que estaba en el rincón, entre la puerta y el mueble de mi máquina de coser. La luz creció hasta cubrir toda la esquina. Era sin duda, la visión más preciosa que haya tenido jamás. Estaba tan atemorizada, que no pude despertar a mi esposo. Al hacerlo, ya la luz había desaparecido.

Cuando sonó el despertador a la mañana siguiente, le conté a mi esposo lo sucedido y él estuvo de acuerdo en que no pudo ser una luz del exterior, ya que las cortinas estaban *firmemente cerradas para que la luz no molestara nuestro sueño. Por lo tanto, su origen tendría que ser sobrenatural. "¿Cuál podría ser el mensaje"?, pensé.*

La respuesta me llegó esa mañana, cuando me paré frente al espejo a peinarme. Algo me dijo que mirara la estatua debajo del mueble de la máquina de coser. Allí entre la Santa Madre y el ángel de la izquierda, había un objeto pequeño que no estaba allí antes. Fui hacia ella y lo recogí. Era una medalla vieja de la Liga Automovilística del Sagrado Corazón, bendecida para proteger al conductor del automóvil. Sobra decir que entré en un estado de euforia. Esto era un regalo de la Virgen María para tranquilizar mi corazón y mi mente. Sentí que no tenía que preocuparme más por lo que pudiera pasar mientras conducía.

De cualquier manera, llamé a mi amiga en la Florida, para asegurarme que su madre no había puesto allí esa medalla. Me aseguró que no, que tampoco había pertenecido a la Liga Automovilística del Sagrado Corazón, ni ella ni nadie de su familia. Me dijo que ella había limpiado la estatua personalmente antes de entregármela. Así me convencí, que era un regalo de la Virgen Madre y que la luz dorada, era el aura de su presencia en mi habitación.

Llevo siempre la medalla conmigo. Desde que la tengo, he tenido muchos sucesos espirituales en mi vida, pero debo confesar que aún antes de este evento, recibí muchas bendiciones, incluyendo una visita de Jesús. También he visto a mi ángel guardián en varias oportunidades y podría contar mucho más, pero tomaría mucho tiempo. (G.W.)

Mientras dudamos que la Virgen María quiera o pueda materializar una medalla vieja de la Liga Automovilística del Sagrado

Corazón, la experiencia de G.W. nos recuerda unas narraciones, de personas que han visitado seres espiritualmente desarrollados en el oriente que tienen el poder de materializar objetos, como las historias del famoso gurú Sai Baba. Desde su niñez, Sai Baba materializó innumerables objetos aparentemente a partir del aire. Mi profesor de budismo de la Universidad de Tejas (EE.UU.), Radjah Rao, quien era hindú veda, un día visitó a Sai Baba.

Parece que Sai Baba se quedó impresionado con él, pues el gurú materializó un anillo para Radjah, y según éste, Sai Baba lo botó y dijo que no lo usara, pues no era su dueño.

Con éste gesto afirmó este que al único que serviría sería a su maestro, y que éste no era Sai Baba. Pero aunque su maestro le hubiera dado el anillo, es probable que Radjah lo hubiera tirado igual. Hay un dicho que dice: Cuando alguien apunta a la luna, el tonto mira el dedo. Cuando mi profesor tiró el anillo, resistió la tentación de conformarse con algo inferior a la iluminación en sí.

Con un acercamiento tan austero al camino espiritual, tal vez podamos privarnos del poder evocador de los eventos sobrenaturales y de los objetos sagrados. La tradición protestante fue fundada en parte, para abolir la devoción a intermediarios de todo tipo. Como mi profesor, Martín Lutero y sus seguidores botaron los símbolos tangibles de la inmanencia de Dios en nuestras vidas. Reaccionando a la sustitución de imágenes y a la autoridad de los curas como la última fuente de salvación—o sea Dios mismo—los protestantes dejaron que los que tuvieran fe, contemplaran la divinidad, sin ayuda de los símbolos que habían aparecido en el curso de años de adoración. Jung frecuentemente lamentaba esta pérdida para el protestantismo, diciendo que la iglesia católica todavía poseía los símbolos vivos capaces de reconectarnos a nuestras profundidades espirituales. Decía Jung, "El protestante ha sido dejado sólo a Dios. Para él no hay confesión, no hay absolución . . . Debe digerir sus pecados solo; y en ausencia de un ritual adecuado esto ha quedado lejos de su alcance, tampoco está muy seguro de la gracia divina".

La verdad es que no podemos basar nuestra fe exclusivamente, ni siquiera primariamente, en símbolos tangibles, dones o intermediarios de ninguna clase. Pero de todas maneras, la fe puede ser activada—y tal vez sostenida—por símbolos observables y fenómenos inexplicables que temporalmente suspenden la tendencia de la mente, a subvalorar todo aquello que no puede ver o medir. Para W.H., la medalla en su bolsillo no era exactamente el tesoro, solamente le recordaba el ser amoroso que se preocupaba por ella y se lo demostraba calmando sus temores en tiempos difíciles. Pero lograr el bienestar y la seguridad por medio de algo físico, sirve como punto importante, que realmente siente una y otra vez.

Comencé a recolectar cuentos marianos al comienzo de la primavera y sin darme cuenta resulté anhelando sembrar rosas. Fue extraño, pues nunca en mi vida había tenido interés en plantar flores. Por casi veinte años, dediqué todo mi tiempo de jardinería a sembrar vegetales orgánicos y frutas, pero nunca flores. No sabía absolutamente nada acerca de las rosas. Pero respondiendo a este nuevo deseo, Mickey Lin y yo compramos cuatro matas de rosa y las sembramos al comienzo de mayo, el mes tradicional de la Virgen María. Unos pocos días después, todas ellas estaban floreciendo, y pensé que era afortunado. Pero cuando la rosa amarilla, que plantamos cerca de la puerta principal, floreció el día de nuestra reunión con el grupo del rosario mensual, me di cuenta que era algo más que suerte. Fue esa misma noche, cuando la Virgen se le apareció a Mickey y mientras olía la rosa amarilla recién cortada, le dijo, "¡Esta es la que más me gusta! Gracias por honrarme".

Cada mes durante el verano y hasta el otoño, el rosal amarillo—que crecía el doble de los otros—floreció precisamente en los días en que el grupo que rezaba el rosario, venía a nuestra casa. Por alguna razón que aún no comprendemos, la Virgen María ama las rosas; y cuando estamos cerca de su corazón, nos saluda con fragancia de rosas y así nos reconoce. Yo solía pensar que en esos relatos eran inventados o embellecidos, pero comprendí cuando olí unas rosas inexistentes.

Por meses, Mickey había dicho que olía rosas cuando estaba conmigo y otros amigos—dos veces cuando estaba en la playa— pero yo nunca las percibí. Aún sabiendo que éste olor indica la presencia de la Virgen María, yo seguía dudando. Como sicoterapeuta conozco la capacidad de la mente para crear su propia realidad.

Mickey y yo dimos cita a la señora A.P., que había comenzado a trabajar con nosotros—con Mickey para hipnoterapia y conmigo para terapia de relación de pareja. Se quejaba de muchos problemas. Lo que más le interesaba, era en obtener alivio para un dolor crónico severo, producto de múltiples cirugías, así que Mickey pasó varias horas, ayudándola a desarrollar estrategias de hipnosis para controlar el dolor. Ella ya había completado dos largas y productivas sesiones de hipnoterapia, luego como estaba programado, quería explorar sus problemas matrimoniales conmigo.

Cuando abrí la puerta de mi oficina y seguí a Mickey y a la mujer dentro de la habitación, me recibió un fresco olor a rosas. Yo sabía que el olor no podía venir de mi oficina, así que supuse, que la mujer usaba algún perfume fuerte de rosas. Lo extraño era que olía *exactamente* a rosas. El olor persistió toda la hora, había momentos en que era tan intenso, que me distraía. Habiendo sembrado recientemente setos de rosas y disfrutando de la primera floración, reconocía las ligeras diferencias de olor, entre los distintos tipos de rosas. En un momento dado pensé, que el olor era de una rosa blanca o amarilla.

Más tarde le pregunté a la mujer, si ella usaba perfume de rosas y ella respondió que no y tampoco olió la esencia de rosas ese día, pero Mickey si la percibió.

Aunque era grande la evidencia para explicarlo como algo sobrenatural, yo seguía buscando—debo decir que sin lograrlo—formas de explicación al fenómeno. Mickey solo se reía de mi escepticismo. "¿Cuándo vas a creer que la Virgen María está con nosotros"?, me preguntó.

Cuando discutimos el fenómeno frente a un amigo de A.P., él nos miró incrédulo. Dijo que dos días antes que A.P. llegara a Virginia Beach (estado de Virginia, EE.UU.), al llegar a su apartamento una tarde lo había encontrado oliendo penetrantemente a rosas. Él no sabía el significado de todo esto, pero supuso que indicaba la presencia de un ser sobrenatural.

La historia terminó dos semanas después nuevamente en Indiana. El esposo de A.P., quería ayudarla con su dolor pero no sabía como hacerlo, así que le preguntó como podía aliviarle el dolor. Ella le enseñó algunos procedimientos corporales, que Mickey había empleado a lo largo de la hipnoterapia. Cuando él puso sus manos sobre el cuerpo de su esposa, súbitamente se sintió subyugado por una energía y una presencia. Enseguida tuvo una visión: Vio la faz de la Virgen María frente a él, tan clara y colorida como si físicamente estuviera presente. Estaba profundamente conmovido por su presencia y por el intenso amor y energía que parecían emanar de ella y pasar a través de él. A.P. dice que fue como si una nueva vida le hubiera sido regalada. Después de esta experiencia, su esposo lloró por días en forma intermitente.

En el siguiente encuentro, F.L. nos cuenta como olió la fragancia de rosas, durante una meditación en grupo. Para ella marcó el comienzo de la influencia de la Virgen María en su vida.

A la edad de cuarenta años y madre de dos, entré en las profundidades de una transición marital, además de una crisis personal. Por esto comencé a intentar vanas "terapias" que me pudieran ayudar. Nada me sirvió mucho, hasta que empecé a profundizar en mí y a escuchar lo que estaba en mi corazón en vez de mi mente. Poco a poco, a medida que me entregaba a Dios y permitía que la luz de Jesucristo me llenara, sentí la presencia de la Divina Madre.

En el verano del año 1994, durante una meditación en un grupo de sanación, la presencia curativa de la Divina Madre, vino a mí. Al comienzo, no sabía si era mi imaginación; pero mientras meditaba con un grupo de mujeres, comencé a sentirme muy relajada y abierta. En este punto, empecé a percibir una fuerte fragancia de rosas blancas. Recuerdo haber pensado, que barbaridad, Melissa enloqueció con el ambientador. ¡Es increíble! Luego comencé a sentirme muy cálida, de dentro hacia fuera y luego todo mi cuerpo se puso muy caliente, sin ser incómodo. Parecía que hubiera una presencia incandescente a mi alrededor.

Cuando terminamos la meditación y comenzamos a caminar y a conversar, sobre lo que habíamos experimentado, me sorprendió que nadie había olido rosas—Tan sólo mi amiga Bárbara, que se sentaba junto a mí. Dijo que ella también había olido la fragancia característica de las rosas blancas. Luego, a medida que intercambiamos experiencias, me di cuenta que estaba húmeda, se podían ver gotas de sudor en mi piel, aunque la sensación de calor y de la presencia incandescente ya no estaban.

Unas dos semanas más tarde, visité a una mujer consejera espiritual. Ella sólo conocía mi nombre—nada más. Comenzó a meditar y a llamar a mis ángeles para hablar de mis intenciones, mis lecciones de vida y mis esperanzas. Al rato de haber comenzado a meditar, paró en la mitad de una frase y dijo que sentía la presencia de la Virgen María conmigo; esto le había sucedido sólo un par de veces con anterioridad.

En ese momento, empezó a sudar y dijo que se sentía muy caliente, tal como me pasó a mí en el grupo de meditación. Finalizada la sesión, salí convencida que algo muy especial me había sucedido.

Un mes más tarde estaba hablando con una viejecita muy querida sobre su vida. En algún momento ella se excusó, saliendo hacia la otra habitación de donde trajo algo. Dijo, "Mira yo quisiera que tuvieras esto. Es para ti". No habíamos hablado nada de mis encuentros marianos. Cuando abrí el pequeño sobre que me dio, casi me pongo a llorar. Era una preciosa medalla de plata, de María con el Divino Niño en brazos y acompañada por dos ángeles en lo alto. Le pregunté porque me había dado esto y ella dijo, "No lo sé, pero ahora es tuya". Siempre llevo la medalla conmigo, la miro de vez en cuando y doy gracias a María por estar en mi vida ahora y siempre. (F.L.)

Aunque ésta experiencia no sucedió como la de la Liga Automovilística del Sagrado Corazón, que fue inmediata, la experiencia de F.L. sobre la Virgen María, fue creciendo poco a poco durante una serie de eventos. Pero éstas tres experiencias terminaron de forma parecida, con el regalo de un recordatorio físico del amor de la Virgen. Otra vez encontramos nuestra conexión con la Virgen María, anclada por objetos que podemos tocar, aunque nuestros anhelos sean por lo que no podemos ver ni tocar.

Las oraciones a la Virgen muchas veces traen cambios dramáticos en la vida de las personas. Como yo y muchas de las personas que relatan sus experiencias en este libro, E.M. no se volvió hacia la Virgen María, hasta que no estuvo desesperada. Como católica que no practicaba en el momento de su crisis, se volvió hacia su herencia religiosa y encontró el rosario y a través de él redescubrió a la Virgen María, quien aparentemente catalizó para ella un despertar espiritual y una mejoría a un revés financiero.

El 19 de abril de 1991, recibí la carta de despido de una compañía de alta tecnología, en donde había estado empleada por más de un año. Dos años antes, también había recibido carta de despido de una firma similar, donde había estado empleada por más de siete años. La primera experiencia fue muy traumática, pero ésta segunda vez me paralizó. No sabía que hacer, ya que la tecnología de punta en el Noroeste era un caos y la mayoría de las compañías del área estaban recortando personal.

El jueves siguiente, fui a un grupo de estudio espiritual al que me había unido el año anterior. Por alguna razón, salió a discusión la experiencia de uno de los miembros de Medjugorje, antes que la gente empezara a irse.

John había visitado a Medjugorje el año anterior. Cuando estaba filmando el cielo, a las seis de la mañana, filmó una formación de nubes con la figura de la Virgen María y la cabeza de Jesucristo con la corona de espinas. Luego de compartir su experiencia con el grupo, John me dio para leer y para compartir con los demás, varias cosas sobre las apariciones de María.

Esta nueva información me llegó, cuando yo ya había comenzado a acercarme a María. Por esos días, mi nivel de ansiedad era altísimo debido a mis problemas económicos.

Tenía una hipoteca alta sobre mi hogar, con un abono de cuatrocientos dólares al mes y un pago igual por el automóvil. Todo esto, y solo me habían pagado un mes de prestaciones. Era un tiempo horrible, así que empecé a rezar novenas diariamente. Cuando el miedo se convirtió en pánico, me volví hacia el rosario para tratar de calmarme. También era una petición de auxilio a María.

Aunque recibí con gusto el material que me prestó John, pasaron varios días antes que pudiera leerlo. Me organicé en el sofá, en la tarde del martes a las dos, y sentí una quietud súbita en la habitación. Un chorro de luz brilló a través de las ventanas del frente y pensé en cerrar las cortinas, para que el sol no dañara la alfombra. Muy despacio pero visible, la luz que entraba por la ventana cambió de un tono amarillo soleado a un dorado suave. La luz también cambió de una posición diagonal a una banda vertical. Sentí más que ver, que alguien más estaba en la habitación. Miré alrededor, para ver si era mi perro, pero no estaba. Observé la luz nuevamente y seguía erguida como si hubiera alguien parado allí.

Luego oí una voz en mi cabeza que murmuraba gentilmente, "No te preocupes. Todo saldrá bien".

Supe de inmediato que era la Bendita Virgen María. "¿Por qué no puedo verte"?, pregunté en silencio.

"Porque tu ya crees", dijo. La breve experiencia terminó.

La luz cambió de nuevo a amarillo soleado, entrando en diagonal por la ventana. Me sentí estática por más de una hora.

Cuatro semanas más tarde, me habían contratado por un salario mayor al que tenía. Esta firma también *estaba en problemas financieros, yo sabía que el trabajo no duraría, pero por el momento pagaría la hipoteca y las otras cuentas, mientras vendía la casa.*

La experiencia mejoró mi autoestima, que estaba bastante mal en ese momento. Para mí siempre había sido fácil encontrar empleo, pero perderlo dos veces seguidas era algo que nunca había imaginado. Antes de la experiencia con María, me sentía desvalorizada; luego pensé, que si María se tomó el tiempo para venir a decirme, que mi vida iba a estar bien, yo era importante "allá arriba".

La experiencia no solo me hizo sentir mejor, sino que fue un despertar espiritual para mí. Regresé a la iglesia católica, pero algo me hacía falta. El único placer que me daba la vida, era leer y discutir con otros las formas en que podemos acercarnos a Dios.

Desde mi encuentro, María no me ha defraudado. Me ha ayudado financieramente, aunque a veces he tenido que acudir a mis ahorros. Estoy todavía en el proceso de transición, de mi antigua vida a la nueva, pero soy más feliz que nunca. Le atribuyo mi transformación a la experiencia mariana. El que ella se haya tomado el tiempo para venir a ayudarme, todavía me desborda de gratitud. (E.M.)

Muchos de nosotros dudamos de rezar por cambios específicos en nuestras vidas. Parece que le dijéramos a Dios como actuar. "Hágase Tu voluntad", musitamos pidiéndole a Dios que se haga cargo de nuestras vidas, pero en nuestro esfuerzo por no decirle a la divinidad que hacer, llegamos a olvidarnos de pensar que es lo que nosotros queremos. En *Las aventuras de Alicia en el país de las maravillas*, por ejemplo, Alicia encuentra al gato Cheshire, como un dios sentado en un árbol en un cruce de caminos. Le pregunta la dirección al gato:

"¿Quiere decirme por favor que dirección debo tomar desde aquí?"

"Eso depende bastante de a dónde quieras ir."

"No me importa mucho adónde"—dice Alicia.

"¿Entonces no importa mucho que camino coja"?, dice el gato.

Jesucristo dijo: "Cualquier cosa que pidáis en mi nombre, Yo lo haré" (Juan 14:13). Nunca dijo que deberíamos ser vagos, respecto a lo que quisiéramos. Después de todo, mientras nos enseñaba a orar dijo, "Dadnos hoy nuestro pan de cada día", no "Aliméntate si te provoca". Creo que las historias anteriores—del rey y sus joyas, del cambio en la carrera de E.M. y de Alicia y el gato Cheshire—nos llegan al corazón, pues nos recuerda que nuestros deseos, combinados con la aceptación de someternos a una voluntad superior, dará lugar a que la divinidad encuentre un camino, para comenzar a actuar en nuestras vidas. Sin la expresión clara de un deseo—por trivial que parezca—las fuerzas sanadoras y transformadoras, pueden permanecer ociosas en nuestras vidas.

Las crisis personales nos obligan a decir lo que deseamos. Como E.M., que decide de pronto que salvar la vida, el trabajo o una preciosa joya, bien merecen pedir el apoyo divino, sin preocuparse por sus méritos relativos de la petición. Por medio de esas oraciones apasionadas, exponemos nuestras debilidades, sí, pero finalmente nos acercamos y nos revelamos completamente a Él— lo que puede conllevar a que la divinidad a su vez se revele más completamente a nosotros. Al respecto Lewis dice, "Al develarnos, confesando nuestros pecados, haciendo saber nuestros deseos, asumimos el alto rango de personas ante Él. Y Él, descendiendo, se convierte en persona para nosotros".

En el relato a continuación, L.H. nos cuenta de la relación que ella experimentó con la Virgen María, por su propia voluntad de pedir ayuda a la Virgen María por varios motivos prácticos, mostrándole sus deseos.

La oración siempre ha sido una parte importante de mi vida. Pero la mayor parte de mis oraciones, las he dicho por los demás y no muchas por mí misma.

El año pasado mi padre y yo, empezamos a buscar una propiedad, en el norte del estado de Nueva York. Realmente la habíamos estado buscando por algún tiempo, pero como no teníamos mucho dinero, nos descorazonamos cuando vimos para que nos alcanzaba. En julio mi padre aceptó que se daba por vencido y que no buscaba más, pero le rogué que siguiera buscando conmigo. Sin la ayuda de mi padre y su soporte económico, sabía que nunca podría realizar mi sueño de poseer una propiedad.

Esa noche en un llamado desesperado, me acogí a un rezo que no he usado frecuentemente, aunque es uno de mis favoritos—El Memorare. Es una oración que invoca a la Santísima Virgen María, para que interceda por nosotros y conceda nuestras peticiones. Le recé y medité pidiendo ayuda para encontrar la propiedad. Creyendo que uno debe pedir para recibir, también debe ofrecer. Le prometí a Nuestra Señora, que les haría un altar a ella y a Nuestro Señor Jesucristo, si ella me ayudaba en mi búsqueda. También le dije, que le quedaría endeudada, por tan grande bendición.

Esa fue la oración más sincera que pude ofrecer. Exactamente tres días más tarde, recibí una llamada del corredor de bienes y raíces, para informarme de una propiedad. Por la descripción, no me pareció que fuera lo que estábamos buscando y el precio demasiado bueno para ser de verdad. La mayoría de las propiedades de ese rango siempre habían estado lejos de nuestras posibilidades. El corredor insistió en que debíamos verla y le dije que le llamaría. Hablé con mi padre y dado que yo no parecía muy interesada, él decidió que probablemente era mejor verla.

Esa noche, tuve mi primer encuentro con la intervención Divina. Los días anteriores habían sido muy ocupados y casi me había olvidado de mi pedido a Nuestra Señora. En una serie de sueños me fue revelando, que ésta era la propiedad para nosotros. En un sueño tan vívido e intenso que parecía real, vi el rostro más hermoso de mujer, creo que era el de la Santa Madre. Aunque no recuerdo las palabras, nunca olvidaré las impresiones que puso en mi mente. Me dijo que éste era un lugar especial que me debía ser entregado y que el altar para ella y Jesucristo, debía ser ubicado en un sitio donde otros lo pudieran ver. Supe que ella quería, que fuera un rincón para la oración y la meditación.

Nada sabía yo que esto era solo el comienzo de mi transformación espiritual, a la edad de treinta y tres. El cierre del negocio fue fácil y lo primero que hice fue organizar el altar.

Durante éste tiempo, también puse unas trampas para la cacería del ciervo, porque se acercaba la época. Otro de mis sueños, era cazar en mi propio territorio con éxito y así fue en la mañana de la apertura, a las nueve de la mañana me fue dado un macho astado de cuatro puntas. Inmediatamente después de la salida, alcé mi voz en un agradecimiento a Dios y al espíritu del ciervo por su sacrificio a mí. Con la felicidad de la caza, supe que había sido bendita verdaderamente.

Con todo el compromiso físico y el esfuerzo de mi trabajo, mi cuerpo sufría muchos dolores para el final del año. Cuando fui al médico, él me informó que padecía del síndrome del túnel del carpo en las dos manos, un pinzamiento de un nervio, debido a una antigua fractura del antebrazo y además el reblandecimiento de ambas rótulas, que era el más doloroso de mis problemas.

Para el año nuevo no fui a ningún lado, porque no podía caminar. Me quedé en cama con unos terribles dolores en las piernas. En mi desesperación oré a mi Madre María e invoqué su ayuda una vez más, siempre recordando y agradeciendo su ayuda anterior. Naturalmente, le prometí que haría lo que Ella me pidiera si me ayudaba y me curaba. Al día siguiente era domingo y después de misa hablé con mi mentor espiritual, sobre las apariciones marianas. Me pidió que le siguiera a la rectoría donde me regaló un aro del rosario y un escapulario y me habló de la Legión de María—un grupo devoto al trabajo de la Santa Madre y de Nuestro Señor Jesucristo.

Me explicó que los miembros de la legión son voluntarios durante dos horas a la semana, rezan el rosario diariamente y asisten a una reunión semanal. En ese momento tuve dudas, le dije que mi horario de trabajo era muy cambiante, pero durante la noche de ese mismo domingo, tuve otro sueño muy intenso.

En él María me hizo saber, que ese era el trabajo que Ella requería de mí. Me pidió que no me preocupara por mi trabajo, que les pidiera tiempo para asistir a las reuniones de la legión. Me aseguró que todo saldría bien y que pusiera mi fe en Dios.

Al día siguiente pedí a mi jefe el permiso para asistir a la reunión, pues era de importancia espiritual para mí. No encontré mayor resistencia y asistí a la reunión. Como Nuestra Señora había pedido mis servicios, me uní a la legión sin más dudas. Hoy soy voluntaria en hospitales y sanatorios, donde visito a los enfermos y a los ancianos. También voy a misa y predico su mensaje por donde voy— que a través de ella nos acercaremos a Jesús.

Desde que comencé todo esto, mi vida entera ha cambiado y muchas veces me han ocurrido pequeños milagros. Mi cuerpo ya no me duele, tan solo algunos ocasionalmente, como para recordarme las bendiciones que he recibido de Nuestra Señora y del Señor. Esta nueva espiritualidad, este nuevo camino, me han llevado a cuidar y ayudar a los enfermos y menos afortunados y a esforzarme por acercar el amor de Dios al mundo. (L.H.)

La historia de L.H., nos comunica en primer lugar, la gran independencia que hay entre su naturaleza y la de la Virgen María, hasta el punto que la cacería y la ayuda a los pobres coexisten armoniosamente en la profunda relación que L.H. desarrolla con la divinidad. A medida, que la seguimos a través de sus experiencias con la Virgen, vemos que su desarrollo la prepara, para servir a otros de una forma más completa, como nunca antes. La adquisición de la propiedad adecuada, el sentimiento de poder que gana al cazar en su propia tierra y la curación física obviamente representan para L.H. los objetivos más importantes a conseguir. Pero luego vemos con claridad, que las intervenciones de la Virgen María estaban preparadas para servir a un objetivo mayor—activar la capacidad de L.H. de servir a los demás.

omo hemos visto el amor de la Virgen María de material-
iza de manera práctica y concreta en tiempo de crisis y cuando se ha
perdido la fe. Cuando no estamos seguros de nuestra propia valía y
cuando dudamos del sentido de la vida, ¿Qué mejor regalo puede
haber, que un objeto precioso o un fenómeno tangible concebido en
espíritu y manifestado en forma milagrosa?

Durante un tiempo especialmente difícil, M.H. encontró la
seguridad del amor de Dios por ella.

> En el mes de abril del año 1975, me hicieron una mastec-
> tomía radical. El médico me dijo que tenía el treinta por
> ciento de posibilidades de vivir hasta dos años, pero no más.
> En agosto del 1976, ya había soportado dos cirugías más y
> en la mañana del 10 de septiembre de 1976, cuando aún
> estaba en cama recuperándome de la última de ellas, el
> huracán Catalina, desató una inundación relámpago que
> bajó rugiendo desde las montañas, hasta el valle. Al
> comienzo, parecía una pared sólida de agua, con una altura
> de doce pies que se acercaba amenazando a nuestro hogar.
> En un pestañeo, nuestra casa rodante fue inundada. Las
> aguas la destruyeron, junto con casi todas nuestras perte-
> nencias.
>
> Yo estaba muy débil para sobrevivir en esas poderosas
> aguas, llenas de desechos, nauseabundas y heladas. Mi es-
> poso legalmente ciego, me remolcó a través de esas aguas fu-
> riosas, hasta un sitio seguro en terrenos más altos. Hasta ese
> momento, no había comprendido en profundo significado
> del himno juvenil, "Tierras altas".
>
> Yo enfrenté el diagnóstico de cáncer y el pronóstico de

muerte con calmada dignidad. Nunca pregunté, ¿Por qué yo, Dios mío, por qué yo? Pero ahora, con todo lo que había logrado en la vida con mi trabajo, barrido y desecho, me hundí en la más profunda impotencia y abandono. Amado Señor, sollocé en el silencio de mi alma, creo que me has confundido con Job. Toda mi vida he tenido dolor, privaciones y penas sin quejarme, ¡pero ésta vez me has llevado más allá de lo que puedo soportar! Casi puedo oír su respuesta: Estás viva, ¿o no?

Aunque soy coja y las piernas me han dado dolores estremecedores durante toda la vida, el doctor me ha recomendado caminar en el desierto que bordea nuestra casa alquilada para recuperar la fuerza. Me acompañan en estas caminatas mis tres perros y el gato y fue en una de estas salidas que encontré la piedra de mi curación.

Cuando observé la piedra y vi que tenia impresa una hermosa imagen de la Madre de Cristo, pensé, esta miniatura pudo haber sido dibujada por un maestro pintor.

Pero supe que habían sido las fuerzas de la naturaleza, las que habían impreso allí el rostro de María. Algo muy profundo dentro de mi, me dijo que ésta piedra era un tesoro sin precio, así que la recogí y comencé a caminar hacia la casa, con los perros corriendo delante de mí y el gato detrás.

Cada vez que tocaba mi piedra, sentía una fuerza y un aliento espiritual que me atravesaban. Era como si la piedra me transmitiera la energía que tuviera guardada dentro. Cuando la miraba, tan parecida a la Virgen María me sentía confortada y consolada.

Poco a poco, me acostumbré y acepté el cambio en nuestras vidas. Aprendí que cuando Dios nos quita algo o cuando permite que las fuerzas de la naturaleza lo destruyan, nos da algo mejor en su lugar. Mis dones fueron, fuerza para sobrevivir, nuevo sabor por la vida, paz espiritual y un estilo de vida mas creativo.

Soy una fotógrafa retirada y nunca se me ocurrió tomar una foto de mi piedra sanadora. Tal vez no sentí la necesidad, pues pensé que la imagen de ella era permanente. Pero a medida que mi espíritu se fortaleció, la imagen de mi piedra se comenzó a desvanecer, hasta que no quedaron sino un par de trazos rosa y azul. Con el tiempo hasta ellos desaparecieron.

La imagen de la Madona que la piedra había tenido ya había sido interiorizada—impresa para siempre en mi memoria, de manera que yo nunca olvidaría el milagro que mi piedra sanadora había logrado en mi vida. (M.H.)

Como hemos visto, en el capítulo 4, M.H. nos relata su cercanía mística con Jesucristo y la Virgen María. Su vida ha sido todo menos fácil y rara vez se ha sentido juzgada o castigada por sus pruebas. Cuando su profunda fe ha sido sacudida, de alguna manera encontró un recordatorio físico del amor de Dios por ella. Otra vez vemos que la cualidad duradera de los objetos sagrados, puede compensar una falta de fe temporal. La permanencia fugaz de la imagen, es algo interesante de ésta experiencia. Tal vez desapareció porque no era sino para M.H. o tal vez porque ya no necesitaba una seguridad tangible del amor de Dios por ella.

El descubrimiento de M.H. de María Santísima en la piedra no es único. Piedras con la imagen de la Virgen María fueron descubiertas hace doscientos años, en una cantera de piedra caliza en México. En el año 1972, un minero llamado José María Galicia partió una piedra del tamaño de su puño por la mitad y descubrió las imágenes de la Virgen María y el Niño Jesús esculpidas en las mitades de la piedra. Luego del descubrimiento trascendental de José María Galicia, los residentes del pueblo cercano erigieron una iglesia dedicada a la Virgen del Carmen. Mientras tanto, éstas piedras han sido encubiertas con el mayor misterio. Un reportero obtuvo recientemente permiso para examinar y fotografiar estas imágenes. Como pago por esta oportunidad, ha prometido mantener secreta la localización de la iglesia. El cura y los residentes del pueblo temen que alguna comisión eclesiástica venga para llevarse las piedras bicentenarias de su casa para ponerlas en algún museo lejano.

En el próximo relato de un encuentro con la Virgen María, R.S. nos cuenta como recibió la seguridad de la protección mariana, durante un tiempo en el que le preocupaba el bienestar de su anciana madre. Otra vez vemos como la Virgen baja hacia nosotros y nos demuestra el amor y cuidado que esperaríamos de nuestra propia madre.

Durante mi vida (tengo cincuenta años), ha tenido una serie de encuentros con Jesús, frecuentemente durante la meditación y otros durante servicios religiosos, como funerales. Ahora, quiero compartir mi único encuentro con María, el que tuvo lugar durante las vacaciones de la Navidad del año 1994.

Regresé al estado de Georgia (EE.UU.) para estar con mis hijos, mi madre, y la familia para la Navidad. Me quedé en casa de mi hija, que vive en el área de Atlanta. Mi madre vino del norte de Georgia también a la casa de mi hija para las festividades. Después de varios días mi madre preparó su viaje de regreso al norte de Georgia. Al despedirnos, abrazándonos, diciendo, "te quiero", con unas pocas lágrimas, vi como ella subía a su auto y ponía reverso hacia la calle. Hice lo que había hecho cientos de veces anteriormente: mentalmente envolví a mi madre y a su auto en una burbuja de luz blanca y silenciosamente oré por su seguridad durante el viaje. Me quedé amaravillada al ver la figura de María, que apareció de pie sobre el capó del auto. Llevaba ropa suave y flotante, con un velo cubriendo su cabeza, que flotaba sobre sus hombros y hacia atrás. Estaba toda vestida de azul, con unos velos blancos transparentes sobre todas sus vestiduras. El velo de la cabeza era blanco.

Luego oí que María me decía, "Yo me iré con ella . . ." Inmediatamente mis ojos se llenaron de lágrimas. Estaba muy conmovida. Le respondí mentalmente, "Gracias María." Observé como mi madre se nos despidió con la mano . ¡Era realmente un espectáculo, ver el automóvil alejarse dentro de una burbuja de luz blanca con María parada sobre la cubierta del motor! Cuando mamá llegó a casa, llamó para informarnos que había llegado bien. Sus primeras palabras fueron: " ¡tuve un regreso a casa muy agradable!" Mi madre siempre ha sido muy especial para mí, y el mas importante sostén emocional de mi vida. Estoy muy agradecida de tenerla. (R.S.)

En casi todas las intervencione marianas se puede ver que ella atiende inmediatamente cada pedido, dejando a los observadores a contemplar las implicaciones de tenerla en sus vidas. Las palabras de la Virgen María—"Yo me iré con ella"—no sólo tranquilizaron a R.S. en ese momento sino que transmitieron las palabras de Jesucristo: "Estaré siempre con vosotros, aun hasta el fin del mundo" (Mateo: 28:20). Así la permanente disposición de la Virgen María de manifestar el cuidado especial y el alivio que necesitamos durante las crisis, revela una promesa sin tiempo, que tal vez pueda sostenernos en ausencia de otras pruebas.

Al recopilar, vemos que la Virgen María ha sido asociada a la materialización de fenómenos milagrosos, reliquias sagradas, curaciones y protección en tiempos de necesidad. Tales fenómenos milagrosos se conocen como prodigios en la tradición católica y parecen ocurrir alrededor de lugares y objetos que la Virgen ha bendito con su presencia. En Garabandal, por ejemplo, la Virgen María besó innumerables objetos que le dieron los niños—especialmente hacia el final de las apariciones—para complacencia de los que tenían fe. Estos objetos personales a su vez se volvieron una fuente secundaria de milagros, aun después que ella dejara de aparecer. Esta propagación de la esencia de la Virgen a través de objetos besados por ella, ayudó a los creyentes de la comunidad de Garabandal a afianzarse independientemente de los visionarios, quienes como ya sabemos, atravesaron un periodo de dudas cuando la jerarquía eclesiástica regional rechazó sus pretensiones.

Ciertamente los eventos sobrenaturales y los objetos benditos, continuaron inspirando esperanza y fe, aun cuando la Virgen María se retiró y continuo la controversia alrededor de las apariciones.

En el capítulo número 3, les conté la historia de Raquel, que cuando tenía dieciséis años vio una estatua de la Virgen María animarse. Habían pasado seis meses desde la última vez que vi a Raquel, y empecé a sentirme preocupado por ella, pues aunque había finalizado su trabajo de consejería conmigo, había prometido escribir todo lo sucedido en su encuentro con la Virgen y enviármelo para incluirlo en este libro. Justo antes de la Navidad recibí su llamada y me pidió una cita.

Tres días mas tarde vino a mi oficina vestida muy de moda. Cosas buenas le habían sucedido se le veía radiante de felicidad, como no la había visto nunca antes. Me dijo que venía a agradecerme toda la ayuda que le había dado y a contarme por que había demorado en escribir la historia de su encuentro con la Virgen María.

Compartió conmigo, que después de haber recordado la experiencia olvidada por tanto tiempo, empezó a tener dudas. ¿Por qué la Virgen se le iba a aparecer a ella? O ¿*realmente* la estatua cobró vida o fue sólo su imaginación? Pensaba, ¿Quién me va a creer? Cuánto más pensaba, menos creía en su propia experiencia. Se le ocurrió que tal vez sería mejor estar totalmente segura que todo había sucedido antes de compartirlo con otras personas.

En la época del día de acción de gracias, se presentó la oportunidad de buscar una prueba de su encuentro con la Virgen María. Había acompañado a su esposo al hospital De Paul—un hospital católico en Norfolk en el estado Virginia—para hacerse unos exámenes. Mientras esperaba, decidió entrar a la capilla del hospital. Por experiencias previas, sabía que allí encontraría una estatua de la Virgen. Caminó por el pasillo, entró en la capilla y se encontró allí sola. Había una figura de la Virgen María a un lado.

Raquel oró por un rato y luego fue hacia la estatua. Le dijo, "Necesito saber si alguna vez te apareciste ante mi. Por favor, muéstramelo." Cuando miró de cerca la estatua de la Virgen, por primera vez después de cuarenta años, ella se movió. Una vez más la cara de piedra se suavizó y volvió a la vida. La Virgen María miró a Raquel y sonrió.

Cuando Raquel toda llorosa terminó de contar la historia de su más reciente encuentro, me dijo que todavía se preguntaba como podía una estatua moverse y tomar la apariencia de vida. Luego me dijo que sabía por estudios de física, que la materia no es tal como la vemos y que está en constante movimiento. Luego especuló sobre la posibilidad de encontrar la manera de alterar su estado y apariencia. Buscando algo que pudiera ser la explicación para tal milagro, Raquel finalmente obtuvo una que fuera buena para ella.

Dijo, "Creo que el amor puede lograrlo".

Muchos de nosotros quisiéramos creer que estamos más allá de necesitar que nos aseguren concretamente el amor de Dios. Pero si somos honestos muchos mantenemos una fascinación de niños por los milagros y un anhelo por alguna prueba que demuestre que no estamos solos. Ver una estatua cobrar vida u oler el aroma a rosas, nos puede ofrecer justo lo que necesitamos para dejar de dudar y abrir nuestros corazones a la divinidad en ese momento y para siempre.

Así como se forjó el vínculo con nuestra madre en la infancia a través de un intercambio preverbal y táctil, nuestras aspiraciones espirituales más elevadas descansan sobre bases de sentimientos tempranos, que despertaron y fueron sostenidos por realidades concretas y no sólo por palabras. A medida que pasamos por los tiempos más difíciles de nuestra vida, tales objetos y fenómenos observables servirán como anclas en otras circunstancias más inestables. Cuando nos asimos a estas cosas, nuestros sentimientos pueden aflorar y entrar en comunicación con el ser que nos hizo esos regalos maravillosos.

Memorare

*Recuerda, oh compasiva Virgen María, que
nunca se ha sabido que alguien que haya acudido
a Vuestra protección, implorado Vuestra asistencia,
o buscado Vuestra intercesión, haya quedado sin
ayuda. Inspirados en esta confidencia nos acercamos
a Vos, oh Virgen de vírgenes, Madre nuestra. A Vos nos
acercamos, ante Vos de rodillas pecadores arrepentidos.
Oh Madre de la Palabra Encarnada, no despreciéis
nuestras peticiones y en Vuestra clemencia, óyelas
y respóndelas. Amén.*

El problema del sufrimiento

El propósito de nuestra venida al mundo
no es eliminar el sufrimiento, sino amar.
—Palabras de la Virgen María a Mickey Lin

Al comienzo de nuestra relación Mickey Lin y yo tuvimos una de esas discusiones espantosas que nos dejan desesperanzados. No recuerdo cuál fue el motivo, ella tampoco; recuerdo que me retiré furioso a dormir en el sofá. Mickey a su vez, también trató de dormir. Después de dar vueltas y vueltas, por fin se durmió y tuvo la siguiente experiencia a cerca del significado del sufrimiento.

Estaba dormida, pero sentí que María me movía para des-
pertarme. Sentí que no merecía Su presencia, así que me
resistí, prefiriendo hundirme más aun en un sueño de pro-
funda desesperación. ella tenía otros planes para mí, y se
quedó allí sin decir nada. Finalmente le pregunte el porqué
de todo esto, si ellos—Jesús y María—no podían eliminar el
sufrimiento? Compartí con ella mis frustraciones en dife-

rentes situaciones de mi vida, que parecían sin sentido, innecesarias. María me contestó gentilmente, "El propósito de nuestra venida al mundo no es eliminar el sufrimiento, sino amar". También dijo que si seguíamos confiando, eventualmente entenderíamos el significado total de nuestra lucha. Insistió en que todas las pequeñas lecciones tenían su valor y que quitando todo el sufrimiento haría que se estancara nuestro crecimiento.

Como muchas personas espiritualmente sensitivas, Mickey lucha con el conflicto entre preservar su libertad personal, contra entregarse a un mundo lleno de decepciones y sufrimiento. Ella es una de las personas más cariñosas que conozco; no por ello deja de ser ambivalente ante el compromiso, en un mundo donde ha experimentado eventos muy traumáticos y heridas casi fatales. ella se vio forzada a elegir en un sueño reciente: Una presencia espiritual indeterminada le pidió que eligiera entre dos símbolos—una rosa o una mariposa—para significar su camino en la vida. Mickey instintivamente pensó que la rosa era el camino del corazón, caracterizado por responder con compromiso y aceptando el sacrificio. En contraste, la mariposa significaba libertad ilimitada y el poder de trascender a las circunstancias que la rodeaban. Mickey sentía que la respuesta correcta era la rosa, pero no era capaz de rechazar a la mariposa por completo. Así que respondió "¡Ambas!" Una vez mas le pidieron que escogiera uno de los dos símbolos, pero ella continuaba eligiendo lo mismo, en lugar de perder el examen de pronto se dio cuenta que había elegido bien, y que había pasado la iniciación.

De todas las figuras religiosas históricas, la Virgen María es probablemente, la que experimentó el mayor gozo y la pena mas profunda. La bendición de Dios le dio vida a un hijo que era la expresión viva del nuevo convenio entre Dios y la humanidad. Luego vio a ese hijo mal entendido, degradado, torturado y muerto mientras ella permanecía enteramente desprovista de poder para evitarlo. Muchos han preguntado, ¿Quién sufrió más—Jesucristo o la Madre que lo vio morir en la Santa Cruz?

Habiendo experimentado ella toda la gama de la experiencia humana, es comprensible que sus apariciones invitan comparación etnre los problemas significativos en su vida y en las vidas de aquéllos a los que se les aparece. Tiene sentido decir que *si alguien puede comprender y ayudar a los que sufren, es ella.* En algunos casos, su manifestación viene al final de un periodo de dificultad y sufrimiento, pero en otros casos su presencia anuncia el comienzo de una larga lucha. La aparición de Knock en Irlanda, vino después de treinta años de hambruna, pero la aparición de la Virgen María en Medjugorje en el 1981, precedió el comienzo de una lucha racial religiosa y politica, y una total guerra civil en la antigua Yugoslavia. La Virgen suele manifiestarse como una expresión de gracia y de profundo amor en medio de la lucha, aparentemente para aminorar el agobiante sentimiento de insensatez y de ser una víctima. Más aún, su amor nos da fuerzas para cambiar lo que podemos y para aceptar graciosamente, lo que la vida inevitablemente nos proporciona en penalidades y pérdidas. Las palabras de la Virgen a Conchita, "No serás feliz en este mundo, sino en el cielo", no parece ser una predicción para la vida personal de Conchita, sino algo que todos nosotros podemos esperar también.

La presencia de la Virgen María, también nos trae gozo profundo. Una tradición apócrifa precisa que Jesucristo resucitado se presentó primero a la Virgen para mostrarse a ella antes que a sus discípulos. Sus palabras de adoración, encontradas en los textos apócrifos coptos, descubren el regalo de la Virgen María para Él y para el mundo: "Salve a vos que habéis dado a luz la vida para el mundo. Salve Madre mía, mi Arca Santa . . . El paraíso entero se regocija por causa vuestra, yo os digo Madre mía, el que os ama, ama la vida". Si Jesucristo fue primero a la Virgen es fácil imaginar que así sería—entonces la mujer que fue "la primera en creer en el Evangelio", y que probablemente fue la que sufrió la mas grande pérdida en el curso de su desarrollo, fue la primera en ver la evidencia gloriosa de su triunfo. Cuando examinamos el significado de la Virgen María para nosotros, aparte de las asociaciones superficiales, encontramos que ella es una figura muy compleja que trae alegría y sufrimiento juntos dentro de ella en una singular experiencia de amor.

Buda dijo que la vida es sufrimiento. Es una frase difícil de aceptar. Para los que creemos que podemos hacer la diferencia, diríamos que significa rendirnos. En nuestra búsqueda de significado, muchos de nosotros inicialmente nos resistimos a la idea que el sufrimiento es inevitable. No debemos considerar esto como una debilidad; teólogos y laicos opinan que el sufrimiento es el factor más difícil de reconciliar con Dios, que presumiblemente nos ama. ¿Cómo puede Dios, nos preguntamos, permitir el sufrimiento de niños inocentes, mientras deja que gente maliciosa y cruel escape sin castigo?

Algunas veces nos damos cuenta, que el dolor y el sufrimiento vienen después de haber tomado decisiones poco sabias. El concepto oriental de karma, refleja este sentimiento personal de pagar por acciones previas. Desde esta perspectiva se supone que podríamos evitar el sufrimiento pagando nuestras deudas, para luego vivir virtuosamente de ahí en adelante. Pero tomará algún tiempo mientras nos alcanzan los efectos de nuestras pasadas acciones. Aúnque sobrellevemos el proceso con paciencia y dignidad, no podermos evitar nuevos errores y el costo de ellos de allí en adelante.

Aun si *pudiéramos* evitar todo error posterior, un raciocinio lógico nos dice que el dolor y el sufrimiento alcanzan a todos, incluso aquéllos que viven ejemplarmente y que merecen lo mejor. Algunas veces la naturaleza caprichosa infringe sufrimiento a través de desastres naturales, enfermedades y defectos genéticos. Otras veces, nuestros sufrimientos no vienen de decisiones equivocadas ni por medio de la naturaleza, sino a causa de aquéllos que nos odian sin razón. En este caso experimentamos dolor cuando nuestra bondad choca con aquéllos que están motivados por ideales más bajos. El propio ruego de Jesucristo en manos de sus contemporáneos debería hacernos ver que no podemos razonablemente escapar al sufrimiento, si vamos a imitarle. El gurú tibetano Milarepa fue envenenado por un hombre celoso, él lo supo a tiempo como para evitar que sucediera, pero como Jesucristo, vio el bien que podría traer el aceptar la traición y el sufrimiento. El asesino de Milarepa terminó siendo uno de sus más comprometidos seguidores, una vez que se dio cuenta y se arrepintió de su tremendo error. Cada uno de estos maestros espirituales, vio, en su momento, más allá de su dolor inmediato, las consecuencias constructivas de la tragedia humana, *ellos eligieron sufrir para que el bien pudiera prevalecer.*

Cuando meditaba sobre el problema del sufrimiento, me di cuenta que hay dos formas de sufrir sobre las que podemos tener algún grado de control. Está el sufrimiento de "pago" o "kármico", que viene cuando debemos pagar por elecciones desafortunadas o errores que hemos cometido. El sufrimiento de pago es infernal, tanto figurativa como literalmente. Podemos aprender de este sufrimiento pero no hay nada maravilloso en el proceso. También se puede aceptar esta prueba con gracia, y podemos negar la responsabilidad que tenemos, quejándonos de las injusticias de la vida. Muchos tomamos otro camino, demostrando la verdad de los planteamientos de Anthony Trollope que dice: "Un hombre aprecia sobre todo un buen motivo de queja".

Más allá del proceso sin fin de hacer cuentas, hay un sufrimiento que redime, que viene de hacer lo que está bien y es amoroso, en un mundo donde hacer bien o dar amor no es lo más popular. Si el sufrimiento de Jesucristo fuera de pago, sería por nuestras culpas y no por las suyas pues nada en su vida merecía el dolor que tuvo que soportar. Cuando contemplamos la pasión de Jesucristo y entramos en su sufrimiento por sustitución, experimentamos *junto con Él* una forma de sufrir menos común, que viene de un deseo de poner el amor por encima de la vida misma. Algo extraño sucede cuando nos identificamos con Él a través de sus pruebas: Nos sentimos renovados y mas profundos, no por que Él haya sufrido, sino *por que Él amó a través de todo el proceso.* Y luego, increíblemente, llegamos a aceptar el miedo paralizante que sentíamos al pensar en nuestro propio dolor y mortalidad. Cuando por sustitución, penetramos en los momentos de su vida en que encaró sus más grandes pruebas, llegamos a entender como Jesucristo pudo soportar la soledad, la agonía y la muerte. También nos daremos cuenta que el sufrimiento que redime contiene su propio antídoto para el dolor—*y que amar sin importar las consecuencias* convierte nuestro dolor físico y emocional en una pasión redentora y sanadora. El cristianismo convencional, nos dice que Jesucristo aceptó su sufrimiento como una forma de expiar por nuestros pecados, sin tener en cuenta si lo aceptó por esta razón o por que estaba cumpliendo con su promesa de amar—o ambas—tiene sentido que esta clase de amor sacrificado, envíe una llamada de asistencia a otros en su camino espiritual.

En muchos de los relatos que he recogido sobre los encuentros con la Virgen María, ella impulsa sutilmente al receptor a aceptar con complacencia el sufrimiento para que el bien prevalezca.

Muestra también gran preocupación por aquéllos que enfrentarán tiempos duros, físicos y emocionales, o por aquéllos que atravesarán pruebas de alguna clase. Pero en lugar de aliviar las condiciones en las que se encontraban las personas, los invitaba a olvidar el sentimiento de víctima y a abrazar el amor por encima de todo. En estos encuentros la presencia de la Virgen María aportó sentido a situaciones que de otra forma se habrían quedado en sentimientos de desesperanza y de martirización. Mientras tanto, el receptor comienza por un período de examen, en el que las cualidades recién despertadas que la Virgen María representa, son confrontadas con la vida real. En estos relatos, emerge una espiritualidad madura—a través del sufrimiento con sentido—aunque muchas veces la lucha deja a las personas pensando sí, por alguna razón han tomado el camino errado.

Entre las tareas desagradecidas, se lleva el premio la de ser padres de un adolescente. Podemos reírnos antes y después de ello, pero entretanto puede ser un infierno. Trae su propio sufrimiento, pues la mayoría de las veces no sabemos como evitar que se deterioren nuestras relaciones con los chicos hacia un silencio difícil, cuando nos va bien. A medida que crecen las tensiones, fácilmente estallamos hasta por una mínima infracción, y tomamos sus distracciones y terquedades como falta de respeto hacia nosotros. Muchas veces tenemos razón, otras veces no. En ocasiones, los atacamos con agresividad acusándolos injustamente, hiriéndoles el orgullo y perdiéndoles el respeto, merecidamente. Nos alejamos y desesperadamente anhelamos el tiempo en el que podamos reafirmar el amor tan profundo y que era evidente entre nosotros.

Una mujer que criaba sola a sus hijos adolescentes sintió que perdía todo control sobre ellos. Sin saber que hacer volvió sus ojos a la Virgen María y le rezó.

La experiencia mas profunda que tuve con María, sucedió en Akron, Ohio (EE.UU.), donde vivía en ese tiempo. Hace unos quince años mis hijos estaban en su adolescencia. Las drogas—sobre todo la marihuana—eran muy comunes en sus colegios. Estaban entrando en la música pesada de grupos como Metallica y me parecían muy distinto. Era difícil hablar con ellos y mas difícil aún hacerles entrar en razón. Estaban en una etapa, en la que las opiniones de sus compañeros eran más importantes que todo lo que yo pudiera decirles.

Estaba muy angustiada y no sabía que hacer. Yo era divorciada, madre de cuatro y no recibía ninguna ayuda del padre. También me sentía muy sola en mi necesidad de guía religiosa. Aunque todos mis hijos habían ido a la iglesia y al colegio dominical mientras crecían, ya no lo hacían y tampoco estaban interesados en volver a la iglesia. Un día, mientras conducía por el campo decidí visitar Santa Maria en el estado de Ohio (EE.UU.), que esta situada a unas quince millas de la ciudad de Akron. El pueblo completo esta construido alrededor de una antigua iglesia campestre y en una caverna hay una gruta réplica de la de Lourdes. En verano, todos los servicios se hacen al aire libre, donde los practicantes se sientan en el parque.

Aunque yo no soy católica, Santa María siempre fue uno de mis lugares favoritos para ir cuando tenía problemas, pues la iglesia siempre estaba abierta. Por eso aquel día mientras los chicos estaban en el colegio, fui allí y entré a la gruta. Aunque había velas encendidas, no había gente en la gruta. Me senté. En lo alto, una viga sostenía una estatua de la Virgen. Alguien había colocado un guirnalda de gladiolos alrededor del cuello de María. Estaba bellísima.

Empecé a rezar y a hablar con ella, preguntándole que hacer con mis hijos. Le dije, "Tú sabes, Tú eres madre—Tú sabes como son estas cosas."

Al momento, sentí una mano en el hombro. Como había estado allí por largo rato pensé que sería un cura, me di una vuelta y no vi a nadie. Miré a mi alrededor, para ver que podría ser y sentí calor, aunque el día estaba frío. Sentí un tibio brillo envolviéndome y la mano sobre mi hombro, me di cuenta que todo estaba muy callado, ni siquiera los pájaros cantaban.

Miré hacia todos lados y no vi a nadie. El brillo cálido me envolvía, bajando desde mi cabeza hasta las puntas de mis pies. Luego oí una voz que me dijo, "No te preocupes. Todo saldrá bien". La voz bella y calmada dijo, "Levanta tus ojos y mírame". Así lo hice, miré hacia arriba, a la estatua, un brillo la envolvía y pulsaba como rayos dorados, como energía viva.

Una parte de mí estaba en temor reverente, creyendo. La otra, analítica, y preguntando, ¿Cómo puede suceder esto? Me di cuenta que el sol estaba detrás de la gruta, por lo tanto no podía iluminar el entorno. Seguí mirando y continuó pulsando y brillando. Se movió. Luego miré la guirnalda de gladiolos alrededor de su cuello y comenzaron a pulsar también—pero con una luz entre azul y morada. Oí un algarabía como si vinieran personas. ¡Luego una procesión de seres de luz se acercó por el pasillo! Tenían diferentes tamaños, como si fueran una familia de seres de luz. Venían hacia la estatua de María y yo me preguntaba qué pasaría cuando llegaran. Cuando llegaron al frente de la gruta donde estaban las velas, vi como los rayos dorados que brota-

ban de María se extendían hacia ellos para saludarles. Los remolinos de María absorbieron al pequeño grupo. El resplandor continuó y creció hasta que se veían haces de luz pulsando, ondeando y bañando la estatua en un brillo dorado.

Mientras miraba, persistía la sensación de la mano sobre mi hombro, al no saber que hacer, la voz me dijo "Sigue en paz. Todo está bien." Entonces bajé la cabeza le oré a Dios y a María, y así abandoné mis temores sobre las elecciones de mis hijos.

Cuando terminé la meditación me di cuenta que otra vez cantaban los pájaros. Ya no había quietud. La estatua y las flores perdieron su brillo mientras yo rezaba y meditaba. También desapareció la sensación de la mano sobre mi hombro. Aun así yo tenía una arrolladora sensación de paz y la seguridad de que todo iba a salir bien. Mi preocupación obsesiva dio paso a una profunda sensación de paz.

Cuando regresé a Akron me di cuenta que mis hijos actuaban más tranquilo, porque notaron un cambio en mí. Fue el momento del cambio para todos nosotros.

Nunca perdí la sensación de paz que me llegó ese día. Aun hoy—quince años después—me mantengo muy calmada debido a la experiencia en Santa María.

Estaba tan impresionada con la experiencia que le pedí a una amiga fotógrafa profesional, que me acompañara a la gruta y tomara unas fotografías de la estatua para mí. ella me enmarcó una de ellas. Desde entonces, esa foto ha ocupado un puesto prominente en todos los sitios en donde he vivido. Cada vez que la veo recuerdo el brillo que apareció de la nada y que trajo a mi familia la paz que habíamos perdido. (P.W.)

En el encuentro con la Virgen María radiante, P.W. fue testigo de lo que era la expresión espiritual de su familia, entrando en contacto con la gracia y la curación por la Virgen. Al observar a su familia P.W., recordó que somos entes espirituales capaces de recibir en cualquier momento, sanación y renovación a través de nuestra conexión con el Espíritu Santo. El concepto del Espíritu Santo tiene su origen en el estoicismo de los griegos. Según esa tradición, se creía que el espíritu común nos unía como un todo, y tomó fuerza con el Espíritu Santo del Evangelio. El concepto de familia toma un nuevo significado, cuando se puede experimentar como lo hizo P.W., un *espíritu común* que nos unifica, resolviendo así nuestras aparentemente irreconciliables diferencias.

El sufrimiento de P.W., abrió un camino nuevo nacido de la paz que la Virgen María imprimió o restauró en ella, para dirigirse y responder a sus hijos. Su lucha emocional fue aliviada, al responder de una manera nueva, a situaciones que llevan a los padres a ataques de rectitud impotentes—y a los hijos a desafiarlos.

Como ya les he dicho, podemos asumir que el deseo de la Virgen de servir al plan divino la llevó a la felicidad más grande y al dolor más profundo. Si tiene sentido pensar que su ejemplo y tal vez su esencia residen en nosotros, como un recordatorio que el mejor camino espiritual, puede llegar a ser un sendero de quebrantamiento y aflicción. Dado lo que ella ha llegado a ser para nosotros, las manifestaciones de la Virgen María durante momentos de dificultad personal, pueden desbaratar nuestra tendencia a interpretar el dolor como una indicación de haber obrado mal. Cuando ella viene, podemos estar seguros que nuestro sufrimiento, coincide con un proceso importante de desarrollo, cuyo propósito puede ser desconocido para nosotros.

El siguiente encuentro con la Virgen María tuvo lugar durante un parto, y fue al mismo tiempo una bendición y un anuncio de pruebas por venir.

Estoy muy contenta de escribirle sobre mi experiencia con la Madre Santa. Le agradezco el privilegio y el honor que me concede al hacerlo. Nunca antes escribí sobre esto. La verdad es, que difícilmente hablaba de ello. Como usted sabrá, en el 1953 estas experiencias estaban catalogadas como alucinaciones, más que como encuentros.

Estaba en labor de parto con mi primer hijo, J.D:, el 5 de octubre de 1953. Recuerdo a mi querida tía Lucille, que ya falleció, advirtiéndome que rezara el rosario en estos momentos. Yo lo hice una y otra vez.

Ya venía el niño, cuando la enfermera lo mantuvo dentro mientras me llevaban a la sala de partos. No me dieron ningún medicamento; fue un parto natural. Mientras daba a luz miré hacia arriba y vi a la Virgen María. ella usaba una mantilla blanca, que flotaba cubriéndola y un vestido azul pálido. Era absolutamente bella. Yo estaba aterrada. No pude decirle a la monja que estaba a mi lado, ni a nadie más de la sala que ella estaba allí. No podía hablar. Todavía no comprendo el motivo de la total belleza, tranquilidad y serenidad que experimenté. Tampoco puedo describirlos. Tal paz y belleza están más allá de las palabras. Ver a la Virgen María fue tan sobrecogedor, que hasta el día de hoy, no he podido expresar con palabras la belleza que vi y sentí.

Mi bebé nació con un halo de cabello rubio alrededor de su cabeza. Como usted sabrá, esto puede significar que la persona enfrentará muchas penalidades en su vida. Esto ha sido definitivamente cierto en la vida de mi hijo y sus pruebas aún continúan. Rezo por él diariamente y le pido a María que en su misericordia brille nuevamente sobre él y le lleve por el buen camino.

Agradezco la oportunidad de expresar mi encuentro con la Madre de Jesús. (P.M.)

En el momento de su visión, P.M., pudo experimentarla como jubilosa e inefablemente bella, pues no sabía que las penas vendrían. En retrospectiva, vio que la Virgen María venía a despertarle en ella su fortaleza y presencia espiritual, que luego le servirían para soportar la pena por las tribulaciones de su hijo.

Le pregunté a P.M. qué quería decir con las tribulaciones de su hijo. Me contó que es homosexual y muchas veces le ha comentado su soledad y desesperación al no poder tener sus propios hijos para amar y ser amado. También lucha con un problema menos ambiguo, el alcoholismo, una enfermedad de la familia. Es curioso que P.M. cree que él eligió venir al mundo como homosexual para así terminar con la transmisión genética del alcoholismo de su familia. Ya sea verdad o no, la Virgen María vio la necesidad de bendecir a la madre y al hijo desde antes que comenzara la larga prueba de toda su vida. Desde un punto de vista superficial, esto podría parecer trágico e innecesario. Pero si uno acepta la visión, de acerca de la muerte de Betty Eadie, entonces lo que dice P.M. tiene sentido. En la visión de Eadie, comprendió que las almas vienen al mundo con un propósito específico: *para ayudarla a despertar a otros*. En un momento, Eadie vio desde el punto de vista celestial a un borracho tirado en una cuneta. Supo que esta alma había elegido experimentar el alcoholismo, para servir como despertar a otra alma que, como médico, trataría su enfermedad. Parece un sacrificio innecesario y poco económico desde nuestro punto de vista, pero desde donde Eadie lo percibió, aunque brevemente, comprendió que el despertar de la conciencia y el amor son todo lo que importa.

Cuando una enfermedad seria le aflige a un ser amado, anhelamos un milagro. Sabiendo que los milagros pueden suceder, podemos orar por intervención, dándonos cuenta que mientras nosotros nos sentimos personalmente indignos, sentimos que nuestros seres amados merecen lo mejor.

Hace seis años cambié mi residencia de Nueva York a Virginia. Había permanecido seis meses en Virginia Beach, cuando recibí una carta de mi hermana menor. En ella me decía que creía estar infectada con el VIH, y que ya tenía alguno de los síntomas. No hay que decir lo que sentí, porque mi hermana había mantenido una relación monógama por ocho años. Le ofrecí un boleto de avión a Virginia Beach y compañía para hacerse una prueba . . .

La prueba salió positiva. El dolor que experimentamos fue increíble. Mi esposo y yo le ofrecimos recibirla a ella y a sus dos hijos en nuestro hogar. Queríamos intentar la medicina alternativa y los remedios de Édgar Cayce. Esto sucedió en noviembre.

En esa época, yo hacía trabajo voluntario con un grupo de oración y en el tenía una amiga muy especial. Le confié a ella mi situación. ella mencionó una promesa hecha por María a los tres niños de Fátima. Prometió que si le pedían algo el ocho de diciembre al medio día, ella te lo concedería. En ese día, mi hermana, mi amiga y yo entrábamos al salón de meditación de la Asociación de

Investigación e Iluminación, en Virginia Beach, para pedirle a María por la salud de mi hermana. Nada nos sucedió allí, tan solo me envolvió una sensación de paz.

Esas Navidades fuimos a Nueva York para pasarlas con el resto de la familia. Mis suegros vivían en Nueva Jersey, así que mi marido y yo nos quedamos en su casa. El día de la Navidad, mi familia y yo pasamos el día en Nueva York y regresamos a Nueva Jersey tarde en la noche. Esa noche soñé que María venía y bendecía a mi hermana.

En el sueño, mi hermana y yo estábamos en un edificio con ventanas en arco. A nuestra izquierda había filas de sillas con personas vestidas de blanco. Creo que eran médicos. De repente, una luz entró por una ventana y se acercó a los doctores. La luz se volvió hacia nosotras y a medida que se acercaba vi a la Virgen María aparecer en ella. Entre más se acercaba la luz, más claramente se veía a la Virgen.

Se paró frente a nosotras. Sonrió y tocó a mi hermana en la cabeza. Luego dio la vuelta hacia la ventana y abandonó la habitación. Fui corriendo tras ella y en el mismo sueño le pedí, "Sí esto no es un sueño, por favor dame una señal". Cuando miré hacia la ventana, el cielo se había tornado en todas las variaciones de malva, violeta, lavanda y azul. Luego se encendió el cielo como con fuegos artificiales, las nubes empezaron a cambiar, vi formas de ángeles con trompetas anunciando la presencia de Dios y creo que vi a Dios, a mi amado creador. Me desperté llorando, tan como lloro ahora mientras le escribo.

Mi hermana aún está viva, luchando contra su enfermedad lo mejor que puede. Agradecemos su vida y sabemos que Dios está con nosotros. No sé qué le va a suceder. Pero no importa, ella estará bien.

Otra cosa más—cuando éramos niñas, mi hermana y yo le cantábamos a María el día ocho de diciembre. Es este día en mi país de origen, le celebramos a María su día con cantos y compartiendo comidas y dulces. Es una celebración importante para nosotros. Cuando vinimos a los Estados Unidos, olvidamos todo esto—eso es, hasta que volvimos a pedirle aquel día en la sala de meditación. (E.K.)

Angustiada y adolorida emocionalmente, E.K. salió a ayudar a su hermana y por ello se abrió a una sanación espiritual y su experiencia parece indicar que la Virgen María intervino. Está claro en su relato, que la aparente intervención de la Virgen no sanó a su hermana de una vez por todas. Si no se recupera, nos quedará la pregunta que le hizo Mickey a la Virgen María en su propio sueño: ¿Para qué? ¿Cuál es el propósito de la visión, si no para curar la enfermedad? Debemos recordar la respuesta de la Virgen a Mickey. Le dijo, *ella no vino a eliminar el dolor, sino a amar.* ella también indicó que el sufrimiento inevitable puede ayudarnos en el desarrollo espiritual. Su amor nos ennoblece para aceptar las lecciones inevitables de vivir y morir que nos llegan a lo largo de nuestra existencia.

Si el sufrir es parte del ser humano, obviamente el como vivimos entretanto, es lo que hace la diferencia. *El sentirse amado profundamente, puede hacer la diferencia en como vivimos entretanto.* Puede ser que la presencia amorosa de la Virgen María, no prolongue la vida en cada caso pero sí puede llegar a prevenir el sentimiento de desesperación y falta de sentido que nos agobian en nuestras horas más oscuras. Es fácil imaginar que Jesucristo sintió el amor de su madre mientras rezaba en su última noche.

Tratando de entender, porqué la Virgen María no curó de una vez por todas a la hermana de E.K.—o por lo menos tranquilizarla—debemos considerar otros factores que pueden determinar, si su intervención promueve la sanación del cuerpo, al tiempo con el innegable impacto que le proporciona al alma. En el Evangelio, muchas sanaciones debían completar el proceso iniciado por Jesucristo, así cumpliendo algo que Él indicaba. En una ocasión Jesucristo dijo a los leprosos que les contaran a los sacerdotes que habían sido curados; sólo hasta que lo hicieron, se dieron cuenta ellos mismos que estaban sanados (Lucas 17: 11-19). En otra ocasión, Jesucristo le dijo a un hombre ciego de nacimiento, que debía lavarse el barro que tenía en los ojos antes de poder restaurarle la vista: "Cuando Él habló así, escupió en el suelo, hizo barro con la saliva y lo untó sobre los ojos del ciego. Y le dijo, ve, lávate en la piscina de Siloe" (Juan 9: 6–7).

Sólo hasta que cumplió con el mandato del Señor, pudo el ciego darse cuenta que veía. Por esto podemos hacernos una pregunta después de una intervención de Jesucristo o la Virgen María: ¿Qué debo hacer para continuar el proceso que ellos han comenzado?

Otra razón para que un encuentro mariano permanezca indeterminado, tiene que ver con las limitaciones de su papel de mediación, al menos así está definido por siglos de teología católica y especulación mística: la iglesia la ve como mediadora de gracia, no como fuente. Ella es nuestra abogada en Cristo, quien luego puede o no "consentir en ser conmovido" por el pedido de su madre.

Una tradición dice que la Virgen María aboga por nosotros, aunque Cristo tal vez pueda rehusarse a "ser conmovido". Esta tiene sus raíces en el relato de las Bodas de Caná. Fue allí donde la Virgen le pidió a Jesucristo que suministrara vino para la fiesta.

> *Y cuando necesitaron vino la Madre de Jesús*
> *Le dijo, no tienen más vino.*
> *Jesús le contestó, ¿Mujer, qué voy a hacer*
> *Contigo? Mi hora no ha llegado aún.*

Su Madre les dijo a los sirvientes, cualquier
Cosa que Él les pida, háganla (Juan 2: 3–5).

Su resistencia y la callada persistencia de ella, nos muestran lo íntimo de su vínculo y como balanceaban entre ellos la visión de Jesucristo de su futuro con las preocupaciones tan humanas de la Virgen María en el presente. Ella se preocupaba de las necesidades inmediatas de los que la rodeaban, mientras Él se preocupaba por el propósito de Su vida y el momento propicio para revelar a otros sus designios.

Esta participación dinámica, entre el maestro espiritual y la mujer que suaviza su fuerza para el beneficio de otros que pueden sufrir por falta de amor y piedad, puede ser encontrada también en otras tradiciones. Es cierto, que la historia no se da cuenta del papel tan importante que juegan las mujeres, al ayudar a hacer una visión espiritual que de otro modo podría asumir formas más duras y menos amorosas.

Por ejemplo, en un momento crucial para los cimientos de la tradición budista tibetana, la esposa de Marpa el traductor, aseguró la transmisión de sus enseñanzas a su sucesor el gran gurú Milarepa. Sin su ayuda, probablemente Milarepa se hubiera suicidado o por lo menos habría abandonado su búsqueda.

Cuando Milarepa llegó a estudiar bajo el mando de Marpa, ya había cometido un error fatal para un aspirante a devoto: Él había usado la magia negra para matar a sus familiares malvados. Como ya lo sabía, Marpa asumió una actitud especialmente dura hacia su estudiante, aunque secretamente lo amaba más que a los otros. Le daba instrucciones a Milarepa de construir muchos edificios y tan pronto como terminaba uno, le pedía que lo rompiera, pues no le había prestado atención a sus instrucciones. Para hacerlo todavía más difícil para su estudiante, Marpa se negaba a dejar que Milarepa fuera a las reuniones, que le permitían recibir su grado formal de iniciación. Una y otra vez, Marpa lo golpeaba y regañaba frente a los demás y lo echó del templo. Más tarde en privado, Marpa se lamentaría por lo que tenía que hacer.

Durante este tiempo, la esposa de Marpa consolaba a Milarepa y abogaba por él. Aunque Marpa se ponía furioso por esto, los esfuerzos de la esposa sostenían a Milarepa y le brindaban esperanza en los momentos que tenía depresiones suicidas. Sin sus esfuerzos por suavizar la ira de Marpa, ninguno de los dos hombres hubiera podido cumplir su cometido. Marpa debía canalizar sus esfuerzos hacia la remisión del deseo de poder en Milarepa y a terminar con cualquier vestigio de orgullo personal, y Milarepa debía mantenerse firme en su deseo de adquirir las grandes enseñanzas de su maestro.

Así vemos que la Virgen María y la esposa de Marpa, intervinieron en momentos cruciales del desarrollo de dos movimientos espirituales nacientes. Asistieron a los fundadores en la humanización de su trabajo, con aquéllos que necesitaban su clemencia tanto como su sabiduría.

En algunas de las apariciones más conocidas, las comunicaciones de la Virgen sostienen esta visión tradicional de su papel esencial pero limitado, de acercar el poder sanador de Jesucristo a aquellos que sufren. Por ejemplo, en la famosa aparición de Pellerois en Francia en el año 1876, la Virgen María aceptó su desconocimiento sobre si la salud de Estelle Faguette mejoraría, o si por el contrario, moriría. Cuando Estelle agonizaba de tuberculosis pulmonar y ósea, la Virgen apareció junto a su cama y le dijo a Estelle que sí sobrevivía a cinco días más de sufrimiento, quería que ella difundiera su palabra. Estelle la oyó decir, "¡No temas! Sabes muy bien que eres mi hija. ¡Ten coraje! Se paciente. Mi Hijo ha consentido en conmoverse. Tu sufrirás cinco días más, para honrar las cinco heridas que Él sufrió. Para el sábado, estarás muerta o sana. Si mi Hijo te retorna la vida, quiero que difundas mi gloria por el mundo."

Como estamos acostumbrados a pensar que estos seres todo lo saben, nos confunde que la Virgen María sólo pudiera hablarle a Estelle de la *posibilidad* de curación. Nos hace pensar que el proceso está en manos de la voluntad de Jesucristo, donde la Virgen María no puede disponer. En la visión de Estelle, apreciamos a la Virgen como mediadora, más o menos como en las Bodas de Caná.

Queda claro, que la Virgen María conoce Jesucristo pero no lo ordena. En estas historias ni Jesucristo ni la Virgen aparecen como extensiones del otro; implícitamente la unión entre ellos se reafirma constantemente por consentimiento. Así es como las relaciones humanas funcionan bien: preservan la libertad de escoger de cada uno. Si la Virgen María y Jesucristo aparecieran ante nosotros como una sola voz, no existiría una relación entre ellos que nos enseña las virtudes de la cooperación, el amor y el sacrificio que son tan importantes en nuestras relaciones.

Hemos visto como el amor de la Virgen María, nos da fuerzas para enfrentar las dificultades que podemos desconocer cuando ella aparece. Sin saber que pronto su madre enfermaría gravemente, una mujer vio a la Virgen en un halo de luz.

Si es posible, quisiera compartir una experiencia que tuve. Aunque sucedió hace más de veinte años, se ha mantenido tan poderosa e influyente como si sucediera ahora mismo.

Estaba al borde de un sembradío de maíz, justo a la entrada del bosque. Adoraba este lugar escondido e iba cada vez que podía a sentarme en la tierra, abandonarme a mis sueños y fundirme con el mundo, también a hablar. Esta vez en particular, sentí una presencia sobre mí, así que alcé mis ojos. Al hacerlo, sentí que toda mi conciencia—tal vez todo mi ser—fue elevada a un nivel mayor, como si las vibraciones se volvieran concientes, o yo de ellas. Había un increíble zumbido y yo estaba intensamente conciente de cómo todo vibraba a una gran velocidad.

En una rama, justo sobre mí, vi como comenzaba a formarse un círculo de luz. La luz se concentraba más y más, al tiempo que irradiaba hacia fuera. En el centro de esa luz vi a María. Era pequeña y se movía hacia mí por la rama. El poder y la intensidad de la aparición era fenomenal, tanto que ni mi mente ni mi cuerpo podían abarcarlo. María evolucionó un instante en o sobre la rama y luego desapareció o mi mente se desconectó de la capacidad de armonizar con ella. Segundos después un ciervo salió del bosque (nunca había visto ciervos allí), y se me acercó mucho antes de huir rápidamente.

Me quedé coja y totalmente estremecida por el poder y majestad de la visitación, que muy dentro de mí sabía que venía directamente del Reino de los Cielos. El cuerpo se me sacudía con asombro, temor y éxtasis. Tenía miedo—no de María, que al ser omnisciente amaba sin condiciones—del poder de la energía. Sabía que si yo no hubiera estado protegida por mi apertura hacia ella, por decirlo así, hubiera ardido allí mismo, en ese mismo instante.

Unos meses más tarde, a mi madre le diagnosticaron un cáncer en estado muy avanzado. Toda la familia se hundió en la agonía de su sufrimiento y cambió por completo nuestra forma de ver la vida. Allí fue donde entendí porqué María había venido a mí. Había venido a prote-

germe, a confortarme y a confirmar su esencia, a llenarme
de amor mientras pasaba por una fase terrible, espantosa de
mi vida.

Desde esa experiencia, María me ha visitado con re-
gularidad. Nunca ha regresado como una visión externa.
Más bien aparece en momentos de visualización y me-
ditación. Cuando necesito una presencia que me com-
prenda, nutriente y amorosa, ella está conmigo. Confío en
que siempre estará, me guiará y me acompañará, cada vez
que yo me sienta desesperada, confusa o insegura. Estoy
completamente segura que todos estamos bajo su protección
y contamos con su amor y me siento bendita por saberlo.
(A. T.)

La experiencia de A.T. con la Virgen María, sugiere que mientras su presencia le ofrece una sensación duradera de paz, este don es
siempre comparable a los retos que vendrán. Tal como personas que
dicen haber recibido ayuda financiera, justo antes de pérdidas ines-
peradas, como si la Virgen viniera a prepararnos y a protegernos de
la pérdida de la esperanza que sobreviene en momentos de crisis y
desesperación.

Informes de visionarios de apariciones bien conocidos, tienen
gran parecido al encuentro de A.T. con la Virgen María. Describen
una atmósfera electrificada y un cambio radical de conciencia, justo
antes de que aparezca la Virgen. Los niños de Fátima oyeron un
trueno antes que ella se acercara en una nube de luz para posarse
sobre un árbol. Como vimos anteriormente en este libro, Ron Roth,
cura sanador de visita en Medjugorje, fue arrojado al piso de rodillas
ante la presencia de la Virgen María. El poder de su presencia, es una
característica bien conocida de los encuentros marianos.

Puedo asegurarlo por mi propia experiencia. Por ejemplo, la

otra noche soñé que estaban conmigo Mickey Lin y nuestra amiga M.B. Nos dimos cuenta que la Virgen iba a aparecer y nos quedamos en el sitio que nos pareció apropiado para su llegada. De pronto sentí mi mente abierta a ella, la atmósfera se electrificó y se sentía en influjo avasallador de su amor y poder. Cuando apareció ante nosotros, grité jubiloso, "¡María"!, y me desperté, sabiendo una vez más que si hubiera permanecido callado, la hubiera visto por más tiempo. Sin embargo, de todas maneras sentí una comunión con ella por un momento que guardaré para siempre.

La gente que no es feliz en su matrimonio, puede con el tiempo considerar la posibilidad de mantenerse y sacar lo mejor posible o separarse. Con pocos obstáculos legales y sociales para divorciarse, muchos deciden seguir el sueño de mejorar su vida solos o con otra pareja. Como terapista estoy convencido que cada situación es diferente según las necesidades de crecimiento personal y por ello no se debe juzgar la elección de cada uno ni la guía que se dé, que debe ser acorde a las necesidades propias. Terminar un matrimonio puede ser una decisión difícil y solitaria. La persona que nos relata su historia a continuación lo sabía.

> *El último verso de la canción "Mi rosario" dice, "Esforzarse hasta aprender a besar la cruz". Esa línea encierra una complacencia casi predestinada a aceptar la voluntad divina. En el año 1956, tuve una experiencia que me llevó a aceptarla.*
>
> *Corría el mes de marzo, bastante tormentoso, cuando mi esposa y yo comenzamos a tener problemas sexuales, motivados por su enfermedad. Estábamos a un paso de romper*

nuestra relación, cuando me tocó aceptar un trabajo lejos de casa.

Una noche de tempestad, me había ido a la cama, en el hotel donde me estaba hospedando, cuando hubo un apagón en un área bastante grande. Sin saberlo, desperté en una habitación llena de luz. Miré a mi alrededor y vi a Nuestra Santa Madre, medio sentada en el tocador contiguo a mi cama. Balanceaba un largo rosario de su mano derecha, con el crucifijo sostenido de la palma de su mano. Yo sentí la necesidad de besar la cruz y así lo hice. Ella sonrió—una bendición—y desapareció. La luz también se fue. No hay necesidad de decirlo, no pude volver a dormir, me quedé acostado dando vueltas y pensando.

Hubiera tomado todo como un sueño excepto por una cosa. A la mañana siguiente, el dueño del hotel me alcanzó en las escaleras y me preguntó por el resplandor en mi habitación. Estremecido le dije, que debía haber sido mi linterna y él quedó satisfecho. En esos momentos él estaba en la calle, preguntando a los obreros cuanto tiempo más permaneceríamos a oscuras, cuando había visto mi habitación inundada de luz.

Pocos días después terminé el trabajo y regresé a casa—sin ningún deseo de separarme. Por cerca de treinta años la cuidé, y al fin, murió.

Lo sucedido cambió mi vida por completo. Desde esa noche, he estado al servicio de aquellos que necesitan ayuda. No lo hago en ningún sitio en especial, simplemente sirvo a los que aparezcan en mi vida diaria. A ellos les he dedicado mi vida entera. Doy sin pedir recompensa. Sólo doy. (C.H.)

La respuesta de C.H. al ofrecimiento de la cruz tenía dos caras; aceptar la dureza de su relación *y* experimentar la dicha de rendirse a un camino de servicio. Por esto, el permaneció libre del resentimiento y el arrepentimiento, que muchas veces acompañan la decisión de permanecer en una relación difícil.

Podemos concluir que la Virgen María se le apareció a C.H. para darle el valor de mantener su matrimonio, aunque el besar la cruz puede significar un compromiso más importante y fundamental. Su acto de sumisión, puede haber cimentado un vínculo *con Cristo a través de la Virgen María,* que desde ese momento reemplaza cualquier otra relación, incluido su matrimonio. Desde ese punto de vista, su acatamiento a la invitación de la Virgen le ata a Cristo sin quitarle por ello la libertad de elegir el curso de su vida sin arriesgar su relación con Dios. De la misma forma, le dio fortaleza para sobrellevar voluntariamente una vida excesivamente sacrificada, si se observa desde el punto de vista de alguien con menos compromiso espiritual.

En la iglesia católica, la Virgen María siempre señala hacia Cristo, y se encuentra justo por debajo de Él en la jerarquía divina, como nuestra abogada ante Él. En otro nivel, ella nos entrega algo suyo,—su propia *experiencia*—que nos inspira y consuela, mientras experimentamos las alturas y profundidades de la vida terrena. A través del siguiente relato de un encuentro mariano, podemos ver como la *empatía* de la Virgen, nacida de su propio conocimiento, puede ser sanadora en nosotros en tiempos de grandes pérdidas.

Perdí a mi padre hace un año y un día, desde entonces he rezado el rosario más devotamente, aunque antes de su muerte, lo rezaba semanalmente con un grupo. Dentro de mi práctica católica, es común ofrecer la Sagrada Comu-

nión al ser querido que ha muerto o a las almas en el pur-
gatorio. Un día, estaba de tercera en la fila para recibir la
comunión y había una estatua de María a mi izquierda.
Silenciosamente ofrecí la comunión que iba a recibir por mi
padre y oí claramente la voz de una mujer de edad que me
decía, "Yo también perdí a alguien. Perdí a mi Hijo". En
ese momento fue mi turno para la comunión, alcé mis ojos
y vi a Jesús en la cruz y supe quien me había hablado.

Días después, mientras rezaba el rosario en la tumba
de papá, vi lágrimas cayendo sobre la lápida—y no eran
mías.(K.C.)

Cuando la Virgen María viene a nosotros—en nuestras propias experiencias o a través de relatos del corazón, de otros—puede parecer sorprendente que ella nos dé a besar una cruz o un pesar para recordar. Pero a través de su presencia, aprendemos que el sufrimiento tiene un significado esencial en nuestro desarrollo, tal como lo tuvo en su vida como Madre de Jesucristo. También nosotros debemos aprender que siempre hay algo que recibir y algo que dar, antes que podamos aceptar totalmente el gran destino que nos espera.

La otra noche, en nuestro grupo del rosario, consideramos los Misterios Dolorosos—aquellos eventos que llevaron a la Crucifixión—durante la oración, muchos de nosotros lloramos mientras contemplábamos las últimas horas de Jesucristo y la vigilia de su Madre al lado de la Santa Cruz. Una mujer, A.G. había tenido encuentros con la Virgen María en varias ocasiones. En una, ella venía a la habitación en una niebla blanca brillante. Estaba vestida de gris y se veía triste, pero dio una vuelta alrededor de nosotros, bendiciendo a cada uno, antes de desaparecer en la niebla. Otra mujer, M.B. no vio nada pero sintió la presencia de la Virgen. Se sentó sola cuando ya la meditación había terminado. Fui a ella y le pregunté que estaba haciendo. Casi no podía hablar. Estaba muy triste, pero un estado de profunda gratitud también.

"Ella estuvo aquí ésta noche y yo sentí su presencia", dijo con una emoción profunda. "Vino a decirle adiós a su hijo".

"No sé como lo logró", dijo A.G.

"Yo tampoco", contesté.

Oración de consagración al Corazón Inmaculado de María

Oh, Purísimo Corazón de María, lleno de gracia, mostradnos Vuestro Amor. Dejad que la llama de Vuestro corazón, Oh María, descienda sobre nosotros. Os amamos inmensamente, imprimid en nuestros corazones el verdadero amor, para que podamos anhelar estar con Vos. Oh María, gentil y humilde de corazón, recordadnos cuando pecamos. Vos sabéis que todos los hacemos. Aseguradnos que a través de Vuestro corazón puro y maternal seremos sanados de nuestras enfermedades espirituales. Aseguradnos que siempre podremos experimentar la bondad de Vuestro corazón y que a través de su llama seremos redimidos. Amén.

Cómo entregarse

Aquéllos que continúan son los espíritus
Grandes y fuertes, que no buscan saber,
Sino que son guiados a ser.
—EVELYN UNDERHILL

demás del sufrimiento físico y espiritual, otras clases de pruebas esperan a muchas personas que siguen un camino espiritual. Esta forma de sufrimiento espiritual, nos aflige más intensamente cuando, después de haber elegido entregarnos a Dios plenamente, nos damos cuenta que nuestro comportamiento y nuestras actitudes anteriores, comprometen nuestra capacidad de servir.

Aunque en el pasado, muchas debilidades de carácter pudieron no haber sido impedimento alguno para nosotros, ahora son un peligro que debilita el cumplimiento de nuestras promesas. Respondiendo a nuestra necesidad de entender y resolver éstas actitudes y comportamientos negativos, Jesucristo y la Virgen María pueden venir a nosotros, como maestros amorosos pero firmes, que nos retan a dejar de hacer muchas de las cosas que antes nos parecían aceptables.

Jeff, el hijo de Mickey, tenía solo catorce años cuando tuvo tres visiones; el tenía un compromiso espiritual extraordinario para un chico de su edad. En la iglesia católica había sido monaguillo y ya meditaba por su cuenta. Se le conocía entre sus amigos como el que se quitaría la camisa para ayudarles. Tal vez por esto, él "calificaba" para éste llamado, que generalmente se reserva para aquellos que han tenido más tiempo para erigir barreras a su relación con Dios.

Hace dos años, cuando Mickey y yo nos sentamos con nuestros dos chicos para conversar sobre experiencias espirituales. Unos meses antes, Ryan nos había comentado que en un sueño había tenido un encuentro con Jesucristo, en el pasillo a la salida de su habitación. Aquel día fue el turno de Jeff, y nervioso nos contó acerca de su primera visión. Dijo que fue despertado a medianoche por una presencia radiante al pie de su cama. Se asustó y quiso esconderse debajo las sábanas. Pero el ser que se le apareció como un ángel con alas y todo, le pidió que no tuviera miedo de ella. Siguió impulsándolo a enfrentar sus temores y a tener cuidado.

Unas semanas después de haber compartido ésta visión con nosotros, Jeff visualizó otro ser al pie de su cama. Él y su novia se habían peleado la noche anterior y él se había acostado molesto. Tan pronto como se durmió, observó una luz velada en la habitación, abrió los ojos y vio una luz cerca de la cama. Esta vez la voz fue masculina y le dijo nuevamente que enfrentara sus temores, preparándose para alguien que le llegaría a la vida.

Jeff se preguntaba si sería otra novia, pero dos meses más tarde, se dio cuenta que el ángel se refería a alguien más.

Habíamos llegado a nuestra cabaña en las Montañas Azules— un lugar donde he tenido profundos sueños espirituales. Cuando Jeff se durmió, fue despertado otra vez por una luz que él describe tan brillante como cinco lámparas halógenas juntas. Una figura emergió de la luz. Cuando se le acercó, Jeff vio que era una mujer, muy parecida a la estatua en cerámica que Mickey había hecho recientemente. Era la Virgen María; se veía viva y real para Jeff. Llevaba una capa con capucha azul celeste, le llegaba hasta la cintura su cabello color amarillo arena. Bajo la capa tenía una túnica con un brillo tornasolado como de arco iris. Cuando le habló a Jeff, le pidió que superara sus temores. El aún no entendía a que se refería. Luego le dijo que ella siempre le cuidaría y que no debería temerle. Le pidió que regresara a la iglesia y a su fe, cosa que él ya había hecho. Luego le pidió que estuviera listo. Mientras él se preguntaba ¿Para qué? Oyó una voz decir, "El fin". La luz desapareció y la Virgen se desvaneció lentamente.

A medida que crezca, Jeff revisará estos encuentros; tal vez la Virgen María no se le aparezca nuevamente, pero él de todas maneras se preguntará si está cumpliendo con lo que ella le encomendó. La pregunta, ¿Estoy listo? Seguramente se le presentará en las múltiples etapas de la vida.

No hace mucho tiempo, Mickey Lin tuvo un llamado semejante para arreglar un problema en su vida espiritual. Se despertó en la mitad de la noche, viendo una "cortina de energía que se movía" en la entrada de su habitación. Oyó una voz fuerte decir, "¡Levántate, que Él viene"! En sus propias palabras, lo siguiente fue lo que sucedió.

Sentí mi cuerpo astral levantarse como respuesta a esa orden, aún cuando mi cuerpo físico permanecía dormido. Luego vi al Maestro al otro lado de la puerta, con una expresión muy triste. Le rogué que entrara, pero rehusó. Dijo, "Me duele el corazón, pues te niegas a retirar de él las espinas. Tus pensamientos te retiran de mi devoción". Sentí una gran vergüenza y tristeza, pues sabía exactamente a que se refería.

De inmediato, crucé la habitación para arrodillarme a sus pies pidiendo perdón. Se agachó, me puso de pie y me abrazó. Luego dijo, "Te amo por tu corazón de niña—por amar sin condiciones". Esto fue todo lo que oí de viva voz, pero luego entendí, sin oír el resto. "Tu deseo de venganza muestra tu falta de confianza en mí, más tu continuo deseo de amar con un corazón dolorido, es un gran honor y dedicación para mi corazón".

Justo antes de la visión, Mickey había logrado reprimir su preocupación por el juicio ajeno. Encontró que podía hacer lo que le parecía correcto sin defenderse de la crítica. Dejaba que la gente creyera lo que quisiera acerca de ella. Sin embargo en el momento de ésta visión, se había sentido agredida por personas que la criticaban, desde sus propias heridas emocionales y había sentido la necesidad de agredirlas a su vez. Aceptando estas fantasías, se dio cuenta que perdía temporalmente el sentido de libertad y desapego que una vez logró. Esta experiencia con Cristo, la impulsó a reprimir el deseo de responder a aquellos que le hicieran mal. Afirmando las cualidades que asociamos con la Virgen María, Jesucristo le recordó a Mickey la calidad del vínculo de creación conjunta, que podría tener con Él— si ella sometía ese deseo natural de buscar venganza.

Cuando nos llama el Espíritu Santo a hacer más con nuestras vidas, parece que una hueste de mensajeros, nos confrontarán con las formas en que hemos comprometido nuestros más altos ideales. Virtualmente todos intentan "pesarnos en la balanza y encontrar que nos falta". Este llamado parece no tener fin y puede sentirse como un castigo, pero la evolución dolorosa trae bendiciones disfrazadas. El proceso de confrontación nos ayuda a encarar y resolver los eventos—así como Mickey Lin necesitaba responder a sus detractores—esto se situaba entre nosotros y la aceptación más completa del llamado espiritual. Presumo que hay individuos extraños, que están dispuestos a entregarlo todo en su búsqueda de la comunión espiritual y la plenitud. Por esto encaran muy poco de la lucha que enfrentamos los demás, ya que es difícil apartarnos de nuestras costumbres y por ello no abrazamos el proceso de entrega con gentileza. C.S. Lewis decía, no aceptamos aunque compartimos nuestro llamado espiritual, como paga sus impuestos un hombre honrado. "El los paga, pero espera que le sobre suficiente para vivir". Lewis subraya, que la vida espiritual es a su vez más dura y más fácil: Cristo dice, "Dámelo todo."

La vida de Henry Suso, el místico dominico alemán del siglo trece, nos provee un maravilloso ejemplo de cómo el Espíritu Santo trabajará con nosotros para eliminar cualquier obstáculo que impida nuestra comunión con la divinidad.

Suso era un visionario asceta renombrado—tan virtuoso como uno quisiera ser. Experimentaba visiones estáticas, demostraba devoción ferviente y pasaba largas horas en comunión con la "Verdad Eterna", como él la llamaba. Evelyn Underhill, autora de un tratado clásico del misticismo cristiano, *Misticismo,* dice que Suso fue, "artista y recluso al mismo tiempo, totalmente impráctico, soñaba todos los sueños del mundo de los hombres".

Un día mientras oraba, sintió que dejaba su cuerpo y encontró a un hombre joven. El hombre le dijo a Suso que había hecho tan buen trabajo en la "primaria", que ahora sería admitido en la "secundaria". Suso estaba encantado, aunque no conocía el significado de ésta oportunidad. Él llevó a Suso a la presencia del maestro, quien le dio la armadura y las espuelas de caballero. Siendo un hombre humilde, Suso se negó diciendo que no había ganado espuelas en batalla. El maestro sonrió y dijo, "¡No tengáis miedo, tendréis batallas a granel"! Luego el maestro le pidió que cesara, en las extenuantes disciplinas que practicaba. "De ahora en adelante", dijo el maestro, "*él* haría los exámenes".

Suso siguió las instrucciones y esperó, pensando en cuáles serían las lecciones que la "secundaria" le traería. Algunas semanas más tarde comenzó la prueba. Una mujer embarazada fuera del matrimonio, acusó a Suso de ser el padre del bebé aún por nacer. La armoniosa existencia anterior de Suso, sin el peso de la vida diaria, fue sacudida por esta acusación. No entendía porque la mujer lo acusaba de tan terrible pecado, y luchaba con la profunda sensación de ser una víctima. Su paso por esta prueba, le permitió dos actos de profundo coraje. Otra mujer de la comunidad le vino en secreto, ofreciéndose a matar el bebé como favor. Suso le pidió que le trajera al bastardo, pues su curiosidad y compasión le inducían a conocer la fuente de sus problemas, la tortuosa mujer consintió. Cuando Suso se alzó hacia el bebé, sintió tanto amor por él que decidió reclamarlo como suyo y cuidarlo de allí en adelante. Naturalmente, su generosidad sirvió sólo para confirmar los rumores de su paternidad. Años de enredo siguieron, hasta que Suso por fin decidió dejar de preocuparse por su bienestar. Entregando cualquier control que tuviera su vida, esencialmente dijo—como la Virgen María había dicho—"Hágase en mí de acuerdo a Tu palabra". De allí en adelante, la situación mejoró sensiblemente. Su humanidad había sido despertada y reunida—a través de su calvario—con su santidad anterior que nunca había sido puesta a prueba.

Toda tradición espiritual, ya sea cristiana, judía o budista, tienen como corazón el punto de dar todo, y mientras el concepto de un compromiso total puede hacernos sentir ansiedad, también puede ofrecernos un sentimiento de profundo alivio. Creo que muchos de nosotros pensamos a veces, en como sería dejarnos ir completamente y seguir el llamado. Esta música distante nos llama dulcemente, pero la razón se interpone, lanzándonos imágenes terribles de pobreza, inestabilidad mental, alineación social y soledad emocional ante el nivel de compromiso. No tardamos mucho, antes de reafirmar el statu quo y comenzar a dar de nosotros justo lo necesario, para obtener un modesto sentimiento de virtud.

A la larga, muchos descubrimos que no nos podemos esconder de este llamado para siempre. Tal como Henry Suso lo descubrió, el Espíritu Santo nos arranca todas las cosas de las que nos agarramos—miedos, aflicciones, credos limitantes que aunque nos parecen triviales, están en nuestro camino evitando que abracemos completamente la vida en comunión con lo divino. Si llegamos a ser afortunados, aprenderemos sobre estas barreras a tiempo para hacer algo al respecto—antes de encontrar al Maestro y darnos cuenta, como lo hizo Mickey Lin, que hay mucho trabajo por hacer antes que el Espíritu de Cristo entre por completo a nuestras vidas.

En muchos relatos de encuentros con la Virgen María que he conseguido durante mi investigación, los receptores describen no sólo haber encontrado a la Virgen "allá afuera", sino también haber entrado con ella en un proceso de imitación, interiorización e incorporación de su ser en el de ellos. A medida que avanzan a la completa identificación con ella, también deben encarar y resolver las barreras que impiden esta transformación, generalmente en la forma de creencias y miedos no enfrentados. En los encuentros descritos en este capítulo y en el próximo, experimentaremos por substitución que se siente al ser requerido por la Virgen María, *para sufrir y ser más como ella,* aceptando y sometiendo estas limitaciones. Veremos como este proceso continúa en el siguiente capítulo, hasta el punto en que algunos receptores pueden decir con razón que la Virgen ahora vive dentro de ellos, a través de ellos, y hasta *como ellos*.

El sobrio encuentro de Mickey con Jesucristo, le demostró a ella las formas en que le había fallado, al reaccionar vengativamente hacia aquellos que la habían herido. En la visión en sueños que se describe aquí, la Virgen María confrontó otras limitaciones de pensamiento de Mickey Lin en una forma gentil y casi juguetona.

La angustia emocional y financiera que conlleva la unión de dos familias muy diferentes, nos trajo un gran desequilibrio e inseguridad. Me encontré dudando de mí misma como nunca antes y creo que por esto María vino a mí con un mensaje consolador.

En mi ensoñación, comencé a girar en la oscuridad. En medio de esta negrura apareció un globo. Me pareció como una vista de la Tierra desde el espacio exterior. Fui hipnotizada por los tonos profundos de azul y verde. Concentrándome en el centro, empecé a ver dos ángeles arrodillados, mirándose. Pensé que rezaban y me pregunté por qué. Entonces la más radiante luz blanco azulada apareció entre ellos. Resultó ser una mujer muy blanca, que usaba un hábito blanco con un ceñidor azul.

Esta mujer me sonrió con aceptación y de manera amorosa. Desde ese globo de elegancia y belleza, extendió su mano hacia mí y dijo, "Toma esto y ora conmigo". Me entregó su rosario, hecho en su totalidad con perlas blancas ovaladas, de río. Quedé abrumada por el precioso regalo. Mientras observaba maravillada el regalo, un pensamiento se hizo presente: ¿No se suponía que debería ser una sola perla? Silenciosamente me dije que todas estas perlas, de-

bían ser un error. El ese momento le oí decir en tono de reprensión, "¡Niña querida, tú no eres una limitación"!

De forma sutil, la Virgen María le transmitió a Mickey Lin una sensación de abundancia, cuando ella tenía miedo de no saber como ganarse la vida. La Virgen no le dio dinero, significativamente le dio un rosario, donde cada "capullo" representa un *Dios te salve María*—una oración por la abundante gracia y protección que podemos recibir a través de la Virgen María. Así el regalo de la Virgen le confiere a Mickey Lin una abundancia de *gracia,* de la cual todo lo demás fluirá. Todo esto aparentemente suspendido de la respuesta de Mickey—quiere decir si Mickey aceptaba el regalo y se unía a la Virgen María en la oración.

Las perlas también pueden representar el espíritu con el que uno reza el rosario. Todos sabemos que la mente divaga mientras se rezan oraciones repetitivas, pero también es cierto que cuando esas oraciones son emparejadas con sentimientos encauzados, pueden profundizar nuestra experiencia de la presencia divina como ninguna otra cosa. A la luz del énfasis histórico de la Virgen sobre el rosario en general y acorde a sus mensajes de rezar con más sentimiento, su regalo a Mickey tiene sentido. Cada perla revela un bello brillo, que sólo se puede obtener aplicando capa por capa de lustre alrededor de un grano de arena—el mismo movimiento que hacemos al darle vuelta a la camándula. Al rezar el rsario, se combinan la repetición con la concentración, para lograr que nuestros sueños deriven a una belleza notable: El grano de arena que representamos en el gran esquema de cosas toma una nueva identidad en el tiempo.

Cuando Jesucristo llamó a sus discípulos, lo hizo conociendo sus debilidades y faltas. Aún así eligió enseñarles y eventualmente, los comisionó para hacer su trabajo. Cuando consideramos como eligió a esos hombres, *a pesar de* sus faltas, debemos preguntarnos que descubrió Jesucristo en ellos, para saber que le servirían de todas maneras. Así, ¿cómo supo Cristo que san Pablo Apóstol se convertiría en el discípulo que fue? Podemos preguntarnos también, si hay algo en nosotros que encubre las limitaciones, que de otra manera cerrarían el camino de servirle a Él. ¿Somos como Mickey, poseemos un corazón de niño que puede redimir a sus ojos nuestras faltas? O, ¿hay otras virtudes que coexistan con nuestras fallas de carácter y voluntad?

Un hombre que fue infiel a su esposa durante veinte años de matrimonio—y que rechazó también a Dios—volvió sus ojos a la Virgen María y al rosario por pura desesperación. Después de rezar el rosario diariamente por tres semanas, Jesucristo vino a él a pesar de todo lo que había hecho para negarlo a Él.

> *Fui criado en un hogar muy religioso y católico, donde la devoción a la Santa Madre me fue enseñada. Los niños nos reuníamos en la noche para rezar el rosario con nuestra madre.*
>
> *A la edad de nueve años, me convertí en monaguillo y más adelante entré al seminario a estudiar para ser cura. Aproximadamente un año antes de entrar al seminario, mi hermano de quince años murió de leucemia después de una hospitalización de tres semanas. Su muerte me aniquiló. Nadie era tan cercano a mí como él y aún hoy siento el dolor de verle morir en el hospital. Al septiembre siguiente, comencé mis estudios para el sacerdocio, esto me deprimió aún más. Pasó el tiempo y dejé el seminario. Cada día me deprimía más, y pensar en el suicidio prevaleció en mí.*
>
> *Al año de haber dejado el seminario, comencé los*

estudios de pregrado. Con mi depresión vino la rabia. Cada día estaba más enfurecido con Dios. Con el tiempo abandoné la iglesia y la misa y comencé a estudiar el budismo. Mis estudios y la práctica del budismo duraron cerca de quince años. La meditación se convirtió en la forma de lidiar con el dolor que existía conmigo. Nunca me centré en Dios, fue meramente utilitaria.

Durante estos años en que traté concientemente de eliminar a Dios de mi vida, mi Santa Madre continuó halando y empujando para que yo regresara a la iglesia. Un día el temor de Dios fue suficiente para llevarme a rezar el rosario. Recé durante tres semanas y mi vida cambió.

Ese día en particular, iba camino a casa, y súbitamente fui tirado al piso. Comencé a llorar intensamente sin comprender. Oí una voz interna que me repitió tres veces claramente, "Puedes vivir tu vida como quieras, pero ya no puedes negarme más." Tuve la seguridad de que era la voz de Jesús y esto me conmovió hasta lo más hondo de mi ser. Nunca sabré con exactitud cuanto tiempo permanecí en el piso ni cuanto tiempo lloré, pero la experiencia es la más profunda y transformadora de mi vida.

No diré que llevaba una vida ejemplar, la única parte de mi vida que había cambiado era que rezaba el rosario.

Hoy le estoy eternamente agradecido a nuestra Santa Madre, por haber intercedido por mí ante Jesús para la salvación de mi alma. Sé con certeza que la Madre de Jesús y su Hijo aman a cada uno de nosotros, más allá de nuestra comprensión humana. No dudo que quien se acerca a María, también se acerca a Dios.

Espero que mi experiencia, ayude a otros a entender que hay una verdadera madre disponible para nosotros en

María, que nos lleva en sus brazos ante Cristo, su Hijo.
(B.F.)

El encuentro con Cristo de B.F. le tomó completamente por sorpresa y le dejó con un claro mandato de cambiar su vida. De todas maneras, la poderosa autoridad de Cristo, es suavizada por su aceptación de la libertad de elección de B.F. De todas maneras lo deja en libertad de hacer lo que quiera, *menos negarlo.* Tal vez Jesucristo reconoció en B.F.—como lo hizo con san Pablo—una capacidad de servirle, a pesar de las elecciones concientes que había tomado hasta ahora. Ya sea que su capacidad provenga de un corazón de niño o de una inclinación radical por la honestidad, parece que aún el más malo de nosotros, posee alguna cualidad redentora que el Espíritu de Cristo utiliza para fomentar el amor.

En un capítulo anterior, R.S. vio a la Virgen María aparecer sobre el auto de su madre y le aseguró que la protegería en su viaje a casa. Esta curiosa intervención, confortó a R.S. y cimentó un vínculo entre ella y la Virgen, que tal vez se tuvo en cuenta para posteriores encuentros cara a cara con otro mensajero divino. Esta vez fue Jesucristo el que se le apareció para decirle que "ella no estaba donde Él quería que estuviera".

Al comienzo de los años 80 mi vida era un remolino. Tenía dos niños preciosos, un hogar bello y un esposo al que amaba, pero que era un atormentado veterano de la guerra de Vietnam, que se había volcado al alcohol para tratar de manejar la locura de la guerra. El no admitía ser alcohólico y no aceptaba tratamiento. Yo era infeliz, pero vivía con la esper-

*anza que mi esposo volvería a la sensatez. Mis necesidades
estaban siendo descuidadas y era un desecho emocional.*

*En el contexto de mis penas, un feligrés de mi iglesia
se me acercó para proponerme un idilio. Dijo que sentía
atraído hacia mí desde hacía un tiempo, que tenía un matrimonio infeliz y que sentía que yo también era infeliz. Era
encantador y me hacía reír. Le dije que lo pensaría y le de-
jaría saber mi decisión en unos días.*

*A la mañana siguiente yo estaba sola, pues mis hijos
estaban en el colegio y mi esposo en el trabajo. Estaba en la
cocina lavando mi cabello en el fregadero; tenía la cabeza
bajo el agua corriente y supe que había alguien más en la
cocina conmigo. Saqué la cabeza de debajo del chorro, el
agua del pelo escurría por mi ropa y mojaba el piso de la
cocina.*

*Me di vuelta y ¡allí, en mi cocina estaba Jesús!, ¡Pre-
cioso Jesús! Inmediatamente caí de rodillas y comencé a llorar sin control. Dije su nombre una y otra vez—"Jesús,
Jesús"—con mi cabeza inclinada. Su poder me hizo levantar la cabeza y vi dos manos estiradas. Me dijo, "No estás
donde Yo quiero que estés".*

*Nunca había sentido tanto amo. Me sentí tan poco
merecedora de esta visita. Su amor era tan divino que no
encuentro las palabras para describirlo. Noté su toque en mi
cuerpo, alma y espíritu; ¡fue maravilloso! Le pedí que me
ayudara y me perdonara. Luego me di cuenta que se estaba
desvaneciendo—que se alejaba de mí. Le rogué, "¡Por favor,
no te vayas; haré cualquier cosa si te quedas. Por favor, no
te vayas"!*

No sé cuánto tiempo estuvo el agua saliendo de la

llave, ni cuanto tiempo pasó. Sólo sé que el ruido del agua me sacó de mi ensueño y me regresó al presente. Había agua por todo el piso y mi ropa estaban empapada. Estaba rendida y anhelaba lo que había experimentado. Me sentía muy triste porque se había ido.

Entnces, interpreté las palabras de Jesús, como un mensaje para no aceptar el idilio y así lo hice. Luego entendí que sus palabras tenían un significado más profundo. Comencé a entender que no podría convivir más con el alcoholismo. Pedí consejo al ministro de mi iglesia y comencé a asistir a A.A. (Alcohólicos Anónimos), un programa de ayuda de doce pasos para las familias de alcohólicos. Conseguí la fortaleza para separarme de mi esposo y fui con mis hijos a donde un terapista que resultó ser la persona exacta que necesitábamos. Años más tarde, regresé al colegio después de una ausencia de veinte años y comencé a comprender los dones psíquicos que habia recibida desde que era una niña. Me gradué en psicología, planeando trabajar en el ramo de salud mental.

Pero Dios tenía otros planes. ¡Hoy soy directora de un programa para pacientes con abuso de drogas! He encontrado muchos veteranos de Vietnam. Ahora estoy de regreso a la universidad, para hacer un estudio especial sobre el abuso de sustancias o una maestría; el espíritu aún no ha tomado una decisión.

Sé sin lugar a dudas, que las palabras de Jesús cambiaron mi vida por completo y continúan influenciándola. Me dieron la fortaleza para cambiar de dirección. Y Su visita fue tan preciosa que todavía se me es difícil descubrirla. Insisto en que nunca sentí tanto amor. Tan indigna como me sentí, se que Dios tiene una misión para mí.

*El vio algo en mí que ni yo misma podía ver y me honró con
una visita de su Hijo.*

*Siento de tantas maneras que apenas acabo de comen-
zar. (R.S.)*

A partir de la visita de Jesucristo, R.S. tomó una serie de decisiones. Deseando cambiar la dirección de su vida, ella activó su capacidad de servir a otros. Otra vez, vemos como Jesucristo no
especificó que cambios eran necesarios. Le dio confianza total en la
tarea de seguir su propio rumbo. Pero estas intervenciones tan
dramáticas, no dejan duda ninguna sobre la necesidad del cambio.

De todos los retos que tuvo que enfrentar la Virgen María en
su vida, la pena fue el mayor. Hay quienes dicen que su dolor fue
mínimo, pues sabía que Él resucitaría de entre los muertos. Muchos
de nosotros, encontramos difícil imaginar que ella experimentase
algo menos que el sufrimiento más cruel al verlo morir. En las visiones de la vida de la Virgen que tuvo Catalina Emmerich, observó
la angustia que experimentó la Virgen María el resto de su vida, por
el anhelo que sentía de volver a estar con Él.

Sabiendo que la Virgen María indudablemente sufrió
muchísimo, nos damos cuenta de su fuerza como inspiradora para
dejar de sufrir. ¿Pues qué mejor fuente de inspiración que la de
aquélla, que ha manejado una prueba similar con gracia?

La mujer que experimentó el encuentro con la Virgen María
descrito a continuación, se ha unido a un hombre que personifica
para ella todos los atributos de Cristo y del que ella ha dependido,
en la medida en que le escribió cartas con todas sus penas y
esperanzas.

*He mantenido correspondencia con "M" por muchos meses.
Sin darme cuenta me sucedieron dos cosas que me hicieron*

*tambalear. Desarrollé una necesidad muy grande de trans-
ferirle mis necesidades y estaba confundida con todo lo que
me sucedía, buscaba en él la guía y ayuda que debía de
haber buscado en Jesús. Lo que hice a "M", fue algo muy
duro y egoísta y estoy muy apenada por ello. Con justicia y
gran respeto, él siempre fue muy bondadoso, generoso y paciente conmigo.*

*Lo que sucede es que yo soy una persona muy efusiva.
Dios me ha dado dones muy bellos y expresivos, pero yo he
sido como un canario enjaulado y mudo—siempre en-
varado y con miedo de cantar. Pero con la bondad y la
gentileza de "M"—lo mismo que con la inspiración de sus
excelentes escritos—me sentí segura y comprendida. Sentí
que me oía y le interesaba, pero con más de mil millas entre
nosotros y tomando en cuenta el desequilibrio y la confusión
en las que yo me encontraba, no comprendí realmente la
realidad de la situación ni la naturaleza de nuestra amistad. Finalmente, él hizo algo sabio al decir, "Basta ya", y no
volvió a escribir. Me sentí muy dolida y no podía dejar de
llorar.*

*Allí estaba yo llorando y gimiendo. Se volvió algo
crónico. Entre más lloraba, más se trastornaba el precario
equilibrio que tenía. Me sentía muy frágil y como desconec-
tada de mi cuerpo. Sentía que perdía el control.*

*Una mañana en las primeras horas, estaba como
media despierta. Era algo lúcido—esto es, estaba conciente
de la cama y las cobijas. Pero también conciente de experimentar un estado alterado de conciencia; tenía la sensación
de algo suave y aterciopelado dentro y a mi alrededor y me
encontré susurrando en un tono bajo, "¡María! ¡Preciosa
María!"*

Enseguida en mi mente, vi mi máquina de escribir. Luego vi como le ponían la tapa y la volteaban al revés. Oí la voz de María decir, "De eso están hechas las mujeres— resistencia y fortaleza". Parecía que la experiencia había terminado y yo seguía acostada, tratando de comprender que quiso decir ella, pero parece que no entendí, pues oí otra voz decir, "ella vino a decirte que te abstengas de languidecer".

Buscando el significado de languidecer, me di cuenta que se refería a mis lágrimas continuas y lamentos y también a mi manera usual de relacionarme en la vida. Siempre esperaba que mis relaciones fueran perfectas aquí y ahora y cuando algo no funcionaba, me desesperaba. He sido guiada por su mensaje—en ambos casos, en el contacto actual con M y mi tendencia a sentirme siempre víctima. (K.F.)

Vivir en el mundo, significa que a la larga perderemos todo a lo que nos aferramos. Tratamos de evitarlo, todo lo que podemos, pero si somos honestos con nosotros mismos, está allí detrás de nuestros pensamientos y sentimientos. Reconociendo esta dolorosa verdad, la Virgen ha dicho a muchos de sus visionarios, que serán más felices en el cielo, que en la tierra. Así que la Virgen María, transmite una visión bastante pesimista y hasta fatalista de la vida terrena, para los que están en posición de hacer la diferencia. Si aceptamos que la Virgen y Jesucristo sacrificaron mucho de lo que el mundo considera deseable o necesario, para que el amor prevaleciera, ¿Entonces por qué deben esperar menos de parte nuestra? Claro que la religión basada en la salvación a través de la fe o en expiación por sustitución, se basa en la idea que el sacrificio de Cristo nos libera de purgar nuestros propios pecados. Tal vez la salvación *también nos libera para que hagamos más* en situaciones difíciles y desafiantes. Tal vez la salvación también sea la escogencia de una vida con significado—aunque difícil—así como la Virgen María y Jesucristo lo hicieron.

En la siguiente narración de un encuentro con la Virgen María cercano a la muerte, una mujer describe la escogencia frente a la libertad y la tarea de cuidar a aquéllos que ama. Como la Virgen, ella tomó su propia decisión, de todo corazón.

Yacía en mi cama de hospital—con intenso dolor por una reacción alérgica a una droga—cuando María se me apareció y me pidió que la siguiera. Me habló sin mover los labios—parecía como si estuviera leyendo sus pensamientos. Fui hacia ella—yo flotaba por encima de la cabecera de mi cama, fuera de mi cuerpo, pues me veía sobre ella. No recuerdo haber dejado el lecho, en un momento estaba allí y al otro flotaba sobre él. También veía a mi esposo sentado en una silla, al lado derecho de mi cama. No tuve ninguna sensación emocional hacia mí misma ni hacia mi aturdido esposo.

También pude ver todas las habitaciones del piso superior al que me encontraba. Podía ver el pasillo y la guardería donde dormía mi hijo pequeño. La vista del piso del hospital se parecía a lo que vemos, cuando jugamos con una casa de muñecas: No vi el techo, solo muchas habitaciones separadas por paredes. Frente a mi habitación, cruzando el pasillo había una sala de espera y allí había una estatua de María.

En el instante que floté hacia María, no tuve más

dolor, no sentía nada. ella me pidió que la siguiera a lo largo de un corredor lleno de luz brillante y música bella. Me sentí completemente en paz y ella me aceptaba incondicionalmente y con un perfecto amor.

La primera cosa que le dije a María, fue lo preciosa que me parecía. Tenía la figura de una chica joven, estaba vestida con una bata larga, con una pieza azul cubriéndole desde su cabeza hasta sus pies y sandalias doradas.

A medida que avanzamos por el corredor, sentí que íbamos a ver a Dios. El corredor doblaba a la izquierda, desde éste ángulo veía la luz más brillante y el amor que fluía más fuerte que cualquier otro que hubiera sentido antes. Justo en el momento que llegábamos a la equina, le dije a María, "No, espera. No puedo ir contigo, tengo dos hijos que cuidar".

María se detuvo, me miró y dijo, "No será fácil". Le dije, "Lo sé, pero debo regresar". En ese mismo instante, regresé a mi cuerpo con terrible dolor.

Esa noche, una joven estudiante de enfermería vino a visitarme y trajo una bandeja con implementos para limpiar mi piel. En ese entonces, las bandejas con los instrumentos necesarios y los medicamentos, estaban envueltos en un material muy parecido al vendaje terapeútico que se usa actualmente en los hospitales.

Hablamos largo rato. Le hacía falta su hogar en el estado de Georgia (EE.UU.), pero debía permanecer en el hospital durante las festividades navideñas. Extrañaba especialmente a su hermano menor. Usó pinzas para aplicar el medicamento a las áreas quemadas de mi piel.

Al día siguiente, le pregunté a muchas personas por la

*estudiante de enfermería, todos aseguraron que no traba-
jaba en el hospital nadie con esa descripción. En ese momento yo recordaba su nombre, hoy ya lo he olvidado.*

*Insistí en que era real y que me había medicado la
noche anterior. Me informaron que en la noche yo no tenía
ordenado nada. Miré alrededor de la habitación y ¡vi la
bandeja sobre el tocador, completa con las pinzas y las gasas!*

*¡No sólo estaba la bandeja en mi habitación, sino las
huellas de mis quemaduras en las gasas! Más adelante me
enteré, que la estudiante de enfermería había muerto, en
un accidente automovilístico años antes de mi llegada al
hospital. Después de su visita (¿sería un ángel?), fui mejo-
rando y pude dejar el hospital seis días después. Durante mi
convalecencia, desesperaba por mejorar para poder inspec-
cionar la sala de espera a través del corredor. Confirmé que
no estaba loca, cuando la reconocí exactamente como la vi
mientras flotaba sobre el piso del hospital.*

*María estaba en lo cierto: mi vida no fue fácil por
muchos años. Tenía pesadillas sobre lo sucedido y rememo-
raba la experiencia cercana a la muerte. Me sentía culpable,
pues no me había importado dejar a mi esposo para irme
con María, sólo pensé en mis dos hijos.*

*Por años tuve miedo de compartir mi experiencia,
pues pensaba que dirían que estaba loca. No quería ser "especial", ya que en la tradición católica sólo personas especiales, han sido bendecidas con encuentros con María. Más
tarde entendí que todos somos especiales, aunque no comprendía por que yo había tenido el encuentro.*

*Finalmente lo entendí, debía traerme consuelo en un
tiempo muy duro de mi vida y yo podría entregar este
mismo consuelo a otros, compartiendo mi encuentro. Dejé*

de preocuparme de salir a compartir con otros, pero me di cuenta que Dios me enviará a otros a través de mi paso por la vida. (T.A.)

Superficialmente la Virgen María parecía desapasionada, casi insensible al conflicto de T.A. sobre dejar atrás a sus hijos. Su aparente indiferencia es extraña, pero cuando T.A. decide regresar, oye a la Virgen decir, "No será fácil", son palabras salidas de su propia experiencia la cual no fue nada fácil. Al no tomar posición, la Virgen María le comunica a T.A. que ésta es una decisión que *sólo* ella puede tomar. Al tomar en cuenta que T.A. atendió su propio llamado—de ser responsable por aquellos que la amaban y necesitaban—es fácil entender toda esta experiencia, como una iniciación. Esta es perfectamente adecuada para producir una respuesta que la llevaría de regreso a su vida, con mucho más para dar. Es una respuesta que reafirma la vida, con reconocimiento pleno del precio que pagamos por amar.

Cuando yo encontré a Jesucristo por primera vez en una experiencia extracorpórea, sentí que de Él se desprendía un amor avasallador, sin embargo Él me preguntó de una forma totalmente desapasionada, "¿Ya estás lista para dejar la tierra"? Dije que no y creo que fue la mejor respuesta, pero que cualquier respuesta hubiera sido igualmente aceptada por Él. No me juzgó, pero quería que fuera más firme en mi decisión—de bajarme de la cerca, para vivir más intensamente. Me dejó tanto que decidir cuando dijo, "Entonces ve y haz lo que sabes hacer". Una vez más, no parecía importarle nada más que la resolución de mi ambivalencia, sobre estar en el mundo o no.

Cuando T.A., tomó de corazón su decisión de regresar a su vida, no obstante las dificultades que le esperaban, imitó a la Virgen María, quien así mismo consintió que se hiciera en ella según Su voluntad. Fue ennoblecida por su decisión de poner su amor por los demás, por encima de su propia realización espiritual.

En el siguiente recuento, otra mujer A.T., nos cuenta una decisión similar, la cual la hizo pasar por duras pruebas, pero no logró alejarla de sus sentimientos en ese momento.

> *Cuando mi sobrina murió de repente a los diez años, mi familia se rompió. Fue una época muy conflictiva, todos tratábamos de negar la pena, bloquearla diciendo, "¡Adelante, soldado"! Yo estaba tan abrumada por la pena, que no pude esconder mis sentimientos. Encima, estaba bastante inestable, porque mi familia necesitó atacarme, para poder mantener encerrados sus propios sentimientos. Recuerdo haberme sentido muy vulnerable y tambaleante entonces, pero sin saber de donde, me llegaba una energía femenina que me tranquilizaba. La presencia me pidió que permaneciera en mi cuerpo, con mis sentimientos y manteniéndome firme. Sabía que tendría que llevar mi duelo de manera "femenina"—eso es, atravesando una dura prueba, viviéndola y no de manera masculina, cortándola de raíz y "adelante soldado". Esta voz tranquilizadora y la energía que venía a mí, me decían que estaría bien, que un día me sobrepondría a la pena y seguiría adelante, como lo he hecho. (A.T.)*

Al soportar por completo esta aflicción, A.T. trajo una gracia a la terrible experiencia de pérdida, que de otra manera no habría podido sobrellevarse. Así imitó a la Virgen María, cuya vida entera puede asociarse con el deseo de traer la divinidad al corazón humano, en condiciones muy dolorosas. Desde el encuentro de Mickey con el corazón herido de Jesucristo, hasta el deseo de A.T. de soportar la pena de la muerte de su sobrina, aprendemos que en estos casos, se espera de nosotros que dejemos de lado nuestros miedos y rebeldías, y que nos entreguemos como nunca antes. Jesucristo y la Virgen María nos invitan, no tanto a *trascender* nuestras limitadas circunstancias sino a *entrar en la vida plenamente,* con una profundidad de entrega y amor, que paradójicamente nos libera del dolor y constriñe aquello que queremos evitar.

Esta forma de sufrimiento tiene su propio antídoto: un reconocimiento del significado de nuestra prueba y un desarrollo de nuestro vínculo, con dos seres que han abrazado las alturas y las profundidades de ser humanos, como una parte aceptable y necesaria del amor.

Dios te salve Reina Inmaculada—Salve Regina

Dios te salve Reina Inmaculada, Madre de Misericordia, ¡vida, dulzura y esperanza nuestra! Dios te salve a Ti clamamos los desterrados hijos de Eva, por Ti suspiramos, gimiendo y llorando en este valle de lágrimas. Sea pues Señora, abogada nuestra, vuelve a nosotros esos Tus ojos misericordiosos y después de este destierro, muéstranos a Jesús fruto bendito de Tu vientre, ¡oh clemente, oh piadosa, oh dulce Virgen María! Ruega por nosotros, Santa Madre de Dios, para que seamos dignos y merecedores de alcanzar y gozar las Divinas Promesas de Nuestro Señor Jesucristo.

Imitar a la Virgen María

La vida de María es una norma de vida para todos.

—San Ambrosio

L a práctica de imitar a otros se inicia a edad temprana. Es común que las niñas se vistan como sus madres y desorde- nen todo, sólo para sentirse adultas. Los niños se prenden al pecho las medallas de guerra de sus padres, para sentirse poderosos en el mundo, en el cual aún son pequeños y vulnerables. A través de estos juegos, los niños gradualmente se convierten en aquello que imitan.

Al crecer no disminuye el deseo de imitar a otros, ni pierde im- portancia en nuestro desarrollo. Como C.S. Lewis nos señala, estos impulsos infantiles nos ayudan a crecer espiritualmente.

A menudo, la única forma de conseguir realmente calidad, es comportándose como si ya la tuviera. Por esto los juegos infantiles son tan importantes. Los niños juegan a la guerra o al almacén, todo el tiempo fortaleciendo sus músculos y agudizando su ingenio. De esta forma, el pretender ser adultos los ayuda a crecer de verdad.

En muchas de las apariciones históricas y encuentros personales con la Virgen María, ella esencialmente nos invita a imitarla. Nos impulsa a amar y a perdonar, a practicar la oración y el ayuno y a permanecer en constante adoración de Cristo. Todo lo que ella nos ha dado—por medio de resultados bíblicos, las conocidas apariciones y las visiones personales que aquí hemos considerado—comprenden en esencia, *un método para imitarla.* Algunas personas han adoptado estos métodos y se han lanzado en una ambiciosa exploración espiritual, que busca imitarla y a la vez servir a los que ella sirve. Mi amiga M.B. es una de estas personas.

Cuando la vi por primera vez hace quince años, le conté acerca de mi investigación sobre las visiones y sueños marianos. Cuando nos despedíamos, ella me dijo reservadamente, que estaría dispuesta a compartir conmigo algunas de sus propias experiencias con la Virgen María. Estaba encantado de reunirme con ella y escuchar su historia. Unas semanas después, nos encontramos en un café con vista al Océano Atlántico y hablamos de sus múltiples encuentros con la Virgen María. Al terminar su narración me dijo, "Siento a la Virgen María dentro de mí. Ella siempre está conmigo".

Como vimos en el capítulo anterior, las personas que desean entrar en una relación mística de creación conjunta con Cristo, imitando a la Virgen María, deben resolver y afrontar su rebeldía a una relación más completa con lo divino. Ahora vamos a considerar a algunas personas, como M.B., que pueden haber resuelto los impedimentos significativos de su identificación con, e interiorización de la Santa Madre. Por esto han entrado en una relación con la Virgen, en la cual ella se convierte, como dijo alguna vez santa Teresa del Niño Jesús, en "más madre que reina"—y tal vez para algunos más amiga que madre. Comprometidas con asuntos de la comunión e identificándose con el divino espíritu femenino, ellas sienten que la *Virgen María vive en ellas y a través suyo, como en su propia natu-*

raleza superior. Convirtiéndose en uno con ella, estas personas se desposan con el espíritu de Cristo dentro de sí y se convierten de muchas formas en instrumentos de bendición.

Lógicamente es un desafío intimidante, el presentar sus historias de una forma concisa pues todas sus vidas—no sólo un único sueño o visión reflejan su compromiso en una relación de creación conjunta con Dios. Esa conmovedora historia no es una simple fábula; lo que sigue son los puntos culminantes en las vidas de esas personas.

Entre los sueños y experiencias de oración que M.B. compartió conmigo, me reveló unos recuerdos sorprendentes, que sólo había compartido con amigos muy cercanos. ella sabía que eran cosas que la mayoría de la gente encuentra difícil de aceptar. Pero si su recuerdo parece grandioso desde un punto de vista, es devastador desde otro. En esencia ella recuerda que Él *la arrolló para favorecer a la Virgen María.* Esta es la historia en sus propias palabras.

> *Yo fui educada como católica; a una edad muy temprana sentí una intensa—y hasta extraordinaria—devoción por María. Participé en todos los ritos de la iglesia relacionados con ella y con regularidad rezaba el rosario. Aún en estos últimos años—antes de comprender como ahora y cuando ya no pertenezco a la iglesia católica—aún llevaba conmigo el rosario y en ocasiones todavía lo recitaba.*
>
> *Cuando conocí el material de Édgar Cayce sobre los esenios y el lugar de María entre ellos, ella se convirtió en el patrón que yo quería seguir en mi vida. La veía como el ejemplo, para todos los que queríamos el renacer del espíritu de Cristo en nuestras vidas. Esta idea tomó un nuevo sig-*

nificado, cuando experimenté en un recuerdo de vidas pasadas mi relación con María.

Recordé esta experiencia por primera vez hace algunos años, durante un bautizo. Aunque a mí me habían bautizado de niña, sentí que sería apropiado hacerlo nuevamente—especialmente porque sería una inmersión total.

El ministro describió la inmersión como un acto de redención. El me aconsejó yacer en el agua, entregándome a la realización de mi verdadera identidad espiritual.

Cuando entré en la cámara bautismal, había escaleras que nos guiaban hacia abajo a una gran piscina. Cuando vi las escaleras algo me sucedió. Entré en un estado alterado de conciencia—no hay duda de ello. Súbitamente me encontré con otras jóvenes mujeres esenias en un tramo de las escaleras—un lugar donde yo sabía que el Espíritu Santo, había designado a María por primera vez para ser el vehículo para el niño Jesús. No hay que decir que este recuerdo se ha vuelto muy importante para mí.

Posteriormente, me sometí a una regresión hipnótica, durante la cual recordé algo más de lo vivido. Al regresar al momento de mi experiencia con María, cuando ella fue escogida, recordé—mi rabia con Dios por no haberme escogido a mí. No estaba enojada con María, ya que éramos amigas. Estaba furiosa con Dios. Sentía ira porque no veía a María mejor que yo. Después me di cuenta que me había equivocado al comparar a María conmigo. A la vez entendí, que mientras estuviera preocupada haciendo estas comparaciones, no estaba preparada para convertirme en un conducto para la divinidad.

Aproximadamente cinco años atrás, vi a una mujer que meditaba y pensé que era María. Llevaba ropaje y un *manto sobre su cabeza. La parte inferior del manto cubierto con plumas. Me tomó varias semanas darme cuenta, que aquella mujer era una imagen de mi propio espíritu—algún tipo de imagen mariana con una influencia indoamericana. Esta unión de las dos tradiciones no me sorprendió, pues yo viví con indios nativos cuando era pequeña.*

Desde entonces, la meditación me ha acercado aún más a María. Algunas veces aparece y silenciosamente me entrega una rosa de uno u otro color. Yo sé que cada color tiene un significado, pero no siempre puedo descifrarlo.

Un día mientras entraba en meditación, le pregunté a María, "¿Cómo puedo ayudar a preparar el camino para el regreso de Cristo"? Un poco después, se me apareció en una visión y la vi enrollarse las mangas de su túnica. Me recordó un poco lo que solían hacer las monjas de mi escuela elemental—a menudo jugueteaban con los hábitos, cuando estaban tratando de recoger toda la tela. Mientras María se enrollaba las mangas de su túnica, me cogió de la mano y me llevó al fregadero, donde lavamos la loza juntas. En ese momento, éramos tan sólo dos mujeres haciendo nuestro trabajo. Desde éste encuentro, tengo un dicho que he utilizado muchas veces: "Hablar no lo logra, leer tampoco; tan sólo se logra viviendo". Y siempre he dicho, que si no puedes lavar los platos conmigo, no lo logras.

Hace poco, le pregunté a María, "¿Cómo puedo ser de mayor ayuda"? Aparentemente en respuesta, se me apareció en una visión muy clara. En lugar de responder a mi pregunta, ella inquirió, "¿Estás segura"? Es como si me estuviera cuestionando, si realmente quería conocer la respuesta. Como se veía tan seria, dudé y no le respondí inmediata-

mente. Entonces ella repitió, "¿Estás segura"? Y yo le dije, "Sí", pues sabía que deseaba intervenir.

No sé exactamente a qué se refería María—probable-mente a muchas cosas—pero poco después, tuve una exce-lente idea y le pregunté a la autora Annie Kirkwood, si quería venir conmigo a la Costa Este a dictar unas confe-rencias acerca de María. Habíamos comenzado una amis-tad por teléfono. Annie aceptó y terminamos haciendo dos giras por la Costa Este. Antes de finalizar, habíamos cu-bierto dieciocho ciudades. Nunca había hecho algo así, pero todo se dio de una forma perfecta. (M.B.)

Uno se puede preguntar—asumiendo por un momento, que los recuerdos de vidas pasadas sean ciertos—¿qué hubiera sucedido si M.B. hubiera estado completamente preparada, para la oportu-nidad de dar a luz a Cristo? ¿Habría sido ella la escogida? El sentido común nos enseña, que servir a Dios no es por concurso. Si tenemos la capacidad de entrar en un estado de profunda obediencia espiri-tual, entonces también podemos servir a Dios—si no tan completa-mente como la Virgen María, seguramente a través de capacidades que nacen de nuestra propia fortaleza. El espíritu puede usarnos de maneras incontables para desarrollar el amor en el mundo.

La pregunta de la Virgen, "¿Estás segura?" nos recuerda que el compromiso en sí, puede ser más importante que la dirección que deseemos tomar. ella parece decir, que no tiene sentido dar respuesta a nuestras preguntas, si no estamos seguros de querer continuar.

M.B. recuerda a la Virgen María como una doncella esenia. Esto coincide con otras fuentes, como la de la monja visionaria del siglo diecinueve, Catalina Emmerich, que describió detalladamente el vínculo de María con los esenios a través de sus abuelos y otros familiares lejanos. Édgar Cayce, el síquico más famoso del siglo veinte, aseguró que la Virgen María era esenia. Aún cuando esto puede estar en duda, las visiones de Emmerich fueron aceptadas por la iglesia católica; y las percepciones físicas de vidas pasadas de Cayce, de acuerdo a R.H. Drummond, *"Se han vuelto parte importante de la fenomenología de la religión en el siglo veinte"*.

La vinculación de la Virgen María con los esenios, coincide con lo que los historiadores actuales opinan de esta secta del judaísmo. Los historiadores convencionales afirman que los esenios practicaban un ascetismo extremo y rituales de purificación para prepararse para la venida del gran maestro de la justicia.

Aunque alguna vez fueron considerados extremistas por los historiadores, hoy sabemos que sus ideas eran mas creación propia, que creencia previa. "El primer pensamiento de los eruditos, sobre los Rollos del Mar Muerto, con sus referencias atormentadoras sobre la venida del mesías, representan las desviaciones del dogma de una secta fraccionada del judaísmo ascético, llamada *esenia*. Los expertos de hoy creen que esos textos . . . reflejan las creencias generales del judaísmo del siglo primero".

Sin pensar en la afiliación verdadera de la Virgen María con los esenios, M.B. recuerda un escenario similar al descrito por Cayce— donde varias doncellas esenias, incluidas la Virgen y ella, se ofrecen como vehículo para la venida del Salvador.

Finalmente, tan sólo una mujer podía ser Madre de Cristo. Cuando la memoria lejana de M.B. apareció, ella recordó la angustia que la inundó, cuando se dio cuenta que la elegida era la Virgen María. M.B. cree que de allí en adelante, su alma trae consigo un sentimiento de inferioridad, enterrado en lo más profundo de su memoria inconsciente. Al haber recordado sus experiencias, ella finalmente ha sido capaz de hacer las preguntas, que antes eran sólo sensaciónes de duda personal y tristeza: ¿Por qué no yo?

A fin de cuentas nosotros debemos decidir personalmente si la reencarnación es un hecho, una creencia errónea y peligrosa o un mito. Sin importar que posición tomemos al respecto, la angustia del recuerdo para M.B. engendra un dilema sicológico, que todo el que esté cerca de la Sagrada Familia enfrenta al vivir de nuevo en la imaginación, estas experiencias. Sin sancionar la creencia de vidas pasadas, la iglesia católica ha aprobado estas vivencias por sustitución del drama bíblico—a través de los ejercicios espirituales de san Ignacio de Loyola y a través de los quince misterios del rosario (Véase Apéndice A). Estos ejercicios incluyen visualizaciones y vivencias de los momentos más importantes, del desarrollo de las vidas de Jesucristo y la Virgen María.

¿Qué nos sucede cuando aceptamos entrar a estas experiencias intensas? Así sea que hayamos o no tenido otras vidas, comenzamos a sentir lo que ellos sintieron y a considerar las mismas preguntas que ellos se hicieron. Entre más nos pongamos en sus lugares, para repasar sus caminos y principalmente su voluntad de sacrificio, más cuestionaremos nuestra capacidad de hacer lo que ellos hicieron y de ser lo que ellos fueron. ¿Cuántos de nosotros nos hemos preguntado, habría yo consentido a "hágase en mí" sabiendo que se hubiera dudado de una concepción virginal? O, ¿Podría yo, como Jesucristo, haber demostrado esa inmensa compasión, viendo el comportamiento inhumano de la gente? O, ¿podría haber sido capaz de observar la crucifixión de mi propio hijo? Es natural que nos preguntemos esto, pues Jesucristo y la Virgen María eran humanos también, sin importar las elevadas posiciones que hayan llegado a tener en nuestra tradición cristiana.

La necesidad de unirnos a Ellos—como siervos del Espíritu Encarnado—está dentro de nosotros. Por ejemplo, otra mujer compartió conmigo un sueño, que se parece de muchas maneras al de M.B., sobre el advenimiento de Cristo. El sueño de C.R. conlleva un sentimiento profundo de ineptitud que se nos desliza dentro, cuando consideramos ser cauces voluntarios para el Espíritu Divino; pero también revela la culminación de perseverar resistiendo el miedo y la duda—en un vínculo con el mismo Cristo.

Atravesé un montículo con forma piramidal, con la parte superior redondeada y suave. Me paré en el centro de una vasta planicie. Alrededor de la base del montículo, habían muchas mujeres vestidas con túnicas, en actitud de oración. Todas las mujeres llevaban corbata, como si ésta fuera el símbolo para formar parte del grupo. Una mujer se separó, su corbata era diferente a las demás. Estaba cosida a mano, mientras las demás parecían de producción en serie. Pensé que tal vez la había hecho ella misma para poderse unir a la procesión.

Me uní a las personas alrededor del montículo, estaban orando y me di cuenta que giraban alrededor del montículo sagrado. Tenía significado espiritual.

Recuerdo haber orado el Ave María y pensé que la Madre de Dios debería aparecer sobre el monte y que por eso las mujeres oraban allí.

Mientras me uní a ellas, sentía que la Madre de Dios iba a aparecer. Tenía miedo. Las mujeres comenzaron a irse. Me quedé sola, miré a la parte superior del montículo y creo que vi la estatua de María, con otras a su alrededor. Volví a pensar que aparecería y me asusté. Cuando todos se habían ido, tres mujeres alegres bajaron del monte, más bien flotaron hacia abajo y se arrodillaron a mi lado. Rezamos el Ave María. Apareció una cara y pensé que era María, pero no tenía cuerpo. Tan sólo la cara de una mujer cansada— no era vieja, pero sí desgastada por la vida.

Pensé que esta sí era la Madre de Dios, ya no tenía tanto miedo, pero sí una sensación de indignidad. Después de todo, ¿Por qué vendría a verme a mí?

Había más. Miré al cielo y vi una figura que venía desde lejos. Crecía, y para mi estupor vi que era Jesucristo. Apareció como un hombre joven, hermoso, vistiendo una túnica blanca y una flotante capa roja. Tenía el pelo largo y barba, como lo pintan popularmente.

Era un Jesucristo alegre y jovial, volaba como bailando por el cielo. Me sentí tan abrumada al verle aparecer ante mí, para mí, que me desperté.

No sé que quiere decir esto, tal vez el sueño me mostraba algún obstáculo en mi camino. ¿Tal vez el miedo? (C.R.)

No es sorprendente que la mayoría de nosotros, encontremos difícil como C.R., creer en nuestra capacidad para ser como la Virgen María y dar la bienvenida al Espíritu de Cristo. Ya sea, que creamos que hemos sido atropellados como M.B., o que nos sintamos indignos y con miedo, como C.R., muchos de nosotros estamos convencidos, que somos diferentes e inferiores a la Virgen y a Jesucristo.

Hemos tenido ayuda para desarrollar éste complejo de inferioridad; antes de la época de Cristo, Dios era considerado como alguien separado y lejano. Residía en la cima de la montaña o en el templo, pero no dentro de nosotros. A través de Jesucristo, Dios se nos acercó y se volvió uno de nosotros. Pero, ¿podremos nosotros construir un puente que desde esta gran división, nos acerque para ser como Él? Jesucristo parece decir que podemos y que lo haremos—especialmente cuando aseguró, que *nosotros* éramos dioses al hacer de *nuestros* cuerpos templos del Dios vivo y que *nosotros* haríamos grandes cosas, mejores que nunca antes.

Esta manera de ver las cosas, tenía el potencial de dotar a la humanidad con una promesa sin precedentes, pero iba en contravía con los padres de la iglesia, durante los primeros siglos del cristianismo. ¿Por qué? Porque al elevar al hombre, esta visión también enfatizaba la humanidad de Cristo—un factor tan molesto en sus implicaciones, que era más fácil evadirlo por completo. Como mencioné anteriormente, muchas de las llamadas herejías, formuladas después de Cristo, simplemente subrayan nuestro parentesco con Cristo—a través de nuestra espiritualización o la humanización de Cristo o por la declaración de nuestra esencial igualdad.

Por ejemplo, en el siglo quinto la iglesia excomulgó al monje inglés Pelagio (360–417 d.c.) por sugerir que "la gracia es dada a todos para ayudarnos a conocer y a elegir el bien". Hoy muchos cristianos estarían de acuerdo que uno tiene la libertad de escoger ser bueno. San Agustín de Hipona y sus colegas ortodoxos encontraron que la noción de bondad intrínseca va en contra de la visión convencional, que dice que recibimos la gracia *sólo después de* reconocer nuestros pecados y nuestra necesidad de redención. Esta controversia llegó a su punto álgido, cuando el rey le pidió a Pelagio que bendijera a su hija antes del matrimonio, con algunas palabras sabias que le ayudaran a través de su vida. Pelagius en esencia dijo que si una mujer miraba dentro de sí, encontraría el bien que necesitaba para elegir con sabiduría. San Agustín de Hipona se indignó tanto por lo presuntuoso de la respuesta que urgió al papa Inocencio I a declarar hereje a Pelagio. Luego, un amigo de san Agustín sobornó al emperador Honorio con un regalo de ochenta caballos finos, para que enviara a Pelagio al exilio.

Al contrario de la visión de los cristianos tradicional, que creen que no poseemos suficiente bondad para llegar a la luz, los budistas y los hindúes, creen que la separación de Dios, es un problema de *percepción,* no un hecho. El mantra hindú *tat tvam Así,* quiere decir "Yo soy el que vos sois". Las buenas noticias son, que ya somos imagen de Dios y completos. Las malas noticias son, que todavía no lo sabemos. De la misma forma el gran mantra tibetano, *om mani padme hum,* describe en pocas palabras, el proceso de la divina encarnación en el cuerpo y a través del corazón humano—un logro importante, disponible para todos de acuerdo a esa tradición.

Al verlo así, las prácticas espirituales orientales están diseñadas para sobreponerse a la *ilusión* de la separación de aquello que buscamos. Muchos de nosotros de tradición occidental nos sumergimos en la tradición que pone a Dios apartado eternamente de sus creaciones inferiores. Aunque nos desafía, a buscar la manera de ir a la tierra prometida, cuando nuestra creencia de un Dios distante y de nuestra indignidad, nos mantiene alejados de la entrega total.

Imitar a Jesús ha sido una tradición de tiempo, sin embargo, algunos de los padres de la iglesia tradicional, como san Agustín de Hipona, han enfatizado perennemente la igualdad de Jesucristo con Dios—y nuestra decadencia comparativa—Jesucristo va muy alto, como para que muchos de nosotros podamos imitarlo. Cuando la iglesia elevó a Cristo a su posición histórica dentro de la Santísima Trinidad, el puente que Jesucristo había establecido entre Dios y la humanidad fue dañado seriamente.

A causa de esto, imitar a la Virgen María como forma para alcanzar una relación de creación conjunta con Dios, se ha vuelto un substituto obvio para la imitación de Cristo. Después de todo, ella fue una de nosotros antes y después del nacimiento de Cristo. Es más fácil imaginar ser como ella fue, ya que *ella asintió a su llamado desde dentro del contexto de su humanidad.* Con pena vemos que la Virgen también ha derivado lejos de nosotros. A la vez que los

padres de la iglesia, aseguraron la unidad previa y eterna de Jesucristo con Dios, la humanidad de la Virgen, fue disminuida igualmente, dejándola imbuida de divinidad por asociación. Al declarar a
la Virgen María libre del pecado original, el dogma de la Inmaculada
Concepción, virtualmente la sacaron de nuestro nivel. Tal como
cuenta Mariana Warner, la elevación de la Virgen María a un estado
casi igual al de Cristo tiene su lado negativo.

Remontándose por sobre los hombres y mujeres que le rezan,
la Virgen sin pecado concebida, subraya más que alivia el dolor y la
ansiedad y acentúa el sentimiento de perversidad. . . Cualquier símbolo que exacerbe el dolor, va en contra de la doctrina cristiana principal, que dice que la humanidad fue creada y redimida por Dios y
más importante aún, es un enemigo permanente de la esperanza y la
felicidad.

Dos mil años de especulación teológica acerca de la grandeza
de la Virgen María, finalmente nos la ha presentado de una manera
correcta y sutil como para ser ejemplo, de cómo podemos resolver
nuestro sentimiento de abandono divino. Como le dijo recientemente un cura a un amigo mío, "La gente no quiere teología; ellos
quieren amor". Por lo tanto, no es de sorprender que muchos de
nosotros todavía, nos atrevamos a buscar una relación íntima e imi-
tativa con este ser, a pesar de la distancia que la religión organizada
ha erigido—aunque sin intencionalidad—entre nosotros y ella. En
nuestros momentos privados, cuando oramos más con anhelo que
con conexión teológica, podemos derivar hacia la Virgen María,
como ejemplo de aquéllos de nosotros que entramos en un vínculo
total con la divinidad. En esos momentos, podemos encontrar que,
nosotros también abrigamos el sueño sin tiempo, de ser compañeros
adecuados de Dios. Al conocer e imitar a la Virgen, podemos tener
la mejor evidencia que nuestro sueño se ha hecho realidad.

Muchos de los receptores de las mayores apariciones histórica fueron sorprendidos cuando la Virgen María se le apareció por primera vez. Aunque Lucía dos Santos de Fátima, por ejemplo, experimentó visiones—que en retrospectiva—se ven como preparación para apariciones siguientes. La mayoría de los visionarios no tuvieron conocimiento previo de las bendiciones que venían en camino. En el próximo relato, Dorothy Cox nos cuenta sus experiencias de la presencia creciente de la Virgen en su vida. Como la mayoría de las personas que han visto a la Virgen María en nuestro tiempo, Dorothy no la vio venir.

Crecer fue un tiempo difícil. Cuando mi padre regresó de la guerra, se volvió alcohólico y por esto había muchos problemas en casa. Tales experiencias, con certeza ponen a la gente a pensar, cuál es el significado de la vida. A los quince años fui impulsada a buscar a Dios, así que decidí que quería ser ministro, pero mi padre no me lo permitió. Mi preparación religiosa era anglicana, pero ahora acepto todas las religiones.

Cuando cumplí veinticinco años y después de haber tenido mi primer hijo, desarrollé una esclerosis múltiple. Por años sentí que no mejoraría. Finalizando los treinta, fui donde un médico naturista y mejoré un poco. Pero a los cuarenta, me enfermé gravemente—al punto de pensar que nunca me recuperaría.

Llegué a pesar ochenta y nueve libras, estaba disminuida y débil y comencé a buscar desesperadamente curación por otros medios. Fue el comienzo del cambio.

Siempre había sido religiosa, pero nunca había ido donde un psíquico o un curandero espiritual. Durante este tiempo de desesperación, fui a consultar a una mujer que trabajaba con oración de sanación, aunque era terapista de masaje. Le pedí que intercediera por mí y recibió un mensaje diciendo, que sería María la que facilitaría mi curación y la de otros también. Me extrañó el mensaje y no pude imaginar como se relacionaría con mi curación.

Alrededor del 1989, me interesé mucho en como facilitar la ayuda de otros, aunque yo todavía no estaba del todo bien. Entré en varios grupos de sanación y comencé a rezar por la intervención del Espíritu Santo. Todavía no entendía cual sería el sentido de la referencia a la Virgen.

Por este tiempo le pedimos a un cura—el padre Cox—que bautizara a mi nieta. De allí en adelante, fuimos a él para que nos aconsejara, pues éramos una familia con problemas. Algunas veces los dos conversábamos sobre la sanación. Un día que estaba con él, comencé a ver fogonazos de luz azul en la habitación. Le pregunté al padre si él también los veía, y él dijo, "Si, y parece que hoy hay más de lo que hay normalmente".

Cuando me arrodillé ante él para que bendijera mi trabajo de sanación, sentí la energía cubrir mi cabeza. El dijo, "Dorothy, por supuesto que sabes de quien proviene ésta luz". Yo contesté, "No, no estoy segura". El dijo, "Es María Nuestra Madre". Pensé, "¡María! ¡María! ¡Es otro nombre para María Nuestra Madre"!

Desde entonces, mucha de la gente por la que he orado, ha experimentado grandes cambios. Una mujer, que había rezado diariamente por un mes o más, me pidió que la asistiera en el proceso de sanación. Mientras trabajaba con ella, me dijo que sentía como si una cortina se abriera y una luz azul la atravesara. La energía era tan poderosa, que ella

se sentía incendiada. De alguna manera esto la sanó.
Cuando la sesión terminó, ella dijo, "Me estoy quemando".
Como las dos oramos a María, le atribuimos la energía a ella.

El padre Cox falleció hace poco, y era muy devoto de
Nuestra Madre María. Un día cuando lo visité, de nuevo la
habitación se llenó de esa maravillosa energía y yo pensé que
iba a levitar hasta el techo. Le comenté lo que sucedía y él
me bendijo. Me sentí como que la energía me cubría. Era
un día tormentoso y mientras caminaba a casa desde la igle-
sia pensé, "¿Cómo sabremos si estamos curados"?, le pregun-
taré al Espíritu Santo.

Esa noche, tuve un sueño casi increíble. Era una pe-
queña buscando al Dios de mi niñez. Mientras caminaba
por las calles buscando el santuario anglicano (Iglesia de
Inglaterra o episcopal), donde rendía culto con mis abuelos
cuando niña, llegué a una iglesia que reconocí como la que
estaba buscando. Entré hasta el altar, lleno de iconos de
Cristo. El padre Cox se adelantó vestido de blanco.

La puerta de la habitación se abrió y una voz dijo,
"Yo soy la puerta abierta. Nadie llega a mí sino a través de
Cristo". Luego el padre Cox me levantó y la voz dijo, "Estáis
curada".

Ese verano, mi amiga Helena me habló de lo sucedido
cerca de allí, en Marmora—una finca entre Peterborough y
Ottawa en la provincia de Ontario (Canadá), donde
María se ha aparecido a cientos de visitantes. Localizada en
un pequeño pueblo, pertenece a una familia que ha hecho
varios peregrinajes a Medjugorje, Marmora tiene una gruta
y un arroyo curativo. Ella me dijo que la visionaria vene-
zolana, María Esperanza de Biancini iba a la finca para
hablar de María, Nuestra Madre.

Días más tarde cuatro de nosotros, viajamos a Marmora por primera vez para oír a María Esperanza. Yo estaba muy impresionada por los cantos y por la energía que había allí. Cuando oré no vi la luz azul, que es usual, sino un resplandor rosado por todas partes.

Al día siguiente, yo estaba llena de energía y quise escribir. Reconocí que ésta necesidad venía de María, así que oré hasta que el Espíritu Santo vino a mí. Sentí que ella tenía un mensaje para mí por estar en Marmora. Escribí el primer mensaje, agradecida que ella quisiera hablar conmigo. ¿Habría más mensajes? La respuesta fue sí.

Sentía que la energía invadía mi cabeza y comenzaba a escribir. Le pregunté cuanto iba a durar y supe que serían veinte mensajes. Rezaba cada noche, y cuando sentía que la energía subía, sabía que tendría que escribir de nuevo.

Regresamos a Marmora el ocho de septiembre— tradicionalmente día del cumpleaños de María. Llovía, y luego salió el sol. Sue y yo nos arrodillamos en el campo y oramos. En un momento ella me dio un codazo y dijo, "¡Mira arriba, al sol"! Pensé para mí, "¡Dios Santo, me quedaré ciega si miro al sol"! Ensayé, y lo vi pulsando, pero no pude seguir mirando, así que cerré los ojos y bajé la cabeza. Luego apareció una luz rosada y de allí salió María. Vestía toda de blanco, con un manto azul sobre su cabeza. De su corazón salía un haz de luz blanca. Sue también la vio. Íbamos en éxtasis camino a casa.

Unas noches después, en otro sueño vi a María como una estatua blanca y yo desnuda frente a ella. Creo que el significado de esto, era que no podría esconderle nada. ella conoce nuestro corazón y nuestra alma mejor que nosotros mismos.

Cuando tuve la fortaleza de escribir estos mensajes en un folleto, pensé que serían solo para mí, pero luego se me dijo, "Lo que será para ti, será también para otros".

Aunque los mensajes parecen simples, María nos dice que nos dará más, tan sólo, cuando hayamos hecho lo que nos pide en estos. En los mensajes nos encomienda, que profundicemos dentro de nosotros para encontrar nuestro conocimiento de Dios interno. Nos urge a vivir en familia el amor cada día, a rezar el rosario y a ser devotos de ella, de Jesús y de Dios. Más aún, nos pide que demos gracias a Dios cada día por las cosas sencillas.

Los mensajes que ella me ha dado—como el siguiente—no son proféticos, son mensajes simples sobre como vivir la vida cada día, en comunión con Dios.

"Aquí he venido, en éste tiempo para preparar la venida de mi Hijo, Jesús. Así como san Juan bautista, me predijo su venida, yo vengo a prepararlos para Él. Llamo a las ovejas descarriadas para que regresen de mi mano,—que retornen a Él a través de mí. Les llamo en el amor. Hay momentos en que lloro por las promesas de mis hijos y las muchas dificultades que experimentan en estos tiempos. Aquí, ahora, es tiempo de purificación, ayuno y reconciliación con mi Hijo a través de mi corazón inmaculado. Llamo a todos mis hijos para que recuerden su unidad. Cuando miro sus caras, lo sé, son todos míos". (D.C.)

Podemos pensar que el experimentar a la Virgen María, como una presencia interna, es el resultado de un largo proceso de veneración e imitación suya. Esto puede ser cierto en muchos casos, pero también hay personas a las que no les toma mucho tiempo. En el próximo relato por ejemplo, L.N. describe la experiencia de la primera venida de la Virgen María a ella, para establecer una presencia perdurable en su interior. En un solo encuentro, que tuvo lugar después de varios meses de preparación, L.N. recibió a la Virgen María aparentemente de una vez para siempre.

Mi primer encuentro con María llegó como una completa sorpresa. Durante seis meses, antes que ella viniera a mí, me sometí a un período solitario de contemplación y estudio espiritual. En retrospectiva, me doy cuenta algo o alguien me estaba preparando para cambios significativos. Recibiendo más ayuda de la que nunca imaginé, desaparecieron densas capas de negatividad y hoy me doy cuenta que fue por intermedio del amor y la gracia de Nuestra Señora. Con un amor, que aún hoy apenas me atrevo a sentir, ella pacientemente derramó su gracia sobre mí.

Me había reunido por segunda vez con amigos nuevos. Todos parecían tan seguros en su camino espiritual. Nos dijeron que en la sanación, debíamos ayudarnos todo lo posible, los unos a los otros. Me sentía fuera de lugar y convencida que no tenía nada que ofrecer. Estaba allí sentada, con el cuello y un brazo inmovilizados y el otro brazo limitado en uso y sensibilidad. Aún así, traté de aportar luz y amor para ayudar a las dos primeras personas que pidieran ayuda.

Cuando llegó el momento, para que una tercera persona recibiera asistencia, yo me ofrecí. Me recosté en el piso y trate de relajarme. Las otras dos personas, entendieron rápidamente de donde venían los problemas y que había que hacer para solucionarlos. Yo no estaba muy segura de poder descansar y respirar, mucho menos de sentir algo distinto al dolor que corría por mi cuerpo, desde la cirugía y la terapia física. Llamé a todos los ángeles que habían estado conmigo en la mañana, mientras trataba de pintar.

Nunca había asistido a una reunión de sanación, así que me acogía a cualquiera que me pudiera ayudar. Aspiré profundamente un par de veces y de repente recordé lo triste que me había sentido el día anterior, cuando no tuve suficiente dinero, ni transporte para ir hasta Conyers, Georgia, donde María se le aparecería a la visionaria Nancy Fowler.

Luego recordé, que era importante pedir por lo que deseábamos. Así que oré, para poder ir a Conyers y luego me dejé ir en espera de una respuesta. No entiendo como mis preocupaciones por otras cosas intervinieron cuando debería estar pidiendo por mi curación.

Finalmente me coloqué en una posición más cómoda y comencé a dejarme ir. Sentía algo nuevo, diferente, pero a la vez extrañamente conocido. Oí al líder anunciarle al grupo que debían prepararse para una presencia única, algo nunca visto; ellas, les advirtió, debían recibir al visitante con el corazón abierto.

Comencé a levantarme, pensando que mi turno había terminado y que estábamos comenzando algo nuevo. Tenía curiosidad de saber quien asistiría el advenimiento de éste nuevo espíritu de amor. En ese momento, el líder me pidió que me relajara y enfocara mi atención en mi corazón, sintiendo lo que allí había para mí.

Al comienzo, todo lo que pude sentir fue una pequeña niña llorando y buscando donde esconderse. El líder me pidió que la amara y la dejara ir y eso hice. Luego me preguntó si había alguien más en mi corazón.

Sentí una pequeña, cálida y brillante presencia dentro de mí, volviéndose con suavidad cada vez más aparente y prominente. Me enfoqué cada vez más profundamente a experimentar ésta bella sensación, extraña y excitante al mismo tiempo. Sentí como una sonrisa surgía de dentro de mi ser—una sonrisa que no conocía. La sensación se hizo cada vez más clara e intensa, a medida que yo le pedía que se revelara. Un sentimiento de amor, puro y comprensivo se extendió a través y alrededor mío. Todo mi ser quería reír con alegría. Sentí la presencia amorosa envolverme, regando cada átomo de mi cuerpo con la más preciosa luz plateada, azul y dorada nunca vista antes. Sentí como unos amorosos brazos maternos me abrazaban tiernamente, enviando poder de sanación a todo mi ser.

La intensidad y amor de ésta presencia, continuó fluyendo a través de mí y a mi alrededor, como si fuera una con ésta—o parte de ella. Me sentí profundamente apreciada, por primera vez en mi vida. Las lágrimas cayeron por mis mejillas.

Allí estaba, arrullada en los brazos de mi verdadera madre, bañada en infinito amor y éxtasis, con los ojos cerrados. Vi a Nuestra Señora, gentilmente cubriendo mi cuerpo. Comencé a oír una voz interna susurrar preguntándome, si podría hablar a través mío con el grupo. Me dijo que había venido a mí más claramente, en respuesta a mi pedido de verla en Conyers, pero que siempre había estado conmigo, esperando mi aceptación de ella. También dijo que tenía un mensaje que compartir con el grupo.

Silenciosamente acepté ayudarla con cada parte de mi ser. Ese sí silencioso, me llenó de gratitud por estar viva. El líder del grupo le pidió que se identificara. La boca se me

*movía, pero las palabras eran pronunciadas por Nuestra
Señora.*

*Comenzó saludándonos, dijo que era Nuestra Señora,
María la Madre de Jesús, y que había venido a compartir el
amor y la luz del Creador, con cada uno de nosotros y para
animarnos a continuar entregando nuestra sanación y
amor. Dijo cuán profundamente amaba y apreciaba a cada
uno, cuán especiales éramos y como podíamos compartir los
dones, que tan liberalmente nos había dado el Padre. Nos
dijo a todos, que poseíamos el don de la sanación que podía
ser usado, para el beneficio de todos nuestros hermanos y
hermanas y del planeta. Nos pidió que siguiéramos al Espíritu Santo como niños, confiando la guía a nuestros corazones; amarnos a nosotros mismos como éramos amados, y
nos dijo que estaba con nosotros siempre y que podíamos
pedir ayuda para lo que necesitáramos. Luego nos agradeció
que la hubiéramos recibido.*

*Sentí como su profundo amor y paz me cubrían como
un velo protector, relajándome y tranquilizándome. María
me abrazó contra su pecho y luego gentilmente se separó
para irse, asegurándome que siempre estaría conmigo.*

*Me senté lentamente, sintiendo un cambio en mi
cuerpo, me sentía más liviana, como si mi flujo interno hubiera sido alterado. La esencia de mi ser no era la misma; al
levantarme me temblaron las rodillas. Muchas personas del
grupo, confirmaron mi experiencia y las palabras que la oí
decir.*

*Tarde en la noche, cuando estaba en mi casa con mi
perra Scarlet, un sentimiento de temor y admiración me
llenó. Comencé a cuestionarme ¿Por qué María había escogido a alguien como yo, para acercarse y compartir con*

otros? Recostada en la cama, atormentándome con los re-
cuerdos de las cosas terribles que había hecho; traté de ex-
plicarle a Nuestra Señora el error que había cometido al
escogerme. Lágrimas de angustia llenaban mi corazón,
mientras le desnudaba mi alma. Me volví para acariciar a
Scarlet, convencida que el único amor que sentiría o que
merecía, era el amor de mi peluda compañera. Sin em-
bargo, Nuestra Señora volvió a mí nuevamente llenándome
con su amor y compasión. Sentí que me tomó en sus brazos,
meciéndome en la cuna del amor divino. Me susurró que
era amada y consentida y que siempre estaría disponible a
mis necesidades.

La verdad es que ahora siempre está conmigo—
siempre. *Y yo sé que siempre está disponible para cada uno*
de nosotros. Sólo hay que pedirle que venga. Llámenla. Per-
mítanle que su amor abra su corazón. (L.N.)

La experiencia de L.N., sobre el abrazo materno de la Virgen
María—su aceptación completa e incondicional—se parece a la
relación que los visionarios de Garabandal, sostuvieron con la Virgen en el curso de doscientas apariciones. Para algunos de nosotros,
ésta clase de preocupación puede compensar las deficiencias de los
cuidados en nuestras vidas; para otros, el amor de la Virgen María
construye sobre las bases dejadas por padres amorosos.

Como hemos visto, no es común que la Virgen muestre en
estos encuentros personales, la clase de seriedad por la que también
se le conoce. Ella es más dada a consolar que a desafiar, a confirmar
que a criticar. Hay muchas formas de explicar esta diferencia. La que
más me gusta, es sencilla: cada uno de los receptores de los encuentros que hemos examinado, *estaba abierto a ella.* No estaban ne-

gando su relación con Dios; estaban buscando algo y abiertos a lo que se necesitara.

Contrastando con esto, cuando la Virgen María le habla al mundo entero a través de intermediarios, le habla a una audiencia heterogénea. Algunos aceptan su invitación y otros no. Vemos que equilibra sus mensajes de amor con prevenciones serias sobre lo que pasará, sí no enmendamos nuestro proceder. De todas maneras, no importa lo que hayamos hecho, cuando le abrimos nuestro corazón, le somos gratos. Como sabemos, hasta el hijo pródigo disfrutó de las gracias especiales de su padre, después de haberlo hecho todo mal. Claro que él pudo recibir éste amor, sólo después de regresar a casa. Como esto, el amor de María por aquéllos que le abren su corazón, muestra el placer que podemos sentir cuando un hijo perdido regresa a casa.

Si queremos imitar a la Virgen María e incorporar sus cualidades de ternura y sensibilidad en nuestras vidas, podemos establecer un vínculo profundo y personal con Cristo mismo. Así seamos hombres o mujeres, sin duda vendremos a servir al Maestro como compañero y pareja, casados místicamente con su ser. C.S. Lewis capta esta idea diciendo, "Lo que está por encima y más allá de las cosas, es tan masculino que todos somos femeninos en relación a Él".

En el análisis final, estamos llamados a dejar de lado nuestras agendas, para que receptivamente nos sometamos al propósito del Maestro y a su amor reafirmante. En los próximos dos relatos S.E. nos cuenta sobre su encuentro con Dios Padre y con Jesucristo, y cómo luego comulgó con Ellos en la luz.

El lector deberá tener en cuenta que éstas dos experiencias, son la culminación de años de meditación y trabajo de oración, por medio del cual S.E. se fue acercando a sus realización. En este libro no anoté el *proceso* de S.E. y me enfoqué más bien en la culminación de su llegada. Claro que hacerlo así, conlleva el riesgo de pasar por alto la lucha significativa, que generalmente precede—y que también sigue—a tales experiencias orientadoras.

A comienzos del año 1989, un día estaba meditando, usando lo que llamo "luz de oración", y me encontré en un inmenso pasillo, parecía de un castillo, decorado y elegante. Yo iba volando o flotando por el pasillo, pasé dos ángeles situados a los dos lados. Eran amigables y me animaron a continuar. Al final del corredor vi una puerta doble, separada por un madero sólido. Los ángeles abrieron la puerta de la derecha y entré.

Me encontré en un gran vestíbulo desocupado. Sólo había tres tronos, con tres escalones que llevaban a ellos. Volé de la puerta a la base de los escalones. Me sorprendí al encontrar tres personas sentadas: Dios Padre a mi derecha, Dios Hijo en el centro y María Nuestra Madre a la izquierda.

Me sorprendí al encontrar lo que yo consideraba una representación inocente de Dios Padre. De mi experiencia anterior, conocía a Dios como el absoluto, el infinito, el eterno, la fuente omnipresente de la creación, magnífico y trascendente. Así que tener a Dios, sentado allí con forma humana era bellísimo, hasta inocente para mí. La visión continuó.

Me arrodillé en la base de los escalones. Me referí a Él como mi Señor feudal, estando yo vestido como caballero sin armadura. Le juré lealtad y prometí hacer su voluntad siempre.

El Padre nunca me miró directamente. Usaba zapatillas incrustadas de joyas y pantalones y túnica hechos de pesado brocado. Su ropas estaba cubierta de oro, cobre y lacas de colores. Usaba un tocado que cubría su cabeza y cara.

Me postré a sus pies adorándole, pero me levantó y me sentó sobre sus rodillas. Fui feliz al descubrir su afecto paternal hacia mí, pero me preguntaba, por qué no podía ver su rostro. Cuando me abrazó, se volvió hacia mí y pude verle.

Su rostro era luz pura—preciosa luz blanco-dorado. Se agachó y me besó con su luz. Fui absorbido por la luz.

En ese momento, creo que había olvidado lo que dice la Biblia; el que ve la faz de Dios no sobrevive. Aunque lo hubiera recordado no me hubiera importado, pues una experiencia directa con Dios, supera toda jurisdicción. Tal vez moriríamos si viéramos su cara con ojos terrenales, pero no con los ojos del espíritu.

Esta experiencia se repitió varias veces durante la meditación. Luego un día, Él se levantó, dejó caer su ropa y se presentó como una figura de luz. También mis ropas cayeron y yo fui pura luz. Me moví hacia Él y me sumergí en su luz. Seguía siendo yo, pero disperso en Él.

Jesús y María se levantaron, dejaron su forma exterior y se unieron a la luz. Los cuatro éramos uno. Me mostraron que así era nuestra verdadera naturaleza, que todo ser humano es así y que todo pecado puede ser borrado por el perdón inmediato.

Esta fue la experiencia más transformadora que he tenido y sirvió como base, para todo lo que Dios ha planeado para mí. Regresa a mí a diario, mientras vivo mi vida.

Unos meses más tarde, en agosto del 1989, volví al salón de trono en una experiencia ligeramente diferente. Esta vez me encontré a Jesús cara a cara.

Durante una meditación profunda me encontré en el mismo vestíbulo. Nuevamente estaba desocupado, excepto por los tres tronos y las escaleras. Yo llevaba el mismo vestido que uso siempre y no como en la primera visita que vestía algo distinto, un vestido largo de terciopelo azul. Iba descalza y mi cabello era largo y lo llevaba suelto (en la vida real, lo llevo medio largo).

Volé a los tronos con decisión, a la derecha vi al Padre, en la mitad a Jesús y a la izquierda a María. Jesús se levantó y bajó los tres escalones. Era muy bien parecido, tenía el cabello largo, color café y vestía una túnica blanca de manga larga que le llegaba hasta los pies desnudos.

Me postré ante Él, pero Jesús me hizo levantar y me escoltó unos pasos adelante. No hablamos. Luego se volteó hacia mí, me abrazó y me besó. Tan pronto como nuestros labios se tocaron todo cambió. En lugar de sentir sus labios sobre los míos, mi estado conciente se expandió como la explosión de una bomba: todo se volvió luz, fue maravilloso, en ese momento supe que se había casado conmigo y que nuestro matrimonio sería eterno.

Luego de la meditación y por unos pocos días, más o menos cada veinte minutos me sentía saturada por el Espíritu Santo. Pero esto no interfería con mis tareas diarias. (S.E.)

La experiencia de unión espiritual de S.E., puede representar el pináculo de lo que todos los que vamos por el camino espiritual, anhelamos experimentar por sobre todo lo demás, la reunión con

Dios. A través de ésta experiencia, ella ha disfrutado de una intimidad extraordinaria con la personalidad divina. Algunos de nosotros podemos encontrar esto incómodo; creer que Dios es más impersonal y más austero que nuestro mejor amigo o amante, puede obstaculizarnos la idea de abrazar y besar al Señor. Pero la historia del misticismo cristiano, nos revela que la comunión con la divinidad, se construye desde lo que conocemos sobre el amor, más que proceder de allí. Cualquiera de las dos formas, se asemejan y eclipsan nuestra experiencia del amor humano, hasta la parte sexual, entra en los encuentros con la divinidad.

Esto me recuerda por ejemplo, de un encuentro de Cristo con una mujer casada que era frígida, al ver revoloteando a Cristo sobre su cama, mirando hacia abajo, con los brazos extendidos, se sintió tan amada que despertó el deseo sexual, para su vergüenza posterior. ¡La experiencia, aparentemente la curó de su frigidez!

El nivel de intimidad personal de cada encuentro, probablemente tenga algo que ver con nuestra forma de relacionarnos con los demás—o tal vez con la forma, como nos gustaría relacionarnos con los demás—y las heridas que traemos del pasado. A algunas personas les ha faltado tanto afecto, amor y cuidado, que llevan consigo un anhelo sin retorno, como el que existe en toda relación significativa. Por ello, las más altas experiencias espirituales, les dan una oportunidad de experimentar y expresar su amor—y así curar las heridas del pasado—de una forma que satisfaga sus necesidades desatendidas. Otros podemos expresar éste nivel de afecto en todas nuestras relaciones cercanas. Ya sea, que tales expresiones de intimidad salgan de las necesidades descuidadas o de una apertura espontánea, es difícil de determinar, sin entrometerce en áreas personales, que están más allá del alcance de este libro.

Finalmente, S.E. muestra una cualidad terrena que redondea su iniciación espiritual. *Sus tareas todavía le preocupan.* Como M.B.

que aprende de la Virgen María que lavar platos, le ayuda al desarrollo de los propósitos de Dios en éste mundo, S.E. demuestra su interés, en lo que importa *aquí y ahora*. Como todos los místicos genuinos, S.E. retorna de la montaña, se sube las mangas y comienza con el trabajo que tiene frente a sí. Para ella, esto quiere decir que apoyar un huérfano de Bosnia-Hercegovina, darle una buena educación a sus dos hijas adolescentes y trabajar calladamente, como acostumbra, hacia la unificación de todas las divisiones cristianas.

Imitar a la Virgen María significa volverse más activo en el mundo, de manera que eleve y cure a otros. Cada discusión pasada de los receptores, se ha vuelto de alguna manera, un auxilio curativo, como forma de expresar su compromiso con la Virgen y con Dios. Está claro por sus recuentos, que nuestros esfuerzos son cruciales, para lograr un cambio constructivo en el mundo. Y más, que debemos simplemente esperar la intervención del espíritu en nuestras vidas. Esencialmente podemos ver, que cuando aceptamos la invitación a imitar a la Virgen María, *nos convertimos en esa fuerza que cambia y que el mundo necesita tan desesperadamente.*

Los siguientes relatos revelan el impacto que podemos vivir en situaciones, que constantemente se desarrollan en nuestras vidas. Los dos relatores, han tenido múltiples experiencias con la Virgen y con Jesús y ahora les sirven cada vez que son llamados.

El día de Navidad del año 1977, desperté a media noche con la necesidad de ir a mi altar a rezarle a María. Me quedé orando allí por media hora, cuando sonó el teléfono. Era la una de la mañana. Un amigo me llamaba para que rezara por su esposa, que estaba en labor de parto. El bebé nacería en casa y la partera no alcanzaría a llegar a tiempo y el esposo tendría que recibirlo. Regresé al altar a rezar. Una luz blanca llenó la habitación y la presencia de la Madre me llenó con profundas olas de energía, intensa y serena, mientras me concentraba en el proceso del nacimiento. Esas olas de energía, fueron decreciendo a medida que la experiencia terminaba. Luego el teléfono volvió a sonar y mi amigo feliz anunció el nacimiento de su segunda hija; la madre y el bebé estaban bien. (C.N.)

Mi lugar favorito para escapar cuando los problemas del mundo me abruman, es la gruta de Lourdes en Emmitsburg (estado de Maryland, EE.UU.). Aquí muchas veces he oído la voz de María.

Hace tres años fui a la gruta para agradecerle a María por una curación. Mientras oraba vi la silueta de una mujer embarazada. Le pregunté a María, "¿Quién es?", y ella me dijo, "Tu hija". Pregunté de nuevo, "¿Está embarazada o lo estará"? María contestó, "Reza por el niño que no ha nacido". Dos meses más tarde, mi hija anunció su embarazo. Yo seguí rezando cada mañana y cada noche. El bebé se adelanto nueve semanas. Pudo respirar solo, pero tenía un sistema digestivo inmaduro. Hoy es un chico amoroso, saludable y feliz. Creo que la visión de María, pidiéndome que rezara por él, le salvó la vida. Siempre he sido devota de María y ella guía mis pasos, siempre . . . (C.L.)

Me considero afortunado, al haber conocido tanta gente, que comparte la relación mística con la Virgen María y Jesucristo y cuyas vidas ahora giran de su servicio, de manera individual.

En estos días, Mickey me ha contado de sus encuentros marianos, pero sé que encuentra difícil, describir con palabras su riqueza y sutilezas. Por esto me apena insistir, por miedo a inmiscuirme en un vínculo sagrado. Ahora también tengo menos necesidad de saber, pues la presencia de la Virgen me envuelve cada vez más—un abrazo que reafirma y que silenciosamente me informa de lo que Mickey me contará—sobre el amor de la Santa Madre por ella, por mí y por todos nosotros.

Cerca al solsticio de invierno, la Virgen María se le apareció a Mickey otra vez, vestida magníficamente en rojo y dorado. Mickey sintió su cercanía y cómo la envolvía, confortándola en los pliegues de su manto. Al día siguiente, Mickey le contó a una amiga sobre la experiencia y esta amiga compartió con ella, algo que no conocíamos: la Virgen se aparece cada Navidad en Medjugorje, vestida de rojo y dorado.

Algún día, quisiera ver a la Virgen María tan fácilmente como Mickey y otros lo hacen. Si reconocemos a la Santa Madre como una presencia interna—y sí sentimos nuestra propia respuesta a servir como vínculos para el espíritu—entonces sin duda llegaremos a conocer la cara femenina de Dios, tan seguramente como aquéllos que ven los colores del manto de la Virgen y oyen su voz suave, que calma el sonido del parloteo incesante de la mente.

A la larga, imitándola y *volviéndose* más como ella, es todo lo que importa después de todo.

REZAR EL SANTO ROSARIO

Oh Dios, cuyo único Hijo engendrado, por su vida, muerte y resurrección, ha obtenido para nosotros el premio de la vida eterna, concedednos os lo imploramos, que meditando en estos misterios del más Santo Rosario de la Bendita Virgen María, podamos imitar lo que contiene y obtener lo que promete a través del mismo Cristo Nuestro Señor. Amén.

Responder a las peticiones de la Virgen María

Lo que os diga, hacedlo.

—Palabras de la Virgen María en las
Bodas de Caná (Juan 2:3–5)

A medida que abrimos nuestra mente y corazón a la Virgen María, empezamos a darnos cuenta, que ella viene a transmitir una simple petición. Ya sea que permanezca callada e invite al receptor a sentir lo que ella quiere o comunicar su mensaje, de forma simple para que el visionario lo comparta con otros, su intención nunca titubea: *ella quiere que nos entreguemos por completo a una relación con Dios*—que liberemos por completo nuestra capacidad de amar, respondiendo al llamado del espíritu. Cuando a Lucía dos Santos, la visionaria principal de Fátima, se le pidió que hiciera un resumen del mensaje más importante de ella dijo, "La petición principal de nuestra Señora, es que cada día entreguemos lo que Dios nos pida".

¿Cuál de nosotros puede decir que ha alcanzado su reto? Sí pudiéramos contestar ésta simple solicitud, estaríamos viviendo por completo, al servicio de nuestro llamado espiritual. *Seríamos libres.* Pero una rendición espiritual completa, permanece fuera del alcance de la mayoría de nosotros—a menos que nos podamos acercar a ese estado de obediencia total, a través de un proceso gradual de cambio. La propia vida de la Virgen María demuestra éste proceso mejor que la de cualquier otro en la tradición cristiana. Si Jesucristo representa la culminación del proceso de encarnación de Dios, entonces la Virgen representa la pareja que conciente y lleva el proceso a su completo desarrollo.

No es sorprendente que las manifestaciones de la Virgen María a las personas, revelen los pasos que debemos tomar, para alcanzar se espíritu de complacencia y ofrecimiento a todo lo que Dios requiera de nosotros. Si alguno de nosotros, llega a enfrentar ese reto, debe poseer una serie de cualidades, que tomadas juntas lo hagan posible. Como parte final de nuestro examen de las manifestaciones de la Virgen María, he aquí un resumen de algunos de los pasos que debemos tomar para volvernos más como la Virgen, disfrutando de una relación con el espíritu parecida a la de ella.

Podemos intimar con ella

Mickey oyó a la Virgen María decir que yo tendría que llegar a conocerla a ella *a través de mi propia experiencia.* Sí, la Virgen ha dejado en claro que *todos* debemos tomar a pecho estas palabras. Ella nos llama para que aceptemos la experiencia *directa* de su presencia, como un primer paso, hacia nuestro llamado espiritual. Ella no espera que permanezcamos afuera mirando hacia dentro. Ella nos invita a "estar bajo su manto" y buscar un vínculo que sea seguro y lleno de significado. En términos de la tradición católica, el uso del escapulario—que representa una pieza de su manto—anuncia nuestra voluntad de consagrarnos a su corazón, quedando protegidos por su amor para siempre. Seamos católicos o no, el escapulario simboliza algo precioso para relacionarnos—*un vínculo de amor que nunca nos fallará*. Para disfrutar de éste sentimiento de protección y perpetua comunión, debemos someternos voluntariamente a una experiencia intensamente personal, con ella. Simplemente, *debemos ser como sus hijos*. Aquí es donde muchos de nosotros rompemos el vínculo con la Virgen María, Jesucristo y la personificación de Dios. Un paso ciego en la fe siempre deja una semejanza incómoda a experiencias anteriores, donde otros protectores nos fallaron, cuando les habíamos dado nuestra confianza, dejándonos desilusionados.

El otro día tuve una experiencia inolvidable que me dejó perplejo acerca del vínculo entre el divino espíritu femenino y nuestras madres biológicas.

Aprovechaba un poco de tiempo libre para meditar en mi oficina. No me sentía muy bien y esperaba que la meditación restaurara mi bienestar. Apagué las luces y me senté en el viejo sofá, sabiendo que mi próximo paciente llegaría en una hora.

Antes que pasara mucho tiempo me empecé a sentir mareado. Pensé que no llegaría a ninguna parte, en mi búsqueda de la claridad que acompaña mis meditaciones más profundas. Después de media hora, me sucedió algo inesperado.

Me encontré en un lugar brillantemente iluminado, que por alguna razón, reconocí de mucho tiempo atrás—desde antes del comienzo de nuestro tiempo en la tierra. Mientras tanto, experimenté la felicidad más pura y exquisita que

*jamás hubiera sentido. Total ausencia de miedo y la toma
absoluta de conciencia de nuestro origen y destino como
almas. Sabía que era parte de una conciencia, que había
previsto todo desde el comienzo del tiempo y que había
preparado nuestro camino para volver a la unión con Dios.
Y por unos segundos, parecí intimar con un ser en particular—una presencia femenina que parecía ser la fuente
principal de mi júbilo. Cuando salí de ese lugar, la única
imagen que permaneció en mi memoria, fue la del seno de
una mujer. Luego me encontré en mi sofá en la oficina, pero
la experiencia no había terminado. Una ola de amor me
atravesó con gentileza y la pude sentir trabajando para sanarme y restaurarme. Luego todo terminó.*

Un escéptico puede argüir, que lo único que recordé fue una
experiencia en el seno materno. No obstante tales imágenes, juegan
un papel importante en las experiencias espirituales: Evocan
poderosas memorias emocionales que sirven para ampliar y profundizar las experiencias de realidades espirituales. Durante el medioevo, los creyentes nunca pensaron en describir la leche de la
Virgen María, como símbolo de la gracia de Dios y la iglesia san-
cionó las pinturas que mostraban a la Virgen con el seno expuesto
derramando leche.

Aunque nos encojamos ante tales imágenes tan gráficas, la experiencia que tenemos de nuestras madres, representan el primer encuentro con otro todopoderoso que puede recibirnos o rechazarnos
de su lado. Mientras atravesamos éste intercambio emocional temprano con nuestras madres, emergemos de la infancia entre dos extremos: Por una parte, creyendo que aquéllos que amamos, siempre
estarán de nuestro lado y por el otro, convencidos que la traición nos
espera en cada esquina.

Por último, tal vez todos llevamos algunas heridas de nuestra niñez, que nos impida recibir el amor de Dios, sin retroceder por miedo o por una sensación de indignidad. Marion Wodman dice que el niño interior es y siempre será, un huérfano. Si, como esto sugiere, todos llevamos nuestro propio grado de inseguridad, entonces ¿Cómo podemos esperar rendirnos al abrazo de la Santa Madre?

Con esto en mente, muchas veces he retado la capacidad de las personas para abrirse a la Virgen María, cuando su relación con sus propias madres, no ha sido ni feliz ni segura. Sí nos quitan las experiencias tempranas de crianza, entonces en donde podemos encontrar la confianza, que necesitamos para relacionarnos es con la Virgen María o con Jesucristo—o con cualquiera cuyo poder sobre nosotros nos recuerde miedos, deserciones o traiciones. Obviamente, muchos de nosotros nos las arreglamos bastante bien, aún sin los cuidados tempranos de los padres. En estos casos, alguien más debió proveer el amor que necesitamos durante ese tiempo. Aún en ausencia de los reemplazos paternos, los problemas emocionales que permanezcan entre nosotros y nuestros padres, pueden en muchos casos resolverse, con una combinación de trabajo de oración, exploración terapéutica y discusiones interpersonales sanas.

No es sorprendente entonces, que nuestros primeros intentos para intimar con la Virgen, nos lleven a enfrentar cara a cara, nuestros problemas no resueltos con nuestros padres. *Puede ser que no seamos capaces de recibir a la Santa Madre en nuestras vidas, hasta que podamos enfrentar y resolver nuestros sentimientos insatisfechos, hacia nuestros padres terrenales.*

Una historia acerca del gran yogi tibetano Milarepa nos aporta un ejemplo puntual de cómo los problemas no resueltos con nuestros padres, se pueden reafirmar terriblemente en el momento que estamos haciendo nuestros más grandes progresos en el camino espiritual. Milarepa había sido devoto de su maestro Marpa por varios años, cuando entró a un período de reclusión para su práctica yoga avanzada. Marpa le había enseñado a Milarepa todo lo que sabía, pero ya era tiempo para que Milarepa tomara el paso siguiente por sí solo. De acuerdo a la tradición de la época, Milarepa permitió que lo encerraren dentro de una cueva, recibiendo agua y comida por un pequeño agujero de la pared temporal. Una noche, el recuerdo de su madre le llegó arrollador. Sin saber de ella por años, Milarepa tenía la necesidad imperiosa de verla. Sin dudarlo, rompió la pared y fue a pedirle a Marpa permiso para volver a casa. Marpa le concedió su libertad, sabiendo que nunca más volvería a ver a su sucesor. La última noche, Marpa, su mujer y Milarepa pasaron el tiempo juntos, llorando y abrazándose hasta que salió el sol en su último día juntos.

Cuando Milarepa llegó al hogar de su niñez, lo encontró como un matadero. Encontró los restos de su madre—una mera pila de huesos—tirados en el suelo de la que fuera la casa principal. Los aldeanos con miedo de la reputación de poderes síquicos de Milarepa, no se habían atrevido a entrar en la casa para disponer con propiedad de los restos de su madre. Roto por la pena, Milarepa durmió en el suelo al lado de los huesos.

Esta experiencia devastadora, profundizó el compromiso de Milarepa de ahondar en el desapego total del mundo y a vivir como el Buda había vivido, sin comodidades ni posesiones mundanas, comiendo sólo ortigas salvajes y ocasionalmente la comida que le daban los cazadores. A la larga del tiempo, dejó atrás tales extremos y regresó al mundo como un maestro poderoso, que había conocido las altas y bajas de la experiencia humana. Los recuerdos de la muerte de su madre, sin duda impactó el desarrollo de su espíritu tan profundamente como las enseñanzas de Marpa.

Cuando enfrentamos el reto de sanar nuestros recuerdos de la infancia, nos preguntamos, ¿Cómo el vínculo con mis padres y otros afectos perjudica mi habilidad para aceptar una relación con la Virgen María? ¿Qué debo hacer para resolver los problemas que pueden dañar un vínculo con la divinidad?

Nos podemos comprometer con una práctica espiritual formalizada

Mi amigo y mentor espiritual, Hugh Lynn Cayce, decía que realmente sólo tenemos una decisión en la vida—orar y meditar o no orar y meditar, refiriéndonos al rezo como a *práctica de hablar con Dios* y a la meditación *como a la práctica de oír a Dios;* él consideraba que todo lo demás era comparación y elección sin libertad. También estaba orgulloso de decir que ya sabemos demasiado y que ya es tiempo, para que todos nosotros nos comprometamos más diligentemente en la práctica espiritual. El teórico interpersonal Ken Wilber concuerda con la idea, cuando dice, "La práctica lo es todo".

En cada aparición mayor, la Virgen María nos ha urgido a comprometernos en la práctica espiritual. Sobretodo, recomienda rezar el rosario, una práctica que es lejana para muchos que no son católicos. En muchas de las apariciones, los visionarios han observado a la Virgen usando un rosario de cuentas en la muñeca. Comenzando por Bernardita en el encuentro de Lourdes, muchos visionarios han rezado el rosario con la Virgen María durante la aparición. En muchas visiones personales de las que hemos escrito, la Virgen usa el rosario o lo ofrece al receptor para que lo use durante su práctica espiritual. Como puede recordar el lector, la Virgen María le ofreció el rosario a C.H., para que lo besara en un

momento de su vida en que su compromiso se tambaleaba. De todo
lo que se asocia con las apariciones de la Virgen María, el rosario es
el símbolo prominente de la *práctica espiritual* que ella quiere que
mantengamos.

Claro que rezar el rosario es puramente una práctica devo-
cional, no es un ejercicio intelectual. Como tal, mucha gente la ha
asociado con la fe sin dudas. Hay una historia real, sobre un hombre
joven que abordó un tren cerca de París y se sentó junto a un hombre mayor que rezaba el rosario calladamente. Después de un rato, el
joven presuntuosamente, se dirigió al otro, diciéndole que esta era la
época de la ciencia y que venían muchos cambios, por lo tanto, prácticas como la de rezar el rosario ya no eran apropiadas. El viejo lo escuchó respetuosamente, sin objetar a ninguna de sus opiniones.
Mientras conversaban, el joven se presentó, sólo para encontrar que
el hombre con el que hablaba, era nada menos que el gran científico
Luis Pasteur.

El rosario ha sido asociado con muchos de los intelectuales y
gigantes de la iglesia. De acuerdo con una leyenda, la Virgen María
se presentó ante el fundador de los dominicos, santo Domingo de
Guzmán, al comienzo de año 1200, y le dio el primer rosario diciendo, "Este es el don precioso que dejo para ti". Ya que santo
Domingo pasó gran parte de su vida enseñando las virtudes del
rosario, se puede entender porqué la leyenda se le acredita a él; el
haber recibido el rosario de manos de la Virgen. Después de siglos de
evolución, el rosario adoptó su forma actual a eso del año 1500. En
el siglo IX, los pastores irlandeses cargaban piedritas en los bolsillos
y las iban botando mientras contaban sus rezos. Y en el año 500
d.C., santa Brígida de Kildare en Irlanda era conocida por rezar sus
oraciones usando una cuerda con pequeñas cuentas de piedra o de
madera.

(Para los lectores que no estén familiarizados con el rezo del rosario, he escrito una aproximación a él en el Apéndice A. También he incluido unas oraciones tradicionales que se usan frecuentemente y sugerencias sobre cómo rezar el rosario, con cambios para ajustarlo a nuestras propias necesidades.)

Mientras que la *satisfacción* de muchos de los que rezan el rosario, puede proveer beneficios seguros con el tiempo, la *práctica disciplinada* del rezo—por lo menos de una forma muy personal— puede constituir una adición igualmente importante para nuestra vida espiritual.

Por ejemplo, Conchita de Garabandal dice que la Virgen nunca citó las ventajas de una u otra oración, cuando habló de la importancia de rezar el rosario; era la *práctica* en sí lo que era importante. El padre Pelletier cree que cuando la Virgen María enfatizó la práctica por encima de la selección de las oraciones, ella estaba "tratando de llegar a la mayor cantidad de almas y por ello no quería proponer una forma de oración, que definitivamente sobrepasara el alcance de algunos y descorazonara a muchos otros".

Más allá de abogar por el rezo disciplinado del rosario, la Virgen María también enfatizó *cómo* deberíamos rezarlo—esto es con profundo sentimiento y gran concentración. Para este fin, ella recomienda orar *despacio,* con énfasis en cada palabra y pausas entre frases. Las personas que pudieron observar a Conchita y a las otras tres niñas rezando el rosario al tiempo con la visión, quedaron impresionadas por la pronunciación lenta y cuidadosa de cada palabra. Al hacernos rezar de ésta manera, la Virgen ayudó a las niñas a comprender el significado de las oraciones, pues ese sentido se pierde fácilmente en la repetición continua de palabras conocidas.

De una tradición distinta, pero hablando de lo mismo, Govinda, el lama budista tibetano, asegura que la llave para una vida rica en meditación y oración, depende de redescubrir el poder que tienen las palabras para evocar experiencias inefables. Govinda hace resaltar que la palabra "en el momento de su nacimiento, fue el centro de una fuerza y una realidad y sólo la repetición la ha estereotipado, meramente como un medio convencional de expresión". Govinda dice que concentrándonos en *cómo* recitamos las palabras, podemos conseguir el significado más profundo que tienen las oraciones más conocidas y los pasajes sagrados—y podemos lograr que las formas antiguas revivan.

Podemos preguntarnos, *¿Qué forma de práctica espiritual estoy llamado a desarrollar?; ¿Necesito adoptar el precioso don mariano del rosario o traer nueva vida a mi propia práctica, haciéndola de forma más deliberada y conciente?*

> *Podemos tomar pasos audaces para*
> *cambiar nuestras vidas y para hacer la diferencia*
> *en el mundo*

Por la evidencia que proveen estos relatos, nos debería quedar claro que la Virgen María algunas veces interviene, para empujarnos a tomar audazmente nuevas decisiones. Viene no sólo a darnos su abrazo protector y a comprometernos en una práctica espiritual, sino a iluminar el vacío de lo que hacemos individual y colectivamente que con el tiempo propiciará consecuencias desastrosas.

En muchas de las apariciones mayores, la Virgen indica que debemos trabajar diligentemente, para alcanzar nuestras elecciones colectivas sí queremos evitar un castigo mundial. Afortunadamente, la Virgen María también nos trae buenas nuevas: que la oración individual, la meditación y otras muestras "microcósmicas" de amor, pueden ejercer un poderoso impacto sobre nuestra suerte colectiva. Parece que unos pocos de nosotros, podemos hacer la diferencia en el mundo.

Como sicoterapeuta que trabaja a nivel de la siquis individual, he llegado a darme cuenta, que cada uno de nosotros enfrentara sus propios castigos, si continuamos negando la necesidad de hacer cambios significativos en nuestras relaciones, profesiones y comportamientos personales. De los muchos encuentros personales con Jesucristo y la Virgen María que he estudiado, *ni uno* de ellos la Virgen, habla de la posibilidad de una catástrofe mundial. Pero muchos de ellos—especialmente los encuentros con Jesucristo—mencionan o recuerdan problemas *personales,* sin resolver que se atraviesan en el camino de un vínculo más cercano con la divinidad y con nuestros semejantes. Algunos de estos encuentros, piden acción inmediata, para evitar trágicas consecuencias personales. Como la Sagrada Familia que fue advertida por un ángel para que huyeran de los soldados de Herodes, nosotros también necesitamos tomar pasos firmes y drásticos, para proteger lo que nos es más precioso de las consecuencias de nuestras propias decisiones—o de las intenciones destructivas de otros. Tan sobrios como pueden parecer al comienzo estos encuentros, pueden despertarnos antes que sea demasiado tarde.

El lector puede recordar que el receptor R.S., vio a Jesucristo aparecer en su cocina diciéndole, "No estás donde Yo quiero que estés". Como tantos de estos breves mensajes, musitados en numerables encuentros con Jesucristo y la Virgen María, podemos aplicarnos estos mensajes. ¿Cuántos de nosotros podemos decir que estamos donde ellos quieren que estemos y haciendo lo que debemos hacer? En la siguiente historia, un hombre nos cuenta como encontró el coraje para actuar con decisión, cuando la Virgen María se le apareció en medio de una crisis.

María me vino a mí durante un tiempo de crisis.
Una pareja se mudó al apartamento vecino al nuestro
en el mes de junio del 1995. El diecinueve de ese mes se hizo

evidente que la mujer estaba siendo físicamente maltratada.
Ocurrió esa noche y nuevamente en julio. Luego comenzó a
suceder más a menudo, hasta que en septiembre, sucedía dos
o tres veces por semana, Cada sonido que salía del aparta-
mento me sumía en pánico, me congelaba, no era capaz de
moverme y temblaba lleno de miedo. Aunque oía unos gri-
tos terribles, no era capaz de llamar al número telefónico de
primeros auxilios en los Estados Unidos, "911". Cuando se
acallaban los gritos, yo me quedaba despierto—a veces por
horas—oyendo los gritos de la mujer en mi cabeza.

Llegué al punto de no querer llegar a casa al final del
día. No quería dormir y era un manojo de nervios, irrita-
ble por la falta de sueño. En retrospectiva, veo que mi mujer
y yo éramos como la pareja del comercial que habla de fi-
nalizar con la violencia doméstica, que apagan la luz en
lugar de llamar a la policía para que intervenga con los ve-
cinos. Comencé a orar y meditar, tratando de encontrar una
respuesta. Pasaron meses y mi esposa y yo seguíamos negando
la necesidad de hacer algo.

A través de mis oraciones a Dios y a María, se me
ocurrió una respuesta. Una noche, en el mes de septiembre
de ese año, tuve el sueño en que me despertaba súbitamente
y veía a María a los pies de mi cama. Se veía sentada al es-
tilo hindú, vestida en azul celeste y rodeada por una luz
blanca que llenaba la habitación. No dijo nada, juntó sus
manos en actitud de oración y telepáticamente me dijo que
orara por el mundo y por la crisis en que me encontraba.
Dijo que me daría la respuesta al problema.

El abuso continuó una y otra vez y yo no hice nada.
Seguí orando, meditando y recibiendo el mismo mensaje en

mi interior. Luego el abuso sucedió de nuevo. Sin pensarlo, corrí al teléfono y llamé al 911. Luego llamé al administrador del edificio y lo urgí a tomar alguna acción para detener la violencia.

Supe que la respuesta era actuar—hacer lo que pudiera para terminar con el sufrimiento. María me hizo tomar el control de mi vida y terminar con mi propio dolor. Sólo podía lograrlo haciendo parar el abuso, pero al mismo tiempo, sabía que debía tener compasión por mis vecinos, que estaban en crisis. (D.S.)

En la medida en que nos acercamos a la Virgen María, podemos ver que también nosotros estamos llamados a *actuar decisivamente y con audacia, para lograr la diferencia en el mundo.* Anticipándonos a este llamado podemos preguntarnos, "*¿De qué forma es que no estoy donde debo estar? ¿Qué cambios audaces debo hacer para desarrollar mi mayor capacidad de servicio al llamado espiritual*"?

PODEMOS QUITAR LAS BARRERAS PARA RESPONDER A NUESTRO LLAMADO

Como el lector puede recordar, M.B. sintió rabia contra Dios, cuando Él no la tomó en cuenta y escogió a la Virgen María. En sus supuestas memorias de vidas pasadas, ella se sintió capaz de llevar en su seno al Niño Jesús, aunque sintió tantos celos al compararse, que evitó su obediencia al llamado del espíritu. Si honestamente examinamos nuestras actitudes, encontraremos que también nosotros,

insistiendo en errores reales o imaginarios de pensamiento, cerramos
nuestro corazón a la llamada del espíritu.

Afortunadamente la mayoría de nosotros no somos pecadores
impenitentes, no somos como Milarepa, el gran gurú tibetano, que
comenzó su vida adulta usando sus prodigiosos poderes síquicos
para asesinar a todos sus parientes malvados, y luego pasó la mitad
de sus vida pagando por ello. No, cuando llegue el llamado para
servir a Dios, dando más de nosotros, no encontraremos en nuestro
camino pecados tan grandes. Para muchos de nosotros, tal vez para
la mayoría, *las creencias limitantes, la injusticia y los temores,* son las
principales barreras a nuestra capacidad para servir a Dios, como
cualquier otra forma de pecar real o imaginada. Averiguar y
despachar estos constreñimientos internos, requiere el escrutinio
más grande y honesto y además puede requerir un proceso terapéu-
tico, para evitar nuestra propensión a esconder la verdad tranquilizadora de nosotros mismos.

Por ejemplo el año pasado, tuve que enfrentar el hecho de sentir un gran resentimiento, hacia personas que creí me habían juz-
gado injustamente. Me rehusaba a "quitar las espinas" del Corazón
del Señor y mi vida espiritual sufría. Comencé a rezar, pidiendo
pureza del corazón para que me ayudar a soltar los agravios. Afortunadamente, creo que la Virgen María intervino para hacerme olvidar toda ésta preocupación innecesaria, por medio de un amigo que
la vio a la Virgen acercarse a mí durante nuestra oración del rosario.
Lo más curioso fue que él no sabía nada acerca de mi lucha para pu-
rificar mi corazón.

*Durante la meditación, vi una luz brillante entrar en la
habitación. A medida que descendió con suavidad, vi a la
Santa Madre aparecer en el centro de ella, llevando un*

vestido gris y un suave velo blanco que adornaba su cabeza, envolviéndola. Era tan bella. Estaba descalza y sus pies nunca tocaron el piso. Una gran sensación de paz me llenó y lágrimas corrieron por mis mejillas,

Sostenía una rosa roja y sonreía mientras caminaba alrededor del grupo, tocando la parte superior de la cabeza de cada uno, bendiciéndolos de cierta manera. Parecía levitar alrededor del grupo y se detuvo frente a Scott. La rosa se tornaba blanca a medida, que con ella le tocaba el corazón por tres veces. En su boca pude ver las palabras, pureza, pureza, pureza. Luego la rosa se volvió roja otra vez y ella continuó tocando el resto del grupo. Volvió al centro de la habitación, sonrió y se desvaneció en la luz. (A.G.)

He encontrado, que sin importar que tanta relevancia espiritual recibamos, de todas maneras tenemos que hacer nuestra parte. Es un proceso diario que se mueve hacia delante. Hoy la Virgen María se ha vuelto la fuente de amor y confianza para mí. Casi siempre la siento cerca y algunas veces creo que la veré aparecer. Pero por ahora debo *elegir* éste don de su presencia amorosa, en lugar de rendirme a las preocupaciones y obsesiones que me atormentan.

Podemos preguntarnos, *¿Qué creencias y actitudes limitantes evitan que me abra, aceptando su presencia ahora mismo?*

PODEMOS RECONOCER QUE SOMOS MERECEDORES

~

Muchos de nosotros caemos presa de un credo erróneo particular que nos impide recibir en su totalidad la Gracia Divina: *La convicción de nuestra falta de merecimiento.* He encontrado en mi trabajo con sueños y experiencias místicas, que muchos llegamos al umbral de una experiencia de éxtasis divino durante los sueños y las visiones, sólo para quedarnos cortos en la aceptación completa de la luz. ¿Por qué? Porque en el momento crítico en que somos llamados para recibir el don mayor, la convicción de nuestra indignidad se hace presente. Una mujer soñó que Jesucristo venía a golpearle la puerta. Creyendo que su casa estaba muy desordenada, ella resolvió no abrir. Como ésta muchos de nosotros evitamos las experiencias de cambio, pensando, ¿quién soy yo para merecer este don?

Puede ser cierto que *la más grande barrera, para estar listos a un contacto completo con la divinidad, es la creencia que somos indignos.* Dada nuestra propensión a la duda y la aversión personales, no es sorprendente que muchos de los encuentros con la Virgen María y Jesucristo, dejen a los receptores convencidos, por encima de todo, que *son* queridos y que *son* merecedores. El lector recordará que una mujer que oyó a la Virgen María decir, "Yo te escojo a ti", y otra la oyó decir, "Yo soy como tu". En un encuentro con Cristo, sólo una mujer lo pudo ver en un grupo de oración. Como muchos habríamos hecho, ella le preguntó, "¿Y por qué yo"? y Él le respondió, "¿Por qué tú no"? Estos mensajes firmes y afectuosos no son extraordinarios. Muchos de los mensajes incluidos en los capítulos anteriores, nos reiteran esta certeza básica, que la Virgen nos ama sin condiciones y quiere que pensemos que somos dignos de dicho amor.

Si estamos comprometidos en el camino de la imitación de la Virgen María y a recibir el espíritu de Cristo en nuestras vidas entonces, obviamente debemos aferrarnos a la convicción que merecemos la tarea. Podemos preguntarnos, "*¿cómo me descalifico para sentirme indigno?; ¿Cómo puedo unirme a aquéllos que se sienten 'dignos' sólo por saberse amados*"?

Podemos aceptar el precio de estar en este mundo

No importa que tanto hallamos sido benditos con experiencias de la divina presencia—ya sea que venga de la Virgen María, Jesucristo, un ángel o cualquier otro ser—la angustia de vivir, puede erosionar nuestro sentido de significado y socavar nuestro compromiso al camino espiritual. Los momentos poco frecuentes de comunicación espiritual, pueden parecer irrelevantes, cuando más, si los comparamos con las presiones de la vida diaria que nos abruman. En el siguiente encuentro con la Virgen, el receptor S.E., recibe una sencilla pero profunda enseñanza que sirve para todos nosotros.

Estaba en mi habitación, haciendo la cama. Suspendí abruptamente lo que estaba haciendo, pues supe con certeza y gran alegría que María vendría en la noche. Lo supe y seguí haciendo la cama. Luego de un día de actividad, me fui a dormir sin pensar en el "anuncio" que había recibido más temprano, ese mismo día.

Luego, cobré lucidez mientras dormía—esto es, sabía que soñaba. Me escoltaban por el vestíbulo de un edificio elegante, dos hombres vistiendo trajes. Caminaban a mi lado, cada uno me tomaba de un brazo, guiándome.

Pasamos por una puerta abierta a mi izquierda. Era una pequeña habitación abarrotada. Eché un vistazo y vi una estatua de unos dos y medio pies de altura de la Santa Madre. Estaba hecha de piedra gris, ladeada, tirada sin cuidado sobre unos cachivaches. Tan pronto como la vi, perdí la compostura y grité desesperada, "¡Madre! Ven a mí por favor". Me sorprendió la intensidad de mi necesidad por ella.

En ese momento, los dos que me sostenían lo hicieron más fuertemente, pasaron la puerta y me hicieron sentar en una banca elegante que había en el pasillo. Me dejaron allí. Mientras esperaba sentada, miré hacia la puerta de la habitación.

De golpe, un pie descalzo atravesó el vano de la puerta, seguido por una brillante falda rosada. ¡Era ella! Caminó fuera de la habitación viéndose alta, fuerte y muy real. Brillaba de veras. Cada pulgada suya estaba glorificada. Vestía una túnica rosada cubierta por una capa con capucha azul celeste.

Caminó hacia la banca y se sentó a mi lado. Yo estaba pasmada y me dije, "esto es una aparición". Me relajé y me abrí para absorber su presencia. Se sentó muy cerca y me miró para hablarme. Cuando la miré a los ojos, descubrí que no podía mirar a ninguna otra parte, había una fuerza magnética que atrapaba mis ojos y pensé, por esto es por lo que la gente dice que es tan bella—es su magnetismo.

Era preciosa, pero no se parecía a la estatua. Sólo puedo decir que sus ojos eran totalmente negros. ella habló y habló, yo no dije ni una palabra. Me dijo muchas cosas, pero solo soy capaz de recordar un mensaje. ella me dijo, que cuando suceden cosas malas—cuando entra la maldad en la vida—hay algo que uno puede hacer. En ese momento, aunque la miraba a los ojos, vi la pequeña estatua de la habitación. Como la vi de cerca, vi motas de polvo en su quijada. La estatua estaba toda polvorienta.

Ella dijo, "El polvo que tiraron a mi vida era del demonio". (Yo entendí que el polvo quería decir distracciones, inconvenientes y comportamiento malicioso.)

Luego dijo, "Limpia el polvo y yo estoy allí".

Cuando me levanté a la mañana siguiente, me sentí muy bien. En los días que siguieron, cada vez que estaba angustiada, recordaba sus palabras, veía sus rodillas y la veía a ella, inclinada conversando íntimamente conmigo. ella siempre ha estado allí. (S.E.)

Es importante anotar, que la experiencia relatada tuvo lugar *después* de la "transfiguración" de S.E., la experiencia con el Padre y su "matrimonio místico" con Jesucristo. Llena de poder por estas dos experiencias de éxtasis, ella aparentemente necesitaba, una cosa que todos requerimos, cuando hemos visto nuestro verdadero destino espiritual: la paciencia y la voluntad de mirar más allá de las ilusiones polvorientas del mundo y aferrarnos a la verdad. En otra tradición espiritual, pero con el mismo tenor, el lama Govinda, tuvo una visión al comienzo de su viaje al Tíbet; en la visión observó la versión tibetana del divino espíritu femenino, Tara Blanca, "La Salvadora". En su éxtasis, oró con palabras que afirmaban su deseo de ayudar a otros, a ver más allá del velo que empaña nuestra percepción de las más grandes naturalezas espirituales.

Por ello, yo os imploro, Oh madre de los que sufren
y a todos los Budas presentes, que tengáis piedad
de los humanos, cuyos ojos están cubiertos con sólo
un poco de polvo y que podrían ver y entender tan
sólo si nosotros persistiéramos un poco en hacerlos

> *soñar, hasta que el mensaje les llegue o hasta*
> *que sea entregado a aquellos que puedan*
> *difundirlo para el beneficio de todo ser viviente.*

Justo cuando Jesucristo me sorprendió, al indicarme que la Virgen María era el paso siguiente en mi desarrollo espiritual, la Virgen—con su intención de aceptar el polvo de la vida común—parecía representar el siguiente paso en el desarrollo espiritual de S.E. Esto puede parecer confuso, pues nos han dicho que llegamos a Cristo *a través de la Virgen María.* ¿Cómo es posible entonces, que algunos descubramos a la Virgen *después* de conocer a Jesucristo? Pensémoslo así: en nuestra búsqueda por el contacto espiritual, podemos encontrar la cara femenina de la divinidad, en una jornada hacia arriba de la montaña. En su forma de muchacha o de Virgen, ella nos enseña la importancia de rendirse a la divinidad, concibiendo en espíritu una nueva vida. Luego, cuando traemos esa nueva vida de regreso al mundo, encontramos a la divinidad como la madre. Ella nos invita a estar bajo los pliegues de su manto, como *sus hijos,* lo mismo que a aceptar las penalidades como *"madres"* que inevitablemente acompañan "un camino con un corazón".

El encuentro de S.E. nos recuerda a cada uno de nosotros, que enfrentamos una escogencia simple a cada momento: sucumbir a la tentación de la desesperanza o hacer un esfuerzo para encontrar la presencia permanente de Dios, bajo el polvo que tantas veces colma nuestras vidas. El mensaje nos asegura la inmanencia del espíritu y nos recuerda el trabajo que debemos hacer para reclamar lo que nos corresponde.

Podemos entonces preguntar, *¿Cómo puedo sacudir el polvo de mi vida y encontrar la presencia amorosa que siempre está allí?* O de forma práctica, *¿qué necesito hacer ahora para descubrir la inmanencia del amor de Dios, que está temporalmente escondido a mi vista?*

Podemos restaurar el sentido de armonía en un mundo fragmentado

~

ivimos en un tiempo de desintegración psicológica, social y biológica—cuando las estructuras, que una vez nos mantenían juntos, se han debilitado bajo la influencia del cinismo, el egoísmo y los organismos mutantes. Esta erosión de la integridad es evidente a todo nivel y desesperadamente necesitamos algo que nos restablezca el sentido de seguridad y organización.

Cuando a mi madre le diagnosticaron el cáncer del páncreas y le dieron unos pocos meses de vida, sentí el estremecimiento de la desintegración emocional y familiar. Me volví hacia la oración para ayudarla a ella y a mí al mismo tiempo. Antes de dedicarme por completo a la oración, pasé unos días pintando una mandala—un ritual de sanación. Lo descubrí por accidente cuando era adolescente y lo he repetido periódicamente desde ese momento. *Mandala* quiere decir, "círculo mágico" en sánscrito y define todo diseño radialmente simétrico, circular, cuadrado o cualquier otro. Las mandalas han sido tradicionalmente asociadas con Dios, con el todo y con la Santa Madre. Los budistas e hindúes las usan en la meditación, pero la forma de la mandala se encuentra en todas las tradiciones sagradas, incluyendo el cristianismo.

Muchas veces pinté mandalas en los tiempos de cambio y calamidad de mis veinte años. Las noches siguientes soñaba vívidamente con mi madre y con otras figuras maternas. Esto no es sorprendente, pues la mandala—como una buena madre—nos abraza y contiene en los tiempos de crisis. En la tradición hindú esta imagen

de curación y restauración es conocida como "incorporación divina", porque refleja en forma visual, el proceso de la encarnación del
espíritu en el mundo y como trae el orden a él. Entonces mientras la
fuerza destructora del cáncer, amenazaba la salud de mi madre—y a
su vez, mi equilibrio emocional—usé la mandala para dibujar en ella
toda la fuerza materna de protección espiritual y aceptación para
nosotros dos.

Cuando completé la mandala, medité en su imagen y oré por
la sanación. En ese momento experimenté un extraño grado de fe:
sabía que mi madre se recuperaría. Claro que no puedo jurar que
mis oraciones tuvieran algo que ver con ello, pero tampoco puedo
comprender la certeza que sentí en ese momento, pero el cáncer re-
mitió por tres años antes que muriera súbitamente. Me han dicho,
que sólo una persona de cada cien vive tanto tiempo con un cáncer
del páncreas. Mi hermanastro médico nos dijo a mi hermano y a mí,
después que ella murió, "Eso *no* ocurre de esta manera con este tipo
de cáncer. Su mejoría no tuvo que ver mucho con la quimioterapia.
Algo milagroso mantuvo su cáncer detenido y ese "algo" dejó de
funcionar del todo, justo antes que ella muriera". De cualquier manera que lo llamemos—ya sea Cristo, la Santa Madre, el Espíritu
Santo—envolvió la enfermedad dentro del cuerpo de mi madre y
restauró su salud por un tiempo.

Mi propia experiencia, me recuerda la razón por la que muchos de nosotros, nos acercamos a la Santa Madre en estos momentos. Antes las influencias que atan en la sociedad, en la iglesia, en
nuestras familias y en nuestro propio cuerpo, parecían adecuadas
para contrarrestar, las influencias que normalmente amenazan aquellas cosas que son más valiosas para nosotros. Pero las cosas han cambiado. En las palabras de W.B. Yeats, "las cosas se desbaratan; el
centro no se sostiene y en todas partes la ceremonia de la inocencia

se ahoga". Muchos de nosotros podemos *sentir* la soberana verdad de éstas palabras. No es la primera vez que el mundo ha encarado tal ausencia de estructuras protectoras. Uno puede razonablemente argüir que estamos más expuestos en ese momento, a la desintegración psicológica, social y biológica que en el medioevo, cuando la superstición, el vicio desenfrenado y la plaga asolaron el cuerpo y el alma de Europa. Bárbara Tuchman presenta una apremiante hipótesis que nuestra propia maldad penetrante, se muestra en la decadencia del final del medioevo y muchas siguen hasta el comienzo de una nueva era.

En estos tiempos, necesitamos algo lo suficientemente fuerte para organizar y contrarrestar, las influencias que amenazan con arruinar lo que es bueno y sano. La muerte, por supuesto, es inevitable, pero lo que se presenta es algo menos noble. La represión que necesitamos para nuestra salud y desarrollo está seriamente amenazada, la epidemia del SIDA, es un ejemplo concreto, de nuestra falta de habilidad colectiva *a todo nivel,* para soportar las fuerzas de desintegración en el mundo. Algunas personas abogan por un regreso a los valores familiares, como una forma de encontrar la estabilidad que necesitamos desesperadamente. Otros exaltan las virtudes del tratamiento *holístico,* que mejora la respuesta del sistema inmunológico, a una amenaza nueva y más fuerte. Pero comprendemos que las soluciones van más allá de cualquier cosa que podamos manejar por nuestra cuenta. Debemos comprometernos, sí, pero también necesitamos ayuda—no de fuentes comunes sino desde *dentro y más allá de nosotros*—para restaurar nuestra integridad. En este contexto, la Virgen María nos ofrece un camino para ligar las fuerzas que de otra manera nos dividirán. ¿Cómo? Pidiendo que nos comprometamos en varias formas de sacrificio personal—como la oración, el ayuno y el arrepentimiento. *Puede parecer*

irónico, pero el divino espíritu femenino nos ofrece contención y protec-
ción espiritual, al precio de dejarnos ir y hacer lo que Dios pide de
nosotros.

No hay duda que la Virgen María viene a nosotros ahora,
cuando necesitamos mucho, un recinto sagrado que rodee los frag-
mentos de nuestro primer ser, para forjarlos en un nuevo ser concebido por el amor. Tal vez nuestra necesidad desesperada, nos motive
a hacer lo que no hemos querido hacer antes—rendirnos por completo a la voluntad de Dios, la fuerza del amor que ella nos trae, los
dones tangibles que ella nos concede y los actos de sacrificio que ella
requiere de nosotros, pueden trabajar juntos para restaurar nuestra
capacidad de contener y nutrir el bien que llevamos dentro y que
hay en el mundo.

PODEMOS SERVIR AL MISMO
QUE ELLA SIRVE

Cuando Jesucristo moría, les habló a su Madre y a su discípulo
Juan, que hacían vigilia bajo la cruz. Dijo algo que la gente se pregunta desde el comienzo de la cristiandad. Se refirió a Juan como hijo
de la Virgen María y a ésta como madre de Juan: "Cuando Jesús vio
a su Madre y al discípulo parado junto a la que Él amaba, le dijo a
su Madre, ¡Mujer, contempla a tu hijo! Luego le dijo al discípulo,
¡Contempla a tu madre! Y desde ese momento, el discípulo la recibió
en su propio hogar" (Juan 19: 26–27).

En la superficie Jesucristo decía, cuídense el uno al otro ahora
que yo los dejo. Pero sus palabras se pueden interpretar de una
forma más global, como una directriz final dedicada a todos
nosotros. Podemos decir que, Jesucristo nos entregó al cuidado de su
Madre y nos dio su Madre a nosotros. Luego de rodearse de doce

hombres durante su corto ministerio—muchos de los cuales lo mal entenderían casi siempre y uno que lo traicionó al final—Él se vuelve hacia su Madre al final. Este gesto levanta una pregunta al que Jesucristo nunca respondió: ¿En *dónde* encaja lo femenino en nuestra vida espiritual?

Durante medioevo, un poderoso mito se levantó y nos ofreció la respuesta a esta pregunta. La historia era la búsqueda del Santo Grial: el cáliz en que Jesucristo les sirvió a sus discípulos en la Última Cena. Muchos juglares colaboraron para que emergiera, trazando un audaz diseño de la totalidad, que se desarrolla a partir de una nueva visión, hecha de partes de mitos y leyendas anteriores. Como los grandes mitos y las verdades espirituales podemos comprenderlos mejor, si nos permitimos suspender el análisis y *sentir* el significado.

Obsesionados con la idea que se podía recobrar el Santo Grial perdido sí uno era puro de corazón, los legendarios Caballeros del Santo Grial, salieron en su búsqueda por los bosques y castillos de la Gran Bretaña y de Europa. Mientras que la historia se desarrolla primeramente alrededor de la búsqueda del Santo Grial, la culminación del mito va más allá del mero descubrimiento. Le concierne la resolución de un problema de nuestro tiempo: la herida del rey Pescador.

Amfortas, el rey Pescador, era el guardián del Santo Grial, pero irónicamente no podía sanarse con él. Más aún, como reflejo de su propia fragilidad, la tierra a su alrededor permaneció baldía. En años anteriores, cometió el error de provocar impulsivamente a un caballero pagano. En la escaramuza, Amfortas mató al caballero, pero fue herido gravemente. Languideció en adelante en el castillo del Santo Grial.

Con esta agresión impulsiva el joven Amfortas, se parece al discípulo que le corta la oreja al soldado romano que arresta a Jesucristo para demostrar su poder mesiánico. Amfortas simboliza la parte de nuestra naturaleza sin examinar, cuyo apetito por poder nos ciega a la caridad de Cristo con todos nosotros y con nuestros enemigos. La redención de la peor maldad de la humanidad—la agresión maliciosa—es la necesidad que yace bajo el deseo que creó este mito. No hay duda que cuando Jesucristo moría en la Santa Cruz, nos mostró que el espíritu femenino era la forma de curar la animosidad que al final sabotea nuestras opciones de realización espiritual.

Nos cuentan, que en su juventud Percival de alguna manera entró en el Castillo del Santo Grial, y allí se encontró frente al último examen del Caballero del Santo Grial: cuando viera el cáliz debía hacer la pregunta, ¿a quién le sirve el Santo Grial? Percival no estaba preparado para este examen. Cuando el Santo Grial apareció de detrás de unas cortinas y pasó flotando junto a él, se quedó sentado, mudo, abrumado por su radiante belleza. Desafortunadamente, años antes su madre le había dicho que no hiciera preguntas y en este momento crucial, Percival obedeció para su perjuicio. Fallando al no hacer la pregunta, fue despedido del castillo, sin poder comprender que había hecho mal.

Percival no sabía que *experimentar* el Grial no era el punto final de su búsqueda. El tenía que *responder* de una forma que recordara la esencia del Grial. Tenía que sobrepasar el silencio de su madre y tenía que evitar el celo que había cegado a Amfortas en su batalla equivocada. Debía redimir la agresión en sí mismo y en el rey Pescador. Como la Virgen María, *sólo podía hacer esto, ofreciéndose él mismo al servicio.*

Años más tarde, después de muchas duras lecciones, Percival encontró su vía de regreso al castillo. Como caballero maduro y experimentado, vio nuevamente la belleza del Santo Grial; esta vez su voz le sirvió bastante bien. Desprendiéndose del éxtasis que le producía tan solo *recibir* la gracia del Santo Grial, él preguntó, "¿A quién sirve el Santo Grial?" Con esta pregunta Percival implícitamente *se* ofreció al servicio del Rey Pescador, cuya llaga no podía ser sanada sino por un caballero, que quisiera preguntar lo que nadie había preguntado antes. Al hacer la pregunta crucial, Percival dejó de ser el observador pasivo *o* el guerrero combativo: *Se convirtió en vehículo.* Como la Virgen María, él exhibió un espíritu sensible que sanó la herida del rey Pescador y liberó las aguas para que fluyeran de nuevo en el baldío.

Cuando recuerdo la búsqueda de Percival del Santo Grial, recuerdo también mi propio camino espiritual. Cuando el espíritu llega a nuestras vidas, puede despertar un amor tan intenso que no podemos soportarlo. Pero como Percival, podemos buscar con ahínco una y otra vez, pensando erradamente que las experiencias de luz y éxtasis, pueden ser la realización de nuestro llamado espiritual. Al principio podemos dejar de ver el corazón de la verdad—que estamos llamados a dar amor y no sólo a sentirlo. Como Percival, podemos permanecer mudos y en un estado dichoso de satisfacción personal. Ninguna cantidad de experiencia espiritual, puede hacer que despertemos al llamado espiritual *sin ninguna duda* y que aceptemos los sacrificios requeridos de nosotros *sin lamentarlo.* Por esto, yo creo que Jesucristo nos señaló a la Virgen María—al Arca de la Alianza y al Santo Grial. El sabe que podemos llegar rápidamente al límite de nuestro desarrollo. Sin comprender ni *sentir* la completa conformidad de la Virgen a *su* llamado, no podemos comenzar a contestar *nuestro propio* llamado.

Para muchos de nosotros, nuestra conformidad y obediencia al llamado espiritual, siempre permanecerá incompleta. Pero cada día nos esforzamos por comprender y abrazar su llamado más completamente que nunca antes.

Agradezcámosle a la Virgen María, por el ejemplo que nos da y por el amor tan profundo que trae a nosotros. Agradezcámosle a Jesucristo por pedirnos que contemplemos a su Madre como madre nuestra.

De cualquier manera que podamos conocerla mejor y dentro de la tradición espiritual que responda a nuestras necesidades, la Santa Madre quiere que trabajemos juntos—para llegar a ser como ella y para ofrecer a Dios lo que Él nos pide, sin dudas sobre los puntos álgidos de las creencias religiosas. Como los dos mandamientos radicalmente simples de Jesucristo, el singular llamado de la Virgen María a nosotros, nos deja poco espacio para el análisis y la argumentación. Todo se resume en una pregunta: *¿Harás lo que el Espíritu te pide?*

Mi esperanza es que tanto ustedes como yo podemos decir como la Virgen dijo un día, *Hágase en mí, según tu voluntad*—y que podamos ofrecernos al que ella sirve y hacer sin miedo lo que el Espíritu requiera de nosotros.

De esta forma creo, que finalmente encontraremos la libertad de transformarnos en lo que estamos destinados a ser.

Magnificat

Mi alma glorifica al Señor y se alegra mi espíritu en
Dios mi Salvador. Porque ha mirado la humanidad de
Su esclava. Por lo tanto, desde ahora me llamarán
Bienaventurada todas las generaciones. Porque el
Todopoderoso
Ha hecho obras grandes en mí y su nombre es Santo. Su

misericordia llega a sus fieles de generación en generación.
Él hace proezas con su brazo, dispersó a los soberbios
de corazón, enalteció a los humildes y derribó del
trono a los poderosos. A los hambrientos los colmó
de bienes y a los ricos los despidió vacíos.
Acogió a Israel su siervo, acordándose de su gran
bondad, como lo había prometido a Abraham y
a su descendencia por siempre (Lucas 1: 46–55).

CÓMO REZAR EL
SANTO ROSARIO
~

La oración del rosario ha evolucionado por un período de mil quinientos años. Por ejemplo, la oración que más se repite al rezar el rosario. Esta es el *Ave María* y es la síntesis de las tres frases que terminaron por decirse unidas, después de repetirlas durante siglos. Las dos primeras frases, han sido tomadas del Evangelio: la salutación del ángel Gabriel a la Virgen María (Lucas 1:28) y la felicitación de santa Isabel a la Virgen (Lucas 1:42). Esta parte del *Ave María* fue usada desde el siglo IV cuarto. La última frase, "sugerida por la necesidad de unirse a la petición con alabanza", fue introducida en el siglo VII. El nombre de Jesús fue añadido en el año 1300. Finalmente, la versión conocida fue adoptada en el siglo XVI. Es:

> *"Dios te salve María, llena eres de Gracia, el Señor es contigo, bendita tu eres entre todas las mujeres y bendito es el fruto de tu vientre Jesús.*
> *Santa María, Madre de Dios, ruega por nosotros los*

Pecadores, ahora y en la hora de nuestra muerte.
Amén".

Es obvio que rezar el rosario representa una práctica espiritual que evoluciona continuamente. Sabiendo esto, algunas personas se sienten constreñidas por la estructura bien definida del rosario y quieren avanzar explorando nuevas alternativas y acercamientos. Antes de embarcarse en sus propios experimentos, yo aconsejaría que primero aprendan a fondo la aproximación católica más conocida. Personalmente he encontrado, que sí voluntariamente uno se apega a ella, esta forma de aproximación tradicional al rosario, los sorprenderá con su belleza y su potencial de ahondar en sus períodos de rezo y meditación. Si se aplica a la aproximación conocida, eventualmente se sentirá más a gusto con ella, si no es que se siente profundamente recompensado. Es fácil olvidar que "la creatividad es mejor enjaezada"—esto es que los frutos de la práctica espiritual se encuentran casi siempre *a través de,* y no alrededor de alguna forma de acercamiento disciplinado.

REZAR EL ROSARIO
TRADICIONAL

Aunque se puede rezar el rosario descontando cada oración en los dedos, mucha gente encuentra que las cuentas son una forma conveniente de acompañar el proceso. Si no tiene un rosario, por unos pocos dólares puede conseguir uno en cualquier almacén de objetos religiosos. También muchas iglesias católicas los venden en las librerías que están ubicadas dentro de las instalaciones de la iglesia. Claro que también puede hacerlo usted mismo, con una gran variedad de cuentas de madera, vidrio o gemas semipreciosas que están disponibles en el mercado. Si va a hacerlo así asegúrese de usar una *cuerda fuerte* para que no se rompa por el uso continuado. También asegúrese que el rosario seleccionado indique claramente por el *mero tacto* en que parte del proceso se encuentra. Algunos rosarios se prestan para confusión si las cuentas no están separadas suficientemente o si son muy pequeñas para sus dedos.

El rosario completo involucra primero que todo, rezar una serie de oraciones introductorias; rezar quince décadas (diez repeticiones) de *Ave Marías* acompañadas por otras oraciones; completar cada uno de los quince misterios entre cada década. Haciéndolo así, uno completa tres vueltas alrededor del círculo de cuentas. Mucha gente, dice solo cinco décadas cada vez, haciendo un solo circuito en las cuentas del rosario. Se pueden completar las cinco décadas en unos treinta minutos a una hora, dependiendo de la velocidad que lleve en la repetición de las oraciones y en el tiempo que dedique a la contemplación de los misterios.

Las siguientes páginas incluyen: una lista de los quince misterios, un dibujo del rosario, que muestra la posición en que se dicen las oraciones tradicionales, que servirán de guía mientras reza.

Y si sólo quiere hacer una vuelta del rosario, elija la serie de cinco misterios que más le inspiren; consulte el dibujo (Apéndice B) donde está anotada la secuencia de oraciones que se dicen al tiempo con las cuentas; cuando la oración que le indique no sea muy conocida, simplemente leela hasta que la recuerde.

Es muy importante rezar el rosario *lentamente,* haciendo pausas entre cada frase y profundizando en la contemplación de los misterios. Muchas autoridades incluyendo a san Simón de Montfort, autor del tratado clásico sobre cómo rezar el rosario, aseguran que rezar solo una parte del rosario *con profunda concentración* y mucho sentimiento es mejor que rezar las quince décadas a la carrera.

Explorar nuestro
propio camino

~

Después de familiarizarnos con los conocimientos que ha puesto la iglesia católica para el rezo del rosario, podemos experimentar con nuestras propias oraciones y misterios.

Primero, debemos recordar que el rosario tiene una estructura como de mandala, que evoca un despertar de lo que Carl Gustav Jung llamó el arquetipo de la totalidad—o el patrón de Dios—que reside dentro de cada uno de nosotros. Desde el punto de vista judeocristiano, ya que fuimos creados a imagen y semejanza de Dios, este arquetipo debe ser considerado como la impronta, como la firma característica de nuestro Creador. Cada vez que contemplamos o ejecutamos ésta forma—ya sea que tome la forma de un dibujo circular, la estructura tridimensional de una "stupa" budista o un movimiento ritual circular como el practicado durante la danza de los derviches—inevitablemente removemos profundos sentimientos de totalidad y armonía que salen de la fuente primigenia de nuestro ser. Por lo tanto, en cualquier cambio que hagamos a la forma de rezar, debe preservarse la estructura circular del movimiento del rosario.

Debemos darnos cuenta, que el acercamiento tradicional representa un movimiento de vaivén, entre las que pudieran llamarse oraciones que "anidan" y las que contiene el "nido"—estas son, los misterios. El *Padre Nuestro* y el *Ave María* en particular afirman una *acometida de la encarnación* que baja al espíritu hacia el corazón y el cuerpo. Claro que estas oraciones primero nos llevan más allá de nosotros mismos, al invocar los nombres de Dios y la Virgen María. Al comienzo decimos, "Padre nuestro, que estás en los cielos", y

"Dios te salve María, llena eres de gracia". Luego, estas oraciones *afirman el movimiento del espíritu hacia nuestras vidas*. Transforman lo *sublime en sustancia* a través de estas aseveraciones: "Venga a nosotros Tu Reino, hágase Tu voluntad así en la tierra", y "Bendito es el fruto de Tu vientre, Jesús".

En una visión de la Virgen María, el año pasado, Mickey recibió una forma revisada del *Ave María*, que enfatiza aun más la encarnación de la Divinidad, así afirmando nuestra capacidad de *mezclarnos* con la esencia de la Virgen:

"¡Dios te salve María, llena eres de gracia! El Señor es contigo, bendita tu eres entre todas las mujeres y bendito es el fruto de tu vientre, Jesús.

Santa María, Madre del mundo, ruega por y mézclate con nosotros, tus hijos—ahora y durante los días de nuestra vida".

He conocido a muchas personas que emplean formas alternativas del *Ave María*; unos pocos individuos como Mickey, han reportado haber recibido estas modificaciones, de la Virgen María misma. Más que desviaciones de la tradición, estas tradiciones reflejan la forma de devoción flexible y evolucionada en la que se ha convertido el rosario.

Mientras rezamos las oraciones de la encarnación que nos llevan a la contemplación de los misterios, podemos sentir más fácilmente el espíritu moviéndose a nuestros corazones y llegando hasta los rincones mas recónditos de nuestras necesidades y preocupaciones humanas. Luego, imbuidos por este sentimiento podemos apreciar el significado esencial de los misterios que abarcan los cimientos de eventos que definen nuestra vida espiritual.

Así pues, mientras preserva el *marco* del rosario, puede también emular en la formulación de nuevas oraciones, la *acometida de la encarnación* de las oraciones tradicionales, de manera que el proceso rendirá el mayor impacto en su vida aquí y ahora. Hay innumerables oraciones que pueden afirmar el proceso del Espíritu, tomando una forma práctica y observable. Por ejemplo, al rezar una oración como "Dejadme ser un instrumento de vuestra paz" sustituyendo una o más Ave Marías, se afirmará de una forma *específica,* como puede el espíritu encarnar o expresarse en su vida. Estará definiendo la forma de las cosas por venir, escogiendo entre los muchos "nombres de Dios" o formas como el espíritu se manifiesta en la actividad humana.

Y para los misterios que elija contemplar son en esencia, *aquellos eventos que representan para nosotros las mas alta expresión del espíritu en acción.* Si es cristiano, puede querer quedarse con los quince misterios tradicionales, o tal vez, sustituir algunos por otros relatos del Evangelio. Ron Roth, que fue cura y sanador espiritual, recomienda para aquellos de nosotros que necesitamos curación, que sustituyamos los misterios tradicionales, por la contemplación de algunos de los milagros de sanación que hizo Jesucristo. Tal vez quisiéramos imaginar que *pudo* haber sucedido en muchos momentos cruciales, durante el desenvolvimiento de las historias del Antiguo y del Nuevo Testamento. Por ejemplo, yo me imagino muchas veces, como habrá sido cuando, según una tradición apócrifa, Jesucristo se le apareció primero a su Madre en la mañana de Pascua de Resurrección. Me imagino a la Virgen María recostada, sola en la penumbra, llorando la muerte de su Hijo, cuando Él entra en la habitación, por detrás de ella y la llama por su nombre. Este "misterio" ha representado un gran descubrimiento para mí—uno que no deja de moverse e inspirarme. Deje que su imaginación le guíe en una búsqueda de tales tesoros.

Algunas personas que son menos estrictas a nivel religioso en su espiritualidad, pueden encontrar los mejores "misterios" para contemplar en los momentos mas elevados de sus vidas. Ellos pueden elegir recordar sus sueños más conmovedores, sus rompimientos intelectuales y emocionales o sus experiencias de amor mas profundas. Mientras tales recuerdos son ostensiblemente seculares en su contexto, son momentos atesorados, que nos pueden servir para recordar que el espíritu se ha manifestado en el curso de nuestras vidas—y que sin duda se manifestará nuevamente, muchas veces a través de nuestras propias experiencias.

Cualquier cosa que elija, recuerde que *la práctica los es todo* y que el contenido particular de nuestra práctica, es tal vez menos importante que *sólo hacerlo* con una mente abierta y un corazón sensible.

LOS QUINCE MISTERIOS DEL SANTO ROSARIO

LOS CINCO MISTERIOS GOZOSOS

(PARA MEDITAR LOS LUNES Y JUEVES)

PRIMER MISTERIO: La Anunciación. El ángel Gabriel se le aparece a María, anunciándole que ella será la Madre de Dios. *Ore por una humildad más profunda.**

SEGUNDO MISTERIO: La Visitación. La Virgen María le hace la visita a santa Isabel, quien pronto va a ser la madre de san Juan Bautista. María se queda con Isabel por tres meses. *Ore para tener caridad con los vecinos.**

TERCER MISTERIO: La Natividad del Señor Jesucristo. El Hijo de Dios, nace en un pesebre. Los pastores y lo Reyes Magos lo visitan. *Ore para separarse de lo mundano, para sentir desprecio por las riquezas, y para amar la pobreza.**

CUARTO MISTERIO: La Presentación en el Templo. La Virgen María y san José llevan al Niño Jesús al Templo de Jerusalén para presentárselo a su Padre celestial. *Ore por la pureza del cuerpo y alma.**

QUINTO MISTERIO: El Niño Jesús es hallado en el Templo. Después de haberlo perdido en el Templo, la Virgen María y san José buscan al Niño Jesús. Al tercer día de buscarlo, lo encuentran en el Templo discutiendo la ley con los sabios jurídicos. *Ore por el don de la sabiduría verdadera.**

LOS CINCO MISTERIOS DOLOROSOS

(para meditar los martes y viernes)

PRIMER MISTERIO: La Agonía en el Getsemaní. Jesucristo reza en el Monte de los Olivos. Al pensar en los tormentos que le esperaban y en nuestros pecados, Jesucristo suda sangre. *Ore por el arrepentimiento de nuestros pecados.**

SEGUNDO MISTERIO: La Flagelación del Señor. Jesucristo es desnudado, amarrado a una columna y azotado sin compasión, hasta que está cubierto de heridas y sangre de pie a cabeza. *Ore por la mortificación de nuestros sentidos.**

TERCER MISTERIO: La Coronación de Espinas. Jesucristo es coronado con una corona de espinas. Los ojos se le llenan de lágrimas y sangre. Se burlan de Jesucristo y lo escupen. *Ore para rechazar lo mundano.**

CUARTO MISTERIO: Jesucristo con la Santa Cruz a cuestas en camino al Calvario. Jesucristo carga su pesada cruz en camino al Calvario. La Virgen María acompaña a su hijo en su sufrimiento por el Vía Crucis. *Ore por la paciencia cuando cargamos nuestras propias cruces.**

QUINTO MISTERIO: La Crucifixión y Muerte de Nuestro Señor Jesucristo. Después de tres horas de agonía clavado a la Santa Cruz, Jesucristo muere en la presencia de su Madre. *Ore por la conversión de los pecadores, por la perseverencia de los justos, y por el alivio de las almas en el purgatorio.**

LOS MISTERIOS GLORIOSOS
(para meditar los miércoles, sábados y domingos)

PRIMER MISTERIO: La Resurrección del Señor. Victorioso sobre la muerte, Jesucristo resucita—glorioso e inmortal—el Domingo de Resurrección, la Pascua Florida. Así, Él vuelve a abrir las Puertas del Cielo. *Ore por el amor a Dios y el fervor en su servicio.**

SEGUNDO MISTERIO: La Ascensión del Señor. Jesucristo asciende a los cielos cuarenta días después de su Resurrección en la presencia de su Madre y sus discípulos. *Ore por un ardiente deseo de ganarse el cielo.**

TERCER MISTERIO: El Pentecostés. Diez días después de la Ascención, el Espíritu Santo desciende en forma de llamas sobre la Virgen María y los Apóstoles. *Ore para que entre el Espíritu Santo dentro de nuestras almas.**

CUARTO MISTERIO: La Asunción de María Santísima. María, la Madre de Dios, luego de terminar su vida terreste, es ascendida en cuerpo y alma al cielo. *Ore para sentir una devoción tierna a la Virgen María.**

QUINTO MISTERIO: La Coronación de María Santísima. La Madre de Dios—en la compañía de todos los ángeles y los santos—es coronada como Reina de los Cielos por su Hijo. *Ore por la perseverencia en gracia y una corona de gloria.**

Meditar sobre los misterios es la parte más importante del Santo Rosario. Póngase usted mismo en la presencia de Jesucristo y de la Virgen María, y así viverá los misterios con ellos.

*Peticiones recomendadas por san Luis María Grignion de Montfort

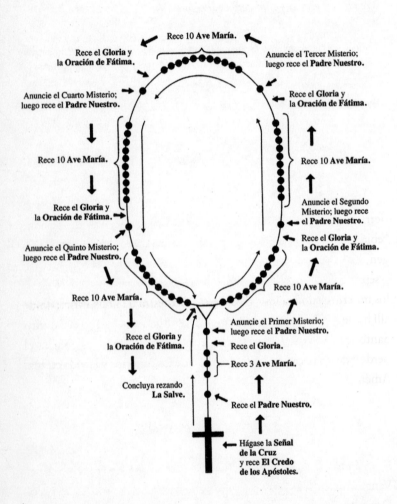

Rece 10 Ave María.

Rece el **Gloria** y la **Oración de Fátima.**

Anuncie el Tercer Misterio; luego rece el **Padre Nuestro.**

Anuncie el Cuarto Misterio; luego rece el **Padre Nuestro.**

Rece el **Gloria** y la **Oración de Fátima.**

Rece 10 Ave María.

Rece 10 Ave María.

Rece el **Gloria** y la **Oración de Fátima.**

Anuncie el Segundo Misterio; luego rece el **Padre Nuestro.**

Anuncie el Quinto Misterio; luego rece el **Padre Nuestro.**

Rece el **Gloria** y la **Oración de Fátima.**

Rece 10 Ave María.

Anuncie el Primer Misterio; luego rece el **Padre Nuestro.**

Rece 10 Ave María.

Rece el **Gloria** y la **Oración de Fátima.**

Rece el **Gloria.**

Rece 3 Ave María.

Concluya rezando **La Salve.**

Rece el **Padre Nuestro.**

Hágase la **Señal de la Cruz** y rece **El Credo de los Apóstoles.**

APÉNDICE C
LAS ORACIONES DEL SANTO ROSARIO

El Credo

Creo en Dios, Padre todopoderoso, creador del Cielo y de la tierra. Creo en Jesucristo su único Hijo, Nuestro Señor, que fue concebido por obra y gracia del Espíritu Santo; nació de Santa María Virgen, padeció bajo el poder de Poncio Pilato; fue crucificado, muerto y sepultado; descendió a los infiernos; al tercer día resucitó de entre los muertos; subió a los cielos y está a la diestra de Dios Padre; desde allí ha de venir a juzgar a los vivos y a los muertos. Creo en el Espíritu Santo, en la Santa Iglesia Católica, la Comunión de los Santos, el perdón de los pecados, la resurrección de los muertos y la vida eterna. Amén.

El Padre Nuestro

Padre Nuestro, que estás en el cielo, santificado sea tu nombre. Venga tu reino. Hágase tu voluntad en la tierra como en el cielo. Danos hoy nuestro pan de cada día. Perdona nuestras ofensas, como también nosotros perdonamos a los que nos ofenden. No nos dejes caer en la tentación, y líbranos del mal. Amén.

El Ave María

Dios te salve, María. Llena eres de gracia. El Señor es contigo. Bendita tu eres entre todas las mujeres y bendito es el fruto de tu vientre, Jesús. Santa María, Madre de Dios, ruega por nosotros los pecadores, ahora y en la hora de nuestra muerte. Amén.

Gloria

Gloria al Padre, al Hijo y al Espíritu Santo. Como era en el principio, ahora y siempre, por los siglos de los siglos. Amén.

Oración de Fátima

Luego de cada decada, puede recitarse la siguiente oración como lo indicara la Santísima Virgen María en Fátima: "Oh mi Jesús, perdónanos nuestros pecados, líbranos del fuego del infierno, lleva todas las almas al cielo, especialmente las mas necesitadas de tu misericordia".

Salve Regina

Dios te salve, Reina y Madre de misericordia, vida, dulzura y esperanza nuestra, Dios te salve. A ti clamamos los desterrados hijos de Eva. A ti suspiramos gimiendo y llorando en este valle de lágrimas. Ea, pues, Señora, abogada nuestra: vuelve a nosotros esos tus ojos misericordiosos. Y después de este destierro, muéstranos a Jesús, fruto bendito de tu vientre. Oh clemente, oh piadosa, oh dulce Virgen María! Ruega por nosotros, Santa Madre de Dios, para que seamos dignos de las promesas de Nuestro Señor Jesucristo.

Oración del Santo Rosario

Padre Todopoderoso, cuyo único Hijo, por medio de su vida, muerte y resurrección, nos ha dado el premio de la vida eterna, te pedimos que al meditar sobre los misterios del Santo Rosario de la Santísima Virgen María, podremos llegar a ser como ellos, y así obtener lo que prometen. Por Jesucristo, Nuestro Señor. Amén.

Sobre el autor

El doctor G. Scott Sparrow es un sicoterapeuta con consulta privada que se especializa en el método transpersonal de la sicoterapia. El doctor Sparrow ha enseñado cursos y ha dado charlas acerca de la meditación, las experiencias místicas y el análisis de los sueños en tanto los Estados Unidos como en el Canadá. Además, el doctor Sparrow ha escrito libros y artículos sobre el campo general de la teoría y el análisis de los sueños, y un libro sobre el fenómeno de las apariciones de Jesucristo en los sueños y las visiones.